동양고전신역 ⑥

번역 신용호

고문진보 전집 上

古文眞寶 前集

傳統文化硏究會

역자 **신용호** 申用浩
공주대학교 명예교수
전통문화연구회 전前 이사

동양고전신역 06
고문진보 전집 上　정가 22,000원

2022년 05월 10일 초판 인쇄
2022년 05월 30일 초판 발행

번　　역　신용호
편　　집　남현희
교　　정　박승주 남현희
출　　판　백준철
관　　리　백한기
보　　급　서원영

발 행 인　박홍식
발 행 처　(사)전통문화연구회
서울시 종로구 삼일대로 428 낙원빌딩 411호
전화 : (02)762-8401　전송 : (02)747-0083
전자우편 : juntong@juntong.or.kr
홈페이지 : juntong.or.kr
사이버書堂 : cyberseodang.or.kr
온라인서점 : book.cyberseodang.or.kr
등　　록　1989. 7. 3. 제1-936호

인 쇄 처　한국법령정보주식회사(02-462-3860)
총　　판　한국출판협동조합(070-7119-1750)

I S B N　979-11-5794-493-4 (04820)
979-11-5794-000-4 (세트)

목 차

권3 오언고풍장편五言古風長篇

권4 칠언고풍단편七言古風短篇

권5 칠언고풍단편 七言古風短篇

권6 칠언고풍장편七言古風長篇

부록

간행사

고전古典은 수백 수천 년에 걸쳐 형성된 인류의 다양한 경험과 지혜가 온축된 문화와 지식의 보고寶庫로서, 인간의 근원적인 문제에 대한 각종 질문과 해답이 여기에 고스란히 담겨 있다. 그래서 길게는 2천 년이 넘는 시간적 거리를 초월하여 오늘날에 이르기까지 여전히 우리에게 지적知的 정서적情緖的 자양분이 되어 지식과 교양을 가르쳐주는 인생 교과서로 확고하게 자리잡고 있다.

동도서기東道西器라고 하듯이, 동양의 정신문화와 서양의 과학기술이 소통과 조화를 이루는 가운데 인류문명의 균형 있는 발전을 도모하는 것은, 오늘날에도 여전히 우리에게 중요한 화두가 되고 있다. 그리고 동도東道의 핵심은 수천 년의 역사와 전통이 살아 있는 동양고전東洋古典에 오롯이 담겨 있다.

그런데 오늘날 우리는 고전의 시대와 사회적 문화적 환경이 현격하게 다른 시대를 살고 있다. 그 차이만큼 언어적으로 괴리감과 이질감이 생겨 고전을 어렵게 느끼는 독자들이 많이 있다. 오랜 세월 우리 언어생활에서 중요한 도구로 쓰였던 한자漢字와 한문漢文을 교육함으로써 그 괴리감과 이질감을 일정 정도 해소할 수도 있겠으며, 그것과 함께 고전을 현대적으로 쉽게 번역하여 독자들이 친근감을 갖고 접근하게 하는 방안도 마련할 필요성이 제기된다.

이에 본회에서는 동양문화를 이해하는 데 필수적인 기본서이자 우리나라에 많은 영향을 끼친 고전을 중심으로 하여, '동양고전신역東洋古典新譯'을 기획하였다.

이 책은 사계斯界의 최고 전문가들로 번역진을 구성하여 동양고전을 원의原義에 충실하게 현대화하고 대중화함으로써, 일반인의 교양을 증진시키고, 지식인과 문화인에게는 동양고전 이해의 기초자료를 제공하며, 아울러 한국학과 동양학 연구의 자생력과 효율성을 제고하는 데도 기여할 것이다. 더 나아가 인문 분야는 물론 정치·경제·사회·문화 전 분야에도 긍정적인 영향을 미칠 것으로 기대된다.

문화의 시대 21세기의 시대적 상황에 걸맞게 동양고전을 새롭게 번역하고 정리하는 일은, 오랜 역사 위에 축적된 선현先賢들의 업적과 현대 학문을 이어주는 튼튼한 가교架橋와 초석礎石이 될 것이며, 그것을 기반으로 우리의 문화를 창조적이고 획기적으로 발전시켜 동북아의 선도가 되고 세계문화에도 크게 기여할 것이다. 이에 각계의 많은 관심과 성원을 기대하는 바이다.

전통문화연구회 이사장 이계황李啓晃

해 제

《고문진보전집古文眞寶前集》은 어떤 책인가

《고문진보古文眞寶》는 책명에 쓰인 그대로 예부터 전해오는 '고시문古詩文 가운데 진실眞實로 보물寶物'이 될 만한 명시名詩와 명문名文을 엄선하여 수록한 책으로, 전집前集과 후집後集으로 나누어, 전집에는 고시古詩(근체시近體詩 제외)를, 후집에는 고문古文(변문騈文 제외)을 수록해놓은 책이다. 그 가운데 후집에 대해서는 본 전통문화연구회傳統文化硏究會에서 동양고전신역 제4권으로 간행한 《고문진보후집古文眞寶後集》의 해제에서 이미 자세히 설명하였으므로, 본 해제에서는 전집과 후집을 포괄적으로 다루어야 할 부분을 제외하고 전집에 대해서만 설명하고자 한다.

《고문진보》의 찬자撰者에 대하여는 여러 이설이 있지만, 대체로 송말宋末 원초元初경에 황견黃堅이 찬撰했다고 전해진다. 《고문진보》 전후집 가운데 후집은 후대의 첨삭을 거쳐서 67편의 고문이 수록된 것과 130편이 수록된 2종이 전해지게 되었으나. 전집은 12권에 고시 242수首가 수록된 체제가 변함없이 일관되게 이어져왔다.

이 《고문진보》 전집과 후집은 후대에 시문을 공부하는 사람이나 과거시험을 준비하는 사람의 필독서가 되어 널리 읽히게 되었으며, 그 가운데 전집은 근체시를 제외한 고체시 가운데 주로 육조六朝시대와 당송대唐宋代에 지어진 명시들을 시체별로 채록採錄한 것이다.

《고문진보전집》은 어떤 체재體裁로 편찬編纂되었는가

고시를 수록한 《고문진보전집》에는 시체詩體를 11류類로 나누고, 총 12권에 유목별類目別로 나누어 수록하였다.

제1권에는 모두冒頭에 송宋 황제皇帝를 비롯한 역대歷代 명사名士들의 권학시勸學詩 8수를 수록하고, 이어서 오언고풍단편五言古風短篇이라는 유목類目에 4구~8구로 이루어진 오언고시 41수를 수록하였다.

제2권에는 역시 오언고풍단편이라는 유목에 10구~14구로 이루어진 오언고시 28수를 수록하였다.

제3권에는 오언고풍장편五言古風長篇이라는 유목에 16구 이상으로 이루어진 오언고시 27수를 수록하였고, 가장 장편의 시는 44구로 이루어져 있다.

제4권에는 칠언고풍단편七言古風短篇이라는 유목에 4구~8구로 이루어진 칠언고시 30수를 수록하였다.

제5권에는 역시 칠언고풍단편이라는 유목에 10구~24구로 이루어진 칠언고시 19수를 수록하였다.

제6권에는 칠언고풍장편七言古風長篇이라는 유목에 26구 이상으로 이루어진 칠언고시 8수를 수록하였고, 가장 장편의 시는 66구로 이루어져 있다.

제1~6권에 수록된 시는 오언과 칠언으로 이루어진 고체시들인데, 이 시들을 고시古詩라 칭하지 않고 고풍古風이라 하였다. 고풍은 본래는 근체시近體詩가 널리 지어진 이후에, 근체시의 평측률平仄律에 구애받지 않고 압운押韻과 대장對仗도 비교적 자유로운 고체시古體詩의 시풍詩風을 그대로 받아들인 시라는 뜻으로 쓰이다가, 후에는 고체시를 모두 고풍이라 칭하기도 하였는데, 본서에서 고풍이라 한 것은 이렇게 고시와 동의어로 쓴 것이다.

제1~6권에 수록된 고시들은 모두 매구每句의 자수字數가 동일한 제언시齊言詩들인데, 이 제7권에서는 매구의 자수가 일정하지 않은 잡언시雜言詩 즉 장단구長短句를 하나의 유목으로 설정하여 20수를 수록하였다.

제8권에는 시제詩題에 가歌자를 붙인 시들을 가류歌類라 하여 16수를 수록하였다.

제9권에는 역시 가류 9수를 수록하였다.

제10권에는 시제에 행行자를 붙인 시들을 행류行類라 하여 13수를 수록하였다.

제11권에는 역시 행류 13수를 수록하였다.

제12권에는 시제에 음吟을 붙인 음류吟類 3수, 시제에 인引을 붙인 인류引類 3수, 시제에 곡曲을 붙인 곡류曲類 6수, 시제에 사辭를 붙인 사류辭類 1수 등 모두 13수를 수록하였다.

시체詩體 분류의 문제점은 없는가

고시의 시체詩體를 본서에서 오언고풍五言古風의 단편短篇과 장편長篇, 칠언고풍七言古風의 단편과 장편, 장단구長短句 및 가류歌類, 행류行類, 음류吟類, 인류引類, 곡류曲類, 사류辭類 등으로 분류한 것이 후대에는 그대로 준용準用되는 유목類目의 분류기준이 된 일이 없고, 오언고시 가운데 14구 이하로 이루어진 시를 단편으로, 16구 이상을 장편으로 나누어놓은 것이나, 역시 칠언고시 가운데 24구 이하로 이루어진 시를 단편으로, 26구 이상으로 이루어진 시를 장편으로 분류한 것에 대하여도 합리적인 근거를 제시할 수가 없다.

시제詩題에 붙인 가歌, 행行, 음吟, 인引, 곡曲 등은 후대에는 이를 포괄하여 악부시樂府詩로 보고 이들을 굳이 별도의 시체로 분류하지 않았다. 시제에 가歌, 행行, 음吟 등을 붙였다 하여 이를 별도의 유목으로 나누면서, 제1권의 〈자야오가子夜吳歌〉나 〈청야음淸夜吟〉 및 제2권의 〈장가행長歌行〉, 〈원가행怨歌行〉, 〈의원가행擬怨歌行〉 등은 오언고풍의 유목에 넣고, 제4권의 〈소년행少年行〉은 칠언고풍의 유목에 넣은 것도 일관성이 결여된 예로 들 수 있다.

특히 본서에서 하나의 유목으로 분류한 사辭는 그에 해당하는 시로 〈연창궁사連昌宮辭〉 한 수만을 수록하였는데, 시제에 붙인 '사辭'자는 '이야기'라는 뜻으로 쓰인 것에 불과하므로 별도의 시체로 볼 수가 없다. 더구나 이 시제에 붙인 '사辭'자가 시詩와 산문散文의 교계처交界處에 해당하여, 광의廣義의 고체시 속에 하나의 유목으로 넣고 있는 사부류辭賦類와도 관계가 없고, 본《고문진보》에서는 이 사부류에 속한 〈귀거래사歸去來辭〉나 〈적벽부赤壁賦〉 등을 고문古文을 채록採錄한 후집에 넣었으므로, 이 칠언시 〈연창궁사〉는 본서의 편제에 맞춘다면 칠언고풍장편에 넣어야 옳다고 본다.

그 밖에도 체재에 문제가 될 만한 부분이 산견散見된다. 권1의 모두冒頭에 권학문勸學文이라 하여 수록한 권학시勸學詩들 가운데 〈유둔전권학문柳屯田勸學文〉은 시詩가 아니고 문文이므로 시를 모아 수록한 본서에는 넣어서는 안 될 글이다.

제7권에는 제언시齊言詩가 아닌 잡언시雜言詩를 장단구長短句라는 별도의 유목으로 설정하여 모아놓았다. 제2권에 수록된 〈녹균헌綠筠軒〉도 오언과 칠언이 섞인 장단구인데 이를 오언고풍단편의 제언시를 모아놓은 곳에 넣은 것 등은 잘못된 것이다. 한 편 한 수의 시 가운데 기령구畸零句에 속하는 '군불견君不見'이나 '우불견又不見' 등이 들어가 있고 나머지는 일관되게 칠언구로 이루어져 있으면 이런 시를 후대에는 제언의 칠언고시로 보고 장단구로 보지 않고 있음도 유념해야 할 것이다.(〈증사진하수재贈寫眞何秀才〉와 〈마애비후磨崖碑後〉 등 참조)

제4권에 수록된 최호崔顥의 〈등황학루登黃鶴樓〉 시는 고시로 보지 않고 근체시(율시律詩)로 보아야 하므로, 이 시가 아무리 명시名詩라 해도 고체시를 채록한 본서에 선입選入한 것도 불가하다고 본다.

이렇게 체재상 소소한 문제들을 일부 지적할 수도 있으나. 본서에 수록된 242편의 시가 분명히 주로 당송대唐宋代에 지어진 명시들임은 이론異論의 여지가 없다.

앞에서도 언급한 바와 같이 《고문진보전집》에서 수록한 시들을 오언고풍과 칠언고풍으로 나누고, 장단구를 별도로 분류하여 하나의 유목으로 나누어놓았는데, 이는 후대의 일반적인 시체詩體 분류의 기준에 맞추어본다 해도 크게 문제 될 것이 없다. 다만 오언고시와 칠언고시 가운데 몇 구까지를 단편으로 보고 몇 구 이상을 장편으로 보아야 하는가에 대한 기준에 일관성이 없는 점은 비판의 대상이 될 수 있다고 본다. 그러나 후대에 한시漢詩를 크게 고체시古體詩와 근체시近體詩로 나누고, 고체시를 다시 제언시와 잡언시(장단구長短句)로 나누었던 분류법을, 본서에서 분류해놓은 유목에서도 대체로 부합하도록 준수했다고 볼 수 있다.

그러나 애초에 일종의 음악의 가사로 지었던 악부시樂府詩나, 후대에 실제로는 음악의 가사로 짓지 않아서 악곡이 붙은 시로서의 기능이 없어지고 악부시의 형식만을 따른 의고악부擬古樂府 및 신악부新樂府 등의 시제詩題 끝에 가歌, 행行, 음吟, 인引, 사辭, 곡曲 등을 붙인 것은, 그 시제에 붙인 명목名目은 달랐으나 그 시들의 체재는 차이가 없다. 이런 유형의 시들은 고체시 가운데 악부시로 분류하는 것이 일반적인데, 이런 시들을 모두 시제에 붙인 명목에 따라 별도의 유목으로 나누어 분류한 것은 문제가 있다고 본다. 더구나 〈연창궁사連昌宮辭〉를 사류辭類라 하여 별도의 유목으로 설정한 것은 전술한 바와 같이 도저히 수긍할 수가 없다. 이렇게 본다면 현대의 독자들은 이 《고문진보전집》에 수록된 시들을 크게 오언고시五言古詩, 칠언고시七言古詩, 장단구長短句, 악부시樂府詩 등 네 종류의 유목에 속하는 명시名詩들을 모아놓은 것으로 보고 세세한 분류법에는 구애받을 필요가 없다고 본다.

어느 시대 누가 지은 시들이 채록採錄되었는가

《고문진보전집》에는 한대漢代의 시 2수, 삼국三國 및 육조시대六朝時代의 시 26수, 당唐 및 오대五代의 시 145수, 송대宋代의 시 62수, 작자 미상의 시 7수 등, 67인人과 무명씨無名氏가 지은 7수 등 총 242수(문文 1편을 제외하면 시 241수)가 수록되어 있다.

시대별로 수록된 대표적인 작가들과 작품수를 살펴보면 한대의 작가로는 한漢의 건국자인 고조高祖와 반첩여班婕妤 2인뿐이고, 삼국 및 육조시대에 9인이 지은 시 26수 가운데는 도잠陶潛의 시 15수와 사조謝朓의 시 3수가 수록되었으며, 당대唐代에 30인이 지은 시 145수 가운데는 성당대盛唐代의 시인 이백李白의 시 44수와 두보杜甫의 시 44수, 중당대中唐代의 시인 한유韓愈의 시 14수, 백거이白居易의 시 8수, 유종원柳宗元의 시 4수가 수록되어 있고, 송대宋代에 26인이 지은 시 62수 가운데는 소식蘇軾의 시 18수, 황정견黃庭堅의 시 7수, 왕안석王安石의 시 5수, 마존馬存의 시 4수, 구양수歐陽脩의 시 3수가 수록되어, 이들이 비교적 많은 작품이 채록된 시인들이라 할 수 있다. 이 통계를 통하여 살펴보면, 수록된 시들이 육조시대의 도잠과 마존의 시를 제외하면 당송대唐宋代의 시가 대부분이고, 대표적인 시인도 육조시대의 도잠을 제외하면 당송대의 시인들이 절대적인 우위를 점하고 있다. 이렇게 본다면《고문진보전집》에 수록된 시 대부분이 당송대의 시인들이 지은 시들이었다 할 수 있다.

한편 수록된 시들이 고체시古體詩 위주이고 근체시近體詩에 속하는 절구絶句나 율시律詩 및 배율排律이 제외되었으므로, 육조부터 당송대까지의 시문학詩文學을 통관統觀하는 데는 한계가 있음도 분명하다.

국역國譯하면서 어떤 점에 용심用心하였는가

시詩는 문文과는 달라서 문文처럼 작자가 문의文義를 분명하게 드러내는 데에 용심하기보다는, 시인이 오랫동안 숙고熟考하여 도달한 생각과 감정을 한정된 문자로 압축하여 상징적象徵的으로 드러내거나 비유比喩, 모순矛盾, 역설적逆說的인 기법技法으로 드러내기도 한 것이어서, 단순히 시에 쓰인 글자들이 지닌 뜻의 조합을 통하여 시를 이해하려 한다면, 그 이해와 감상에 한계를 느끼게 된다. 즉 말이 다 끝났다 해도 그 말을 넘어선 뜻을 이해하지 못하거나, 뜻을 다 이해했다 해도 이에 내함內含된 맛 즉 독후讀後에 마음에 남는 여운餘韻까지 느끼지 못하면, 시를 제대로 이해하고 감상했다 할 수 없다. 이에 시는 '언진이의부진言盡而意不盡'하고 '의진이미부진意盡而味不盡'한 경지까지 꿰뚫어 이해하고 감상하지 못한다면, 그 시를 제대로 알았다 할 수가 없게 된다. 그러므로 한자로 쓰인 시를 우리말로 번역하여 그 맛을 안다는 것은 "우의雨衣를 입은 채로 샤워를 하는 것과 같다."라고 말하기도 하나니, 우의를 입은 채로 샤워를 한다면 피부에 와 닿는 시원한 감촉을 제대로 느낄 수가 없듯이 그 시의 참맛을 느끼기가 어렵다는 것이다.

한시를 우리말로 번역하는 것이 이렇게 어려운 일이다. 단순히 우리말로 옮겨놓아서는 그 시에 내함된 음악적 운율韻律을 제대로 느끼고 그 시의 작자가 그 시를 지을 때에 도달했던 심경과 감흥에 독자가 동화同和되기는 매우 어렵게 된다.

그렇다고 면면히 이어온 위대한 전통문화傳統文化를 계승 발전시켜 현금現今의 문화를 더욱 내실 있게 발전시켜야 할 책무를 지닌 우리들이, 같은 한자문화권에 속해 있으면서 오랫동안 같은 의식을 지녔던 선인先人들의 사상과 감정을 수용하여 온고지신溫故知新하려는 생각을 버리고, 시대가 변했다해서 그대로 무시하고 지나쳐서는 안 된다고 보므로, 전대前代부터 전해오는 한문으로 쓰인 명시들도 현대인이 이해하기 쉽도록 번역하는 일을 멈출 수가 없다.

이에 이 역서譯書에서는 어쩔 수 없이 한시에 쓰인 글자의 뜻에 맞추어 번역할 수밖에 없기는 하나, 한 글자 한 글자에 너무 얽매이지 않고 전체의 시의詩意에 맞추어 번역을 시도하여, 이문해사以文害辭하거나 이사해지以辭害志하는 과오는 범하지 않고자 유의하였지만, 역자의 식견의 한계 때문에 이런 뜻이 번역한 시에 제대로 반영되었는지는 스스로도 장담할 수가 없다.

본서에서 시제詩題는 번역한 시제를 앞에 제시하고 원原 시제를 그 뒤에 덧붙였으나, 시는 원문을 앞에 제시하고 역문을 뒤에 덧붙일 수밖에 없었으니, 원시와 번역시를 대조하며 읽을 때에는 아무래도 원문을 먼저 보는 것이 옳다고 보았고, 번역문에 의문이 생기면 원문에 근거하여 살펴봄이 타당하다고 보기 때문이기도 하였으나, 편제상 일관성이 유지되지 못한 점은 분명하다. 한시의 매자每字에 음音을 부기付記한 것도 한자·한문에 정통하지 못한 독자들도 한시의 매력을 느끼도록 하고자 배려한 것이다.

즉 한문에 정통하지 않은 독자도 번역문만으로 쉽게 이해하고 지루함에서 벗어나게 하도록 하고자 함에도 용심하여, 주석注釋이 필요한 부분도 별도로 주석을 달지 않고 가급적 국역시國譯詩 속에 녹여 넣고자 하였고, 불가피한 경우에만 최소한으로 주석을 달도록 하였다. 그러나 수많은 고사故事를 압축 인용한 시들 가운데 독해를 위해서는 자세한 주석이 반드시 필요한 경우도 있어서, 주석을 줄이고자 한 뜻도 모든 시의 번역에 두루 적용할 수가 없었던 경우도 있었음을 밝히면서, 단 우리글과 한문의 차이 때문에 한시 원문을 통하여 느낄 수 있는 음악적 운율韻律은 역시譯詩에서 그대로 살리기가 불가능하였음도 아쉽게 생각하는 바이다.

이 책을 통하여 독자들에게 기대하는 것은 무엇인가

우리의 옛 선현들이 한학漢學을 공부하며 문사철文史哲을 두루 익힐 때에, 문文(시詩와 산문散文)을 공부하기 위하여 가장 널리 읽은 책이 바로 《고문진보》의 전집前集과 후집後集이다. 즉 시문을 짓기 위해 수련하는 과정에서 필독해야 할 기본서가 바로 《고문진보》였던 것이다. 그러므로 퇴계退溪 선생이나 율곡栗谷 선생을 비롯한 많은 선비들이 문리文理(문장 독해와 창작 능력)를 트기 위해 《고문진보》를 여러 차례 읽었음을 밝히고 있으며, 심지어 허균許筠은 학자들이 《고문진보》에 지나치게 침잠沈潛하고 이에만 편중하여, 명시나 명문을 채록한 다른 전적을 광범하게 읽는 데에 소홀함을 비판하기도 하였다.

이렇게 우리의 선인들이 《고문진보》를 중시한 것은, 수록된 글들의 문학성이 뛰어나기 때문이기도 하였지만, 그 책에 수록된 작품들을 통하여 선현들이 지녔던 고귀한 정신세계의 진수眞髓를 체득하고 수기修己와 치인治人의 지혜를 터득할 수 있기 때문이기도 하였다.

최소한의 노력으로 최대한의 효과를 거두기에 온 인류가 휩쓸리고 있는 것이 이 시대의 풍조이다. 그렇기는 하나 어떤 일을 해결하는 데에 여러 가지 방법이 있을 경우, 가장 귀찮고 힘들고 시간도 많이 걸리는 방법이 자신의 수양이나 우리 인류가 닥친 문제들을 해결하는 데는 최선의 방안이 될 수도 있음을 명심하기 바란다.

이 동양고전신역《고문진보전집古文眞寶前集》이 이렇게 경박하고 조급해지려는 현대인들의 마음을 고요하게 안정시키고, 옛 선현들이 노래했던 정신세계에 함께 어울려 노닐면서, 이를 바탕으로 더욱 고원高遠한 경지에서 세상을 관조觀照할 수 있게 되어, 자신의 순후한 심성을 함양하고, 현대인들이 앓고 있는 정신적인 결함을 극복하여, 새로운 활로를 열어줄 수 있는 지혜가 샘솟게 하는 데에 일조一助하게 되기를 기대하는 바이다.

일러두기

1. 본서本書는 동양고전신역東洋古典新譯《고문진보전집古文眞寶前集》의 상上책이다.
2. 본서는 내용의 이해를 돕기 위해 시 원문과 번역문을 함께 실었다.
3. 번역飜譯은 원의原義에 충실하게 하였고 필요에 따라 의역意譯을 하였다.
4. 번역문飜譯文은 한글과 한자漢字를 병기倂記하였으며, 맞춤법과 띄어쓰기는 한글 맞춤법과 표준어 규정을 따르는 것을 원칙으로 하였다.
5. 역주譯註는 전문적이고 난해한 내용에 한해 일반 독자들도 이해할 수 있도록 간결하고 쉽게 풀어주었다.
6. 권과 시의 순서에 따라 일련번호를 표시하여 독자의 이용에 편리하도록 하였다.
7. 각 시마다 해설解說을 달았으며, 해설에는 시의 내용을 포괄적으로 설명하고, 시의 이해와 감상에 필요한 사항을 소개하였다.
8. 여러 도판圖版 자료를 함께 수록하여 시의 이해를 도왔다.
9. 작가에 대한 소개를 부록으로 수록하여 작가 이해를 도왔다.
10. QR코드를 통해 전통문화연구회에서 진행한《고문진보》의 강독 동영상을 제시하였다.
11. 본서에 사용된 주요 부호符號는 다음과 같다.

    “ ” : 대화, 인용

    ‘ ’ : 재인용, 강조

    《 》: 서명書名

    〈 〉: 편명篇名, 작품명作品名, 보충역

    ( ) : 간단한 주석註釋

    〔 〕: 보충 원문原文

고문진보 전집 上

권1

권학문勸學文

해설 | 권두卷頭에 제왕을 비롯한 명사들의 권학문勸學文을 실어놓은 것은 국가의 목표가 백성의 교화敎化에 있어서 배움을 중시했기 때문이고, 《고문진보》의 편찬 목적도 이에 있었기 때문이었다. 그러므로 권학문은 교훈이 목적이었으므로 문학성을 운위할 필요가 없다. 그러므로 시詩를 모아놓은 《고문진보전집古文眞寶前集》에 권학문에만은 시가 아닌 문文도 포함시킨 것이다.

1-1 진종황제의 권학〔眞宗皇帝勸學〕

송宋 진종眞宗

부 가 불 용 매 양 전
부자가 되기 위해 좋은 농토를 사려 하지 말라. 富家不用買良田

서 중 자 유 천 종 속
책 속에 본디 천종千鍾의 곡식이 들어있느니라. 書中自有千鍾粟[1]

안 거 불 용 가 고 당
평안한 거처에서 살기 위해 큰 저택 지으려 하지 말라. 安居不用架高堂

서 중 자 유 황 금 옥
책 속에 본디 황금으로 장식한 화려한 저택이 있느니라. 書中自有黃金屋[2]

출 문 막 한 무 인 수
문을 나서면서 모시고 따르는 사람 없음을 원망 말라. 出門莫恨無人隨

서 중 거 마 다 여 족
책 속에 뒤따를 거마가 대나무 떨기처럼 많이 있느니라. 書中車馬多如簇

취 처 막 한 무 양 매
장가를 들려 하며 좋은 중매쟁이가 없음을 원망 말라. 娶妻莫恨無良媒

서 중 유 녀 안 여 옥
책 속에 얼굴이 옥처럼 어여쁜 여인이 있느니라. 書中有女顏如玉

남 아 욕 수 평 생 지
대장부가 평생의 목표를 이루고자 한다면 男兒欲遂平生志

---

1 書中自有千鍾粟 : 종鍾은 계량의 단위로, 1종은 6곡斛 4두斗이다. 천종은 많은 곡식을 말한다.

2 書中自有黃金屋 : 황금옥黃金屋은 한漢 무제武帝가 화려하게 지은 점대漸臺로, 높이가 36장丈이었고 지붕을 황금으로 장식하였다. 호화로운 저택을 말한 것이다.

창 앞에서 육경을 부지런히 읽어야 하느니라. 六經勤向窗前讀(육경근향창전독)[3]

《고문진보》가 남송南宋 말년末年에 편찬된 것이므로, 송宋 황제의 글이 첫머리에 등재된 것이다. 책을 읽고 학문에 정진하는 목표가 세속적 출세와 부귀영화에 있는 듯이 기술하여, 후세 경학자經學者들에게 저속하다는 비판을 받기도 하였으나, 황제가 다스리는 백성의 대부분이 속인俗人들임을 감안하면 크게 비판받을 일은 아니라고 본다.

시 형식은 입성운入聲韻인 옥屋운과 옥沃운을 통압通押한 격구입운隔句入韻의 칠언고시七言古詩로 운자韻字는 속粟·옥屋·족簇·옥玉·독讀이다.

---

3 六經勤向窗前讀 : 육경六經은 6종의 유학儒學 경서經書로, 《주역周易》, 《시경詩經》, 《서경書經》, 《춘추春秋》, 《예기禮記》, 《악기樂記》를 들기도 하고, 《악기》 대신 《주례周禮》를 넣기도 한다.

1-2 인종황제의 권학〔仁宗皇帝勸學〕

송宋 인종仁宗

짐이 살펴보니 배우지 않은 사람은	짐관무학인 朕觀無學人
만물 가운데 비교할 만한 무리가 없도다.	무물감비륜 無物堪比倫
만약 그를 풀과 나무에 비교하려 한다면	약비어초목 若比於草木
풀에는 영지가 있고 나무에는 춘목이 있으며,	초유영지목유춘 草有靈芝木有椿[4]
만약 그를 새와 짐승에 비교하려 한다면	약비어금수 若比於禽獸
새에는 난새와 봉황이 있고 짐승에는 기린이 있으며,	금유난봉수유린 禽有鸞鳳獸有麟[5]
만약 그를 똥과 흙에 비교하려 한다면	약비어분토 若比於糞土
똥은 오곡을 번성하게 하고 흙은 백성을 길러주나니,	분자오곡토양민 糞滋五穀土養民
세상에 한없이 많은 만물 가운데	세간무한물 世間無限物
배우지 않은 사람과는 비교할 대상이 없도다.	무비무학인 無比無學人

본 권학시는 사람을 만물의 영장靈長이라 하나, 배우지 않으면 초목이나 금수나 분토만도 못하게 된다고 하면서 배움에 힘쓸 것을 면려勉勵한 것이다.

시 형식은 평성平聲 진운眞韻으로 압운하였고 운자韻字는 인人·륜倫·춘椿·

---

4 草有靈芝木有椿 : 영지靈芝는 서초瑞草로 통치자가 자인慈仁하면 생장하는 풀이고, 춘椿은 《장자莊子》에 장수하는 나무로 8천 년을 한 봄으로 삼고 8천 년을 한 가을로 삼는다 하였다. 즉 풀 가운데도 영지같이 상서祥瑞를 드러내는 풀이 있고, 나무 가운데도 춘목椿木같이 장구한 것이 있다는 것이다.

5 禽有鸞鳳獸有麟 : 봉鳳은 새 가운데 가장 신령한 동물로 천하가 태평하면 나타나는데 봉황이 날면 뭇 새들이 그를 따르며, 난鸞도 봉의 한 종류이다. 인麟은 짐승 가운데 가장 신령한 동물로 살아있는 풀이나 갓 태어난 풀은 밟지 않는 어진 동물이며, 지극히 어진 통치자가 다스릴 때에 나타난다 하였다.

린麟·민民·인人이며, 오언구五言句와 칠언구七言句를 혼용混用하고 수구입운首句入韻한 일운도저一韻到底의 잡언고시雜言古詩(장단구長短句)이다.

난鸞

봉鳳

기린麒麟

1-3 사마온공의 권학가〔司馬溫公勸學歌〕

사마광司馬光

자식을 기르면서 가르치지 않음은 부모의 허물이고	양자불교부지과 養子不敎父之過
가르쳐 인도하기를 엄히 하지 않음은 스승의 나태이네.	훈도불엄사지타 訓導不嚴師之惰
부모의 가르침과 스승의 엄함이 모두 정도를 벗어나지 않았는데	부교사엄양무외 父敎師嚴兩無外
학문이 이루어지지 않았다면 자식의 죄이네.	학문무성자지죄 學問無成子之罪
따뜻한 옷 입고 배불리 먹고 사람의 무리 속에 섞여 살면서	난의포식거인륜 煖衣飽食居人倫[6]
내가 웃고 말하는 것 보기를 흙덩이 보듯이 하네.	시아소담여토괴 視我笑談如土塊[7]
높이 오르려다 미치지 못하자 하등의 무리와 휩쓸려 지내며	반고불급하품류 攀高不及下品流
약간 어진 사람을 만나도 그와 상대를 못하네.	초우현재무여대 稍遇賢才無與對
후생에게 권하노니 가르칠 분을 힘을 다해 찾아	면후생역구회 勉後生力求誨
밝으신 스승에게 의탁하여 스스로 몽매하게 지내지 말라.	투명사막자매 投明師莫自昧

---

6 煖衣飽食居人倫 : 《맹자孟子》 〈등문공滕文公 상上〉에, "사람이 행해야 할 道가 있는데, 배불리 먹고 따뜻이 입고 편안하게 지내게만 하고 교육을 시키지 않는다면 곧 금수에 가깝게 된다. 성인이 이를 근심하여 설契을 사도司徒로 삼아서 인륜을 가르치도록 하였으니, 부자유친·군신유의·부부유별·장유유서·붕우유신을 가르친 것이다.〔人之有道 飽食煖衣 逸居而無敎 則近於禽獸 聖人有憂之 使契爲司徒 敎以人倫 父子有親 君臣有義 夫婦有別 長幼有序 朋友有信〕" 한 부분을 단장취의斷章取義하여 인용한 것이다.

7 視我笑談如土塊 : 배우지 않아 속이 꽉 막혀서 현자의 말을 이해하지 못하고 흙덩이 보듯이 함을 말한다.

그리하여 하루아침에 청운의 길에 오르게 되면	일조운로과연등 一朝雲路果然登
성명이 선현에 버금가게 되어 선배라 불리리라.	성명아등호선배 姓名亞等呼先輩
방안에 만약 혼인한 배필이 없으면	실중약미결친인 室中若未結親姻
자연히 어여쁜 여인이 배필이 되기를 청하리라.	자유가인구필배 自有佳人求匹配
너희들에게 권하노니 각기 일찍부터 학문을 닦아서	면전여등각조수 勉旃汝等各早修
늙음에 이르러 헛되이 후회함이 없도록 하라.	막대노래도자회 莫待老來徒自悔

부모는 자식의 스승을 고르고, 스승은 가르쳐 인도하기에 힘쓰며, 자식은 배우기를 부지런히 해야 함을 밝히고, 배우기에 힘써서 청운靑雲의 뜻을 이루게 되면 존경과 행운이 뒤따름을 강조하면서, 이에 힘쓰지 않다가 노년에 이르러 헛되이 후회함이 없도록 하기를 권면한 것이다.

칠언구 위주에 육언구가 일부 섞여있고, 상성上聲 가운架韻과 회운賄韻 및 거성去聲 괘운卦韻과 대운隊韻이 통압通押된 상거통압上去通押의 잡언고시雜言古詩로, 운자韻字는 타惰·죄罪·괴塊·대對·매昧·배輩·배配·회悔이다.

1-4 유둔전의 권학문〔柳屯田勸學文〕

유영柳永

부모가 그 자식을 기르면서 가르치지 않는다면, 이는 그 자식을 사랑하지 않는 것이다.

부 모 양 기 자 이 불 교　시 불 애 기 자 야
父母養其子而不敎 是不愛其子也

비록 가르치기는 하되 엄하게 가르치지 않는다면, 이 또한 그 자식을 사랑하지 않는 것이다.

수 교 이 불 엄　시 역 불 애 기 자 야
雖敎而不嚴 是亦不愛其子也

부모가 가르치는데도 배우지 않는다면, 이는 자식이 그 자신을 아끼지 않는 것이다.

부 모 교 이 불 학　시 자 불 애 기 신 야
父母敎而不學 是子不愛其身也

비록 배우기는 하되 부지런히 배우지 않는다면, 이 또한 그 자신을 아끼지 않는 것이다.

수 학 이 불 근　시 역 불 애 기 신 야
雖學而不勤 是亦不愛其身也

이 때문에 자식을 기르게 되었으면 반드시 가르쳐야 하고, 가르칠 때에는 반드시 엄하게 가르쳐야 한다.

시 고 양 자 필 교 교 즉 필 엄
是故養子必教 教則必嚴

엄하게 가르치면 반드시 부지런해지고, 부지런히 배우면 반드시 목표를 이루게 된다.

엄 즉 필 근 근 즉 필 성
嚴則必勤 勤則必成

배우게 되면 서민의 자식도 공경公卿이 될 수 있고, 배우지 않으면 공경의 자식도 서민으로 전락하게 된다.

학 즉 서 인 지 자 위 공 경 불 학 즉 공 경 지 자 위 서 인
學則庶人之子爲公卿 不學則公卿之子爲庶人

이 편은 시詩가 아니고 문文이다. 권학勸學에 관한 작품을 모으다 보니 문인 본편도 함께 등재한 것이다.

자식을 기르려면 육신肉身만 기르는 데 그쳐서는 안 되고 학문과 덕행을 엄하게 가르쳐야 하며, 자식은 이를 부지런히 배워야 한다. 부지런히 배우면 신분이 낮은 사람이 존귀하게 될 수 있고, 그와 반대로 배우지를 않거나 배우기는 하되 부지런히 배우지 않으면, 존귀한 집안의 자식도 미천한 신분으로 전락하게 됨을 말하여, 존귀하게 되느냐 미천하게 되느냐가 부지런히 배우느냐 배우지 않느냐에 달려있음을 강조한 권학문이다.

1-5 왕형공의 권학문〔王荊公勸學文〕

왕안석王安石

책을 읽는 것은 비용을 허비하지 않나니	讀書不破費(독서불파비)
책을 읽으면 이로움이 만 배나 되네.	讀書萬倍利(독서만배리)
책은 벼슬하는 사람의 재능을 드날리게 하고	書顯官人才(서현관인재)
책은 군자에게 지혜를 더해주네.	書添君子智(서첨군자지)
재력이 있으면 책을 보관할 건물을 짓고	有卽起書樓(유즉기서루)
재력이 없으면 책 궤짝이라도 만들어야 하네.	無卽致書櫃(무즉치서궤)
창 앞에서 옛 성현의 글을 읽고	窓前看古書(창전간고서)
등불 아래에서 글의 뜻을 찾도록 하라.	燈下尋書義(등하심서의)
가난한 사람은 책을 통하여 부자가 되고	貧者因書富(빈자인서부)
부자는 책을 통하여 귀하게 되며,	富者因書貴(부자인서귀)
어리석은 사람은 책을 통하여 현명해지고	愚者得書賢(우자득서현)
현명한 사람은 책을 통하여 이롭게 된다.	賢者因書利(현자인서리)
독서가 사람을 영예롭게 함은 보았으나	只見讀書榮(지견독서영)
독서가 사람을 허물어뜨림은 본 일이 없노라.	不見讀書墜(불견독서추)
황금을 팔아서 책을 사 읽어라!	賣金買書讀(매금매서독)
책을 읽으면 황금은 쉽게 살 수 있노라.	讀書買金易(독서매금이)
좋은 글은 만나기가 끝내 어려우며	好書卒難逢(호서졸난봉)
좋은 글은 얻기가 진실로 어렵도다.	好書眞難致(호서진난치)
책 읽는 사람들에게 삼가 권하노니	奉勸讀書人(봉권독서인)
좋은 글 만나면 마음속에 간직하라.	好書在心記(호서재심기)

독서가 심신의 수양은 물론이고 부귀까지 가져옴을 강조하면서, 좋은 글 만나기가 어려우니 수양에 도움이 될 좋은 글을 만나면 반드시 마음속에 기억할 것을 강조한 시이다.

시의 형식은 거성去聲 치운寘韻으로 압운한 일운도저一韻到底의 오언고시五言古詩 장편長篇으로, 운자韻字는 리利·지智·궤櫃·의義·귀貴·리利·추墜·이易·치致·기記이다.

부신독서도負薪讀書圖

1-6 백낙천의 권학문〔白樂天勸學文〕

백거이白居易

농토가 있어도 농사짓지 않으면 곡간이 비고	有田不耕倉廩虛 (유전불경창름허)
책이 있어도 가르치지 않으면 자손이 어리석어지네.	有書不敎子孫愚 (유서불교자손우)
곡간이 비면 생활이 궁핍해지고	倉廩虛兮歲月乏 (창름허혜세월핍)
자손이 어리석으면 예와 의에 어긋난 짓을 하게 되네.	子孫愚兮禮義疎 (자손우혜예의소)
만약 농사짓지 않고 가르치지 않았다면	若惟不耕與不敎 (약유불경여불교)
이는 곧 부형의 잘못이로다.	是乃父兄之過歟 (시내부형지과여)

이 시는 자손을 가르치지 않는 것을 농토를 가졌으면서도 농사를 짓지 않는 것에 비유하여, 자손을 잘 가르쳐서 현명하고 예의바르게 키워야 함을 강조하였다.

시의 형식은 평성平聲 어운魚韻과 우운虞韻을 통운通韻한 수구입운首句入韻의 칠언고시七言古詩로, 운자韻字는 허虛·우愚·소疎·여歟이다.

1-7 주문공의 권학문〔朱文公勸學文〕

주희 朱熹

오늘 배우지 않고 내일이 있다고 말하지 말며	물위금일불학이유내일 勿謂今日不學而有來日
올해 배우지 않고 내년이 있다고 말하지 말라.	물위금년불학이유내년 勿謂今年不學而有來年
세월은 흘러가고	일월서의 日月逝矣
세월이 나를 기다려주지 않느니라.	세불아연 歲不我延
아아, 헛되이 늙었도다!	오호노의 嗚呼老矣
이렇게 된 것이 누구의 허물인가.	시수지건 是誰之愆

부지런히 학문을 닦고 세월을 허비하지 말아야 노후에 후회하지 않게 되니, 젊을 때에 촌음寸陰을 아껴 학문에 힘쓸 것을 강조하였다.

시의 형식은 평성平聲 선운先韻으로 압운하고, 구식句式이 불일정不一定한 잡언고시雜言古詩로, 년年·연延·건愆이 운자韻字이다.

1-8 부符가 성남으로 독서하러 가기에〔符讀書城南〕

한유韓愈

나무가 재목으로 쓰일 수 있느냐의 여부與否는	木之就規矩 (목지취규구)
목수와 수레 기술자가 써주느냐의 여부에 달려있네.	在梓匠輪輿 (재재장윤여)
사람이 사람답게 될 수 있음은	人之能爲人 (인지능위인)
뱃속에 시서詩書가 들어있기 때문이네.	由腹有詩書 (유복유시서)
시서를 부지런히 배우면 사람다움을 뱃속에 지니게 되고	詩書勤乃有 (시서근내유)
부지런히 배우지 않으면 뱃속이 비게 되네.	不勤腹空虛 (불근복공허)
배움의 효능을 알고자 할진댄	欲知學之力 (욕지학지력)
처음 태어났을 때에는 어질고 어리석음이 동일했다가,	賢愚同一初 (현우동일초)
배우지 못했음이 원인이 되어	由其不能學 (유기불능학)
출입하는 곳에 드디어 문이 달라지네.	所入遂異閭 (소입수이려)
두 집에서 각기 자식을 낳아서	兩家各生子 (양가각생자)
품에 안겨 웃을 때엔 재능이 서로 같았고,	提孩巧相如 (제해교상여)
조금 자라서 모여 장난칠 때에도	少長聚嬉戲 (소장취희희)
같은 한 떼의 물고기들처럼 다르지 않다가,	不殊同隊魚 (불수동대어)
나이 열두서넛에 이르게 되면	年至十二三 (연지십이삼)
뛰어남을 드러냄이 차츰 서로 달라지고,	頭角稍相疎 (두각초상소)
이십이 되면 점차 다르게 벌어져서	二十漸乖張 (이십점괴장)
맑은 도랑에 오염된 도랑이 비치듯 하다가,	清溝映汚渠 (청구영오거)
삼십이 되어 골격이 완성되면	三十骨骼成 (삼십골격성)
이에 한쪽은 용처럼 되고 한쪽은 돼지처럼 되네.	乃一龍一豬 (내일룡일저)

비황마가 되어 빨리 달리게 되면	비황등답거 飛黃騰踏去
두꺼비 같은 조랑말은 돌아보지도 않게 되네.	불능고섬여 不能顧蟾蜍
한쪽은 말 앞에서 끄는 마부가 되어	일위마전졸 一爲馬前卒
등에 채찍을 맞아 구더기가 생기고,	편배생충저 鞭背生蟲蛆
한쪽은 공경公卿과 재상宰相이 되어	일위공여상 一爲公與相
높고 너른 저택에 살게 되네.	담담부중거 潭潭府中居
묻노니 이는 어인 까닭인가	문지하인이 問之何因爾
배웠음과 배우지 않았음의 차이로다.	학여불학여 學與不學歟
황금과 벽옥이 비록 귀중한 보배이긴 하나	금벽수중보 金璧雖重寶
써서 허비하면 저장하기 어렵지만,	비용난저저 費用難貯儲
학문은 몸에 지니고 있으면	학문장지신 學問藏之身
몸이 존재하는 한 남아있게 되네.	신재즉유여 身在則有餘
군자가 되고 소인이 됨이	군자여소인 君子與小人
부모가 낳을 때에 달려있는 것이 아니니,	불계부모저 不繫父母且
공경이 되고 재상이 된 사람을 보지 않았는가?	불견공여상 不見公與相
배움을 통해 농촌에서 몸을 일으킨 사람이네.	기신자리서 起身自犁鋤
삼공의 후손을 보지 않았는가?	불견삼공후 不見三公後
추위와 굶주림 겪으며 나들이할 때 나귀도 타지 못하네.	한기출무려 寒饑出無驢
그러하니 문장이 어찌 귀중하지 않으리오	문장기불귀 文章豈不貴
경서의 가르침은 곧 묵은 밭의 잡초를 매는 것과 같네.	경훈내치여 經訓乃菑畬
소나기에 고인 물은 근원이 없으니	황료무근원 潢潦無根源
아침엔 가득 찼다가 저녁이면 이미 없어져버리네.	조만석이제 朝滿夕已除
사람이 배움을 통해 고금에 통달하지 못하면	인불통고금 人不通古今
마소에 옷을 입혀놓은 격이네.	마우이금거 馬牛而襟裾

행실이 불의에 빠져 있으면서	行身陷不義(행신함불의)
더구나 명예가 많기를 바라서야 되겠는가.	況望多名譽(황망다명예)
때가 가을 되어 연이어 내리던 비 개이고	時秋積雨霽(시추적우제)
서늘한 새 기운이 교외에 들어와,	新凉入郊墟(신량입교허)
차츰 등불을 가까이할 만해져서	燈火稍可親(등화초가친)
책을 펼쳤다 거뒀다 하기에 좋으니,	簡編可卷舒(간편가권서)
어찌 아침부터 저녁까지 이를 생각하지 않으리오	豈不旦夕念(기불단석념)
너를 위해 세월이 지나감을 아까워하노라.	爲爾惜居諸(위이석거저)[8]
은애恩愛에 치우치면 의義를 잃고 의에 치우치면 은애를 잃으므로	恩義有相奪(은의유상탈)
이렇게 시를 지어주며 곰곰이 생각하기를 권하노라.	作詩勸躊躇(작시권주저)

작자가 그의 아들 한부韓符(후에 창昶으로 개명)가 성남城南으로 글을 읽으러 갈 때에 지어주면서 면려勉勵한 시이다. 시서를 제대로 배우면 군자가 되고 배우지 않으면 소인이 됨을 사례를 들어 간곡하게 일깨워주고 있다. 이 때문에 이 시는 시詩이기는 하나, 여온餘蘊이나 함축含蓄이 없이 평서문平敍文처럼 지어서, "문文처럼 시詩를 지었다."라는 평을 듣게 된 것이다. 한부는 이 시를 통해 드러낸 부친의 기대를 저버리지 않고 장경長慶 연간에 과거에 급제하여 집현교리集賢校理가 되었다.

시의 형식은 처음부터 끝까지 평성平聲 어운魚韻으로 압운한 일운도저一韻到底의 오언고시이다.

---

8 爲爾惜居諸 : 거저居諸는 일거월저日居月諸의 줄임말로, 세월이 흘러감을 뜻한다.

오언고풍단편五言古風短篇

해설 | 고풍古風은 근체시近體詩가 형성된 이후 고체시古體詩 형식으로 지은 시를 말한다. 즉 '오언고풍단편五言古風短篇'이라 한 것은 오언고시단편五言古詩短篇을 모아놓았음을 밝힌 것이다.

1-9 맑은 밤에 읊다〔淸夜吟〕

소옹邵雍

달이 하늘 한가운데 이르고	월 도 천 심 처 月到天心處
바람이 물위로 불어올 때에	풍 래 수 면 시 風來水面時
이와 같이 맑은 뜻과 맛을	일 반 청 의 미 一般淸意味
헤아려 아는 사람 드물도다.	요 득 소 인 지 料得少人知

도道의 포괄적인 모습과 중화中和의 심오한 작용을 깨달은 즐거움을 읊으면서, 하늘 한가운데 뜬 밝은 달과, 하늘과 땅 사이를 운행하는 맑은 바람과, 땅 위에 있는 맑은 물을 통하여 인욕人慾이 개재되지 않은 청정淸靜한 대도大道의 경지 즉 중화中和의 경지를 독득獨得하였음을 밝힌 일종의 철리시哲理詩이다.

평성平聲 지운支韻으로 압운하였고, 운자韻字는 시時와 지知이다.

1-10 네 계절〔四時〕

도잠陶潛

	춘 수 만 사 택
봄날 사방 못엔 물이 가득하고	春水滿四澤
	하 운 다 기 봉
여름 구름엔 기이한 봉우리 많도다.	夏雲多奇峯
	추 월 양 명 휘
가을 달은 밝은 빛을 드날리고	秋月揚明輝
	동 령 수 고 송
겨울 산마루엔 소나무 홀로 빼어났도다.	冬嶺秀孤松

춘수春水와 하운夏雲과 추월秋月과 동송冬松을 네 계절의 경상景象을 대표하는 상징물로 보고, 천도天道의 운행에 자신이 동화同化된 귀자연歸自然의 경지를 읊은 시이다.

평성平聲 동운冬韻으로 압운하였고, 운자韻字는 봉峯과 송松이다.

1-11 강에 눈이 내리는데〔江雪〕

유종원柳宗元

모든 산엔 날아다니는 새 사라지고	천산조비절 千山鳥飛絶
모든 길엔 사람 자취 끊겼네.	만경인종멸 萬逕人蹤滅
외로운 배에 도롱이 입고 삿갓 쓴 늙은이	고주사립옹 孤舟蓑笠翁
싸늘한 강 눈 내리는 밤에 홀로 낚시 드리웠네.	독조한강설 獨釣寒江雪

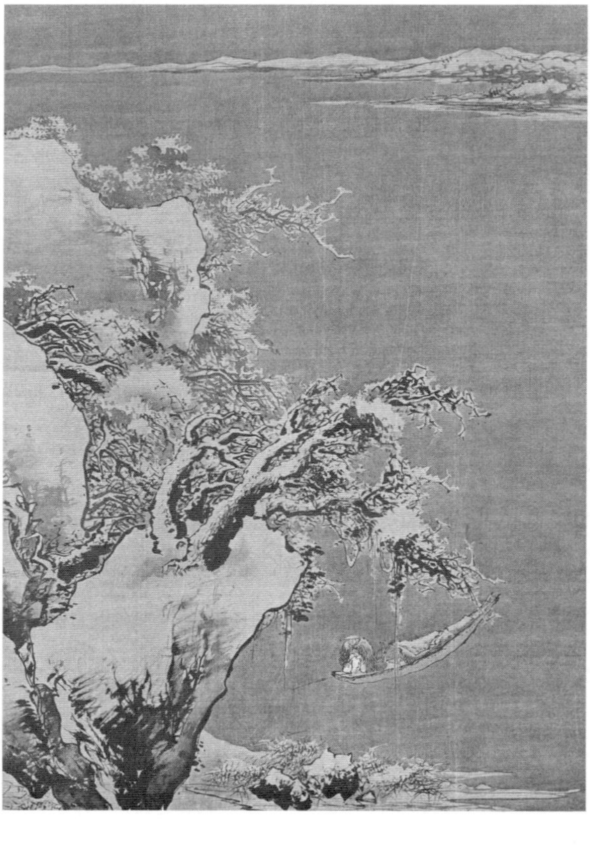

한강독조도寒江獨釣圖

영주永州의 사마司馬로 있을 때에 지은 시이다. 새도 사람도 자취를 감춘 눈 내리는 싸늘한 밤에 깨어있는 사람은 오직 자신뿐이라 읊어, 암울暗鬱한 시대에 정도正道를 행하려 애쓰다가 탄압받아 좌천되었으면서도 홀로 굳게 지조를 지키는 자신의 모습을 매구每句의 제일자第一字들인 천千·만萬·고孤·독獨으로 드러내었다.

제1·2구는 정적靜寂에 휩싸인 광활한 공간을, 제3·4구는 그러한 광활한 공간을 고주孤舟라는 한 점點으로 응축凝縮하여 유일하게 깨어있는 자신을 드러내어, '만산여묵일등홍萬山如墨一燈紅'의 경지境地를 표출表出하였다.

입성入聲 설운屑韻으로 압운하였고, 운자는 절絶·멸滅·설雪로 수구입운首句入韻의 오언고시五言古詩이다.

1-12 도인道人을 방문했다 만나지 못하고〔訪道者不遇〕

가도賈島

소나무 아래에서 동자에게 물으니	松下問童子 (송하문동자)
말하기를 선생님 약 캐러 가셨다 하네.	言師採藥去 (언사채약거)
이 산속에 계시긴 하나	只在此山中 (지재차산중)
구름이 깊어 계신 곳 모른다네.	雲深不知處 (운심부지처)

송하문동松下問童

시의 구성이, 기구起句는 '송하松下'라는 한 지점地點에서 동자를 만났고, 승구承句는 도자道者가 '차산중此山中'에 있다 하여 공간이 일좌一座의 산山으로 확장되었으며, 결구結句에서는 '운심부지처雲深不知處'라 하여 공간이 운해雲海로 확장擴張되었다.

즉 한 점點에서 한 덩어리의 산山으로 공간이 확장되다가, 다시 무한광막無限廣漠한 운해雲海로 폭발적으로 확장되도록 구성하여, 동자를 만났으니 도인道人도 만날 수 있을 것 같다가(기구起句), 만날 희망이 사라졌다가(승구承句), 다시 만날 수 있을 것 같다가(전구轉句), 끝내 만날 수 없게 된 것으로(결구結句) 종결하고, 결구를 통해 한없이 넓고 깊은 도인의 득도得道의 경지를 암시하는 것으로 귀결지은 것이 매우 돋보인다.

전구와 결구를 '이 산속에 계시긴 하겠지만, 구름이 깊어 계신 곳을 모르겠네.'라고 해석하여, 이 말이 동자가 한 말이 아니라 작자가 추측한 말로 보는 견해도 있다.

거성去聲 어운御韻으로 압운하였고, 운자는 거去와 처處이다.

1-13 누에 치는 여인〔蠶婦〕

무명씨 無名氏

어제 성안에 들어갔다가	작일도성곽 昨日到城郭
돌아오면서 눈물로 수건을 가득 적셨네.	귀래누만건 歸來淚滿巾
온 몸을 비단으로 휘감은 사람들	편신기라자 遍身綺羅者
누에 치는 사람들 아니었네.	불시양잠인 不是養蠶人

이 시는 시정市井에 전래되어 불리던 민간가요이므로 작자의 성명을 알 수 없게 된 것이다. 신고辛苦를 겪으며 부지런히 누에 치고 길쌈하는 사람은 가난하게 살고, 도성 안에서 빈둥빈둥 노는 사람은 호화롭게 사는 사회의 부조리를 풍자한, 미자美刺에 관계된 풍유시諷諭詩이다.

평성平聲 진운眞韻으로 압운하였고, 운자는 건巾과 인人이다.

1-14 농부를 딱하게 여기며〔憫農〕

이신李紳

볏논에서 김을 매는데 해가 중천에 이르니　鋤禾日當午(서화일당오)
땀방울이 벼 포기 아래로 떨어지네.　汗滴禾下土(한적화하토)
그 누가 알리오, 소반 안에 있는 밥　誰知盤中飧(수지반중손)
한 알 한 알이 모두 농부가 고생한 산물임을.　粒粒皆辛苦(입립개신고)

농민이 고생하며 농사지은 곡식을 먹고 살면서도 그들의 노고를 고마워하거나 딱하게 여기는 마음이 없는 사회 현실을 개탄하는 일종의 사회시社會詩이다. 사회 현실을 바르게 드러낸 두보杜甫의 시를 시사詩史라 칭하는데, 이 시도 그러한 두보시杜甫詩의 영향을 받은 것이다.

평성平聲 우운虞韻으로 압운한 수구입운首句入韻의 오언고시로, 운자는 오午·토土·고苦이다.

1-15 〈이사전李斯傳〉을 읽고〔讀李斯傳〕[9]

이업李鄴

남이 모르는 일 속이는 것도 오히려 불가한데	欺暗常不然 (기암상불연)
환히 아는 사실을 속이려 했으니 처형을 자초했음이 당연하네.	欺明當自戮 (기명당자륙)
한 사람의 손바닥으로	難將一人手 (난장일인수)
천하 사람의 눈을 모두 가릴 수는 없는 법이네.	掩得天下目 (엄득천하목)

《사기史記》〈이사열전李斯列傳〉을 읽고 지은 영사시詠史詩이다. 이사李斯가 권력을 계속 유지하기 위해 환관 조고趙高와 내통하여 진시황의 죽음을 숨기고 칙서勅書를 변조하여 태자 부소扶蘇를 죽이고 호해胡亥를 옹립했던 사실을 비판한 것이다. 재상이 되었으면 정도正道를 행해야 하고, 사익私益을 위하여 술수術數를 써서 남을 속이려 함은 불가함을 밝힌 것이다.

입성入聲 옥운屋韻으로 압운하였고, 운자는 륙戮과 목目이다.

---

9 李斯傳 : 《사기史記》 권87 〈이사열전李斯列傳〉을 말한다. 이사李斯는 법가사상가法家思想家로 진秦에 들어와 진시황秦始皇의 승상丞相이 되었던 인물이다. 법을 엄혹하게 시행하여 진시황이 천하를 통일하는 데 기여하고, 중앙집권적 군현제郡縣制를 시행하였으며 분서갱유焚書坑儒를 주도했던 인물이다. 시황이 죽자 조고趙高와 함께 시황의 죽음을 비밀에 붙이고 황제의 조서를 변조하여 태자 부소扶蘇를 죽이고 호해胡亥를 옹립하였다가, 천하가 혼란해지자 요참腰斬의 형刑을 받고 삼족三族이 족멸族滅당했다. 그의 전기傳記를 읽고 독후감讀後感을 이 시로 드러낸 것이다.

1-16 왕소군〔王昭君〕[10]

이백李白

소군이 옥안장의 먼지를 털고	昭君拂玉鞍(소군불옥안)
말에 오르는데 붉은 뺨에 눈물이 흐르네.	上馬啼紅頰(상마제홍협)
오늘까지는 한나라 궁실의 여인이었지만	今日漢宮人(금일한궁인)
내일 아침이면 오랑캐 땅에서 첩살이해야 한다네.	明朝胡地妾(명조호지첩)

이 시는 천하절색天下絶色인 왕소군王昭君이 억울하게 흉노 추장에게 시집가며 한궁漢宮을 떠나는 모습을 상상해 그린 것이다. 인구人口에 회자膾炙되던 민가民歌를 시화詩化한 일종의 영사시詠史詩이다.

입성入聲 엽운葉韻으로 압운하였고, 운자韻字는 협頰과 첩妾이다.

왕소군王昭君

---

10 王昭君 : 한漢 원제元帝의 궁인宮人이었던 왕장王嬙으로, 그의 자字가 소군昭君이다. 경녕竟寧 원년元年(B.C. 33)에 화공畫工 모연수毛延壽의 농간으로 황제를 모시지 못하고 정략결혼政略結婚의 희생물이 되어 흉노匈奴 추장에게 시집갔던 여인이다. 후대에 왕소군의 이야기가 시사詩詞·희곡戲曲·소설小說의 제재題材로 널리 쓰였다.

1-17 검객〔劍客〕

가도賈島

십 년 동안 갈고 닦은 한 자루의 칼	十年磨一劍(십년마일검)
서릿발 같은 칼날은 일찍이 시험해본 일이 없네.	霜刃未曾試(상인미증시)
오늘 이를 가져다 그대에게 주나니	今日把贈君(금일파증군)
누가 감히 공평하지 못한 일 하리오.	誰有不平事(수유불평사)

검객劍客은 가도賈島가 자신을 비유한 것이다. 칼을 날카롭게 갈듯이 자신의 학문을 갈고 닦아 재능을 이루게 되었으니, 어느 날 군주에게 발탁된다면 공평하지 못한 짓을 하는 간사한 무리를 서릿발 같은 칼날로 척결剔抉하고 공평무사한 정치를 행하겠다는 자신의 포부를 드러낸 풍유시諷諭詩이다.

거성去聲 치운寘韻으로 압운하였고, 운자韻字는 시試와 사事이다.

1-18 칠보시〔七步詩〕

조식曹植

콩을 삶고자 콩대를 태우니	자 두 연 두 기 煮豆燃豆萁
콩이 솥 속에서 흐느껴 우네.	두 재 부 중 읍 豆在釜中泣
본시 같은 뿌리에서 나고 자랐으면서	본 시 근 동 생 本是根同生
삶아대기를 어찌 그리도 급하게 하는가.	상 전 하 태 급 相煎何太急

위魏 문제文帝 조비曹丕가 아우 조식曹植의 문재文才를 시기하여 칠보七步를 걸을 동안에 시 한 편을 완성하지 못하면 사형에 처하겠다 하자, 7보를 걷는 사이에 완성한 시가 바로 이 시이다.

콩〔두豆〕과 콩대〔기萁〕라는 무정물無情物을 유정물화有情物化하고, 콩을 자신에, 콩대를 형 문제文帝에 비유하여, 같은 부모에게서 태어난 형제 사이에 어찌 그리도 잔인하게 핍박하느냐고 원망한 것이다.

입성入聲 집운緝韻으로 압운하였고 운자는 읍泣과 급急이다. 사성四聲 가운데 가장 촉급促急한 입성운入聲韻으로 압운하여, 처절悽絶한 감정을 외치듯이 표현한 수정입운隨情入韻의 시이다.

1-19 경競자와 병病자로 압운하다〔競病韻〕[11]

조경종曹景宗

떠날 때엔 아녀자들이 슬퍼하더니	去時兒女悲(거시아녀비)
돌아오자 피리와 북 울리며 다투어 맞이하네.	歸來笳鼓競(귀래가고경)
길 가는 사람들에게 묻노니	借問行路人(차문행로인)
〈내 업적이〉 곽거병과 비교하여 어떠한가.	何如郭去病(하여곽거병)[12]

남북조南北朝 시대 북위北魏의 군사가 양梁나라에 쳐들어와 회계會稽를 포위하자 양나라 장군 조경종曹景宗이 포위를 풀고 대승을 거둔 후 개선하였다. 이에 양梁 무제武帝가 잔치를 열면서 심약沈約을 시켜 운자韻字를 부르게 하고 참석자들에게 연구聯句를 짓게 하였는데, 심약이 거성去聲 경운敬韻 운목韻目에 속한 글자를 거의 다 이미 불러서 압운押韻하기 어려운 경競자와 병病자만 남게 되자, 조경종이 이 두 운자를 넣어 즉시 위와 같이 시를 지어 시재詩才를 과시하면서 자신의 무공武功을 뽐낸 것이다.

---

11 競病韻 : 경競자와 병病자는 거성去聲 제24 경운敬韻 운목韻目에 속하는 글자들로, 시를 지을 때 일상적으로 쓰이는 글자가 아니어서, 운자韻字로 쓰기가 어려운 험운자險韻字이다. 이러한 험운자로 압운하여 즉흥시卽興詩를 지은 것은 시재詩才가 뛰어남을 과시한 것이다.

12 何如郭去病 : 곽거병郭去病은 한漢 무제武帝 때의 장군으로 손오병법孫吳兵法에 정통하였고, 여섯 차례 흉노匈奴를 정벌하여 대승을 거두어 표기대장군驃騎大將軍이 되었던 인물이다.

1-20 탐천〔貪泉〕[13]

오은지吳隱之

옛사람들이 이 물에 대해 말하기를	古人云此水(고인운차수)
한 모금 마시면 천금을 탐하게 된다 하네.	一歃懷千金(일삽회천금)
시험 삼아 백이伯夷·숙제叔齊에게 마시게 한다면	試使夷齊飮(시사이제음)
끝내 마음 바꾸는 일 없으리라.	終當不易心(종당불역심)[14]

탐천의 물을 아무리 마셔도 탐심貪心을 억제하고 청렴을 지키겠음을 강조하여, 세속의 어떤 유혹에도 동요되지 않고 맑은 지조를 굳건하게 지키겠다는 의지를 드러낸 시이다.

평성平聲 침운侵韻으로 압운하였고, 운자韻字는 금金과 심心이다.

---

13 貪泉 : 광주廣州에 있던 샘으로, 전해오는 말에 "이 물을 마시는 사람은 탐심貪心이 생긴다." 하였다. 이 지역 태수가 된 오은지吳隱之가 이 샘물을 마시며 지은 시가 바로 이 시로, 자신은 아무리 이 물을 마셔도 청렴한 절조節操를 더욱 엄하게 변함없이 지킬 것이라 하면서, 샘 이름을 염천廉泉으로 바꿨다 한다. 후대에 이 샘 위에 정자를 세우고 불역심정不易心亭이라 하였으니, 이 시의 결구結句 구말句末 삼자三字를 정자명亭子名으로 취한 것이다.

14 試使夷齊飮 終當不易心 : 이제夷齊는 백이伯夷와 숙제叔齊를 말한 것으로, 고죽국孤竹國의 왕자들이다. 왕위를 서로 양보하였고, 주周 무왕武王이 은殷 주왕紂王을 치자 말고삐를 잡고 부당하다고 말렸으며, 무왕이 은나라를 멸하자 수양산首陽山에 은거하며 주周나라 곡식을 먹지 않고 고사리를 캐어 먹다가 굶어 죽어서, 후대에 성지청자聖之淸者라 칭해진 사람들이다. 이 두 구는 성지청자인 이제와 같은 의지가 있다면 이 샘물을 아무리 마셔도 마음을 바꾸어 탐심貪心을 지니는 일이 없을 것임을 밝힌 것이다.

1-21 상산 길에서 느낌이 일어〔商山路[15]有感〕

백거이白居易

길이 만리에 길게 이어져 있는데	萬里路長在(만리노장재)
육년 만인 이제야 비로소 돌아왔네.	六年今始歸(육년금시귀)
지나오는 곳에 과거 투숙했던 객관 많은데	所經多舊館(소경다구관)
반 이상이 옛 주인이 아니었네.	太半主人非(태반주인비)

항주자사杭州刺史로 좌천되어 수도 장안에서 이 상산로를 다시 경유해 임지로 나가면서, 옛 길은 그대로인데 객관의 주인은 바뀌었음을 자신의 처량한 신세에 가탁假托하여, 인사人事의 무상無常함을 서글퍼하며 읊은 시이다.

평성平聲 미운微韻으로 압운하였고, 운자韻字는 귀歸와 비非이다.

상산사호商山四皓

15 商山路 : 상산商山은 섬서성陝西省 상현商縣 동쪽에 있다. 진말秦末 한초漢初에 사호四皓(동원공東園公·기리계綺里季·녹리선생甪里先生·하황공夏黃公 등 네 명의 은자隱者)가 은둔했던 곳으로 유명하다. 상산로는 이곳에서 수도 장안長安으로 통하는 길이다.

1-22 금곡원에서〔金谷園〕[16]

무명씨無名氏

당시에 가무歌舞를 즐기던 곳	當時歌舞地(당시가무지)
초목만 어지러이 우거져 있을 줄은 몰랐네.	不說草離離(불설초리리)
오늘날엔 노래하고 춤추던 미녀들 다 없어졌고	今日歌舞盡(금일가무진)
동산 가득한 초목에 가을 이슬방울만 맺혔을 뿐이네.	滿園秋露垂(만원추로수)

석숭石崇의 금곡원金谷園이 극도로 화려했다가 폐허로 변한 것을 예로 들어, 환락이 극에 달하면 불행한 일이 생긴다는 낙극비생樂極悲生의 진리를 깨우쳐주는 시이다.

평성平聲 지운支韻으로 압운하였고, 운자는 리離와 수垂이다.

---

16 金谷園 : 진대晉代의 거부巨富 석숭石崇의 정원으로 낙양洛陽 서북쪽에 있었고 지극히 넓고 지극히 화려하였다. 석숭이 이곳에서 연일 화려한 잔치를 열고 지내다가 처형되었다.

1-23 봄날 계수나무와의 문답 2수〔春桂問答 二〕

왕유王維

봄날 계수나무에게 물었네. 問春桂(문춘계)
복숭아와 오얏나무는 때 맞춰 화려한 꽃을 피웠고, 桃李正芳華(도리정방화)
화창한 봄볕이 이르는 곳마다 가득한데, 年光隨處滿(연광수처만)
어인 일로 홀로 꽃을 피우지 않았는가? 何事獨無花(하사독무화)

봄날 계수나무가 대답했네. 春桂答(춘계답)
봄날에 핀 꽃이 어찌 오래갈 수 있으리오. 春華詎能久(춘화거능구)
바람과 서리에 흔들려 잎 떨어질 때에 風霜搖落時(풍상요락시)
나 홀로 무성하게 피어있을 줄 그대는 아는가 모르는가. 獨秀君知不(독수군지부)

계수桂樹는 상록常綠의 교목喬木으로 약재藥材로도 쓰여서 백약지장百藥之長이라 칭해지는 나무이다. 무정물無情物인 계수나무를 유정물화有情物化하여 그와 문답하는 형식으로 탁물유인托物喩人한 시이다.

세한歲寒을 겪어야 다른 나무들이 모두 조락凋落한 후에도 송백松柏이 푸름을 지키고 있음을 알듯이, 풍상요락시風霜搖落時에야 자신(계수나무)이 독수獨秀함을 알게 될 것이라 하여, 세파에 휩쓸리지 않고 지조志操를 지키는 군자다운 모습을 계수나무에 의탁하여 드러낸 시이다.

시의 형식은 장단구長短句의 잡언시雜言詩로, 전편前篇은 평성平聲 마운麻韻인 화華와 화花로 압운하고, 후편後篇은 상성上聲 유운有韻인 구久와 부不로 압운한 전운시轉韻詩이다.

1-24 떠나는 아들이 읊다〔遊子吟〕

맹교孟郊

자애로운 어머니 손에 든 바느질 실은	慈母手中線(자모수중선)
자식이 떠날 때 몸에 입을 옷을 꿰매는 것이네.	遊子身上衣(유자신상의)
떠날 때에 입히려 촘촘히 촘촘히 꿰매는 것은	臨行密密縫(임행밀밀봉)
늦게 늦게 돌아올까 마음이 두려워서이네.	意恐遲遲歸(의공지지귀)
한 치쯤 되는 풀 한 포기 같은 자식의 마음으로는	難將寸草心(난장촌초심)
삼월 봄날의 햇볕 같은 어머니 마음에 보답하기 어렵네.	報得三春暉(보득삼춘휘)

맹교孟郊가 50세에 율양현위溧陽縣尉에 임명되어 떠나면서 지은 시이다. 자식에 대한 어머니의 사랑을 삼춘휘三春暉로 표현하고 어머니의 은애恩愛에 보답하려는 자식의 마음을 촌초심寸草心으로 표현하여, 자식이 아무리 효성을 다해도 어머니 사랑의 억만 분의 일도 갚을 수 없음을 드러낸 시이다. 후대 이 시에 쓰인 '촌초춘휘寸草春暉'가 자식이 부모의 사랑에 억만 분의 일도 보답하기 어려움을 뜻하는 성어成語가 되었다.

평성平聲 미운微韻으로 압운하였고, 운자韻字는 의衣·귀歸·휘暉이다.

1-25 자야오가〔子夜吳歌〕[17]

이백李白

장안에 한 조각 달이 밝은데	長安一片月 (장안일편월)
많은 집에서 다듬이 소리 들려오네.	萬戶擣衣聲 (만호도의성)
가을바람 불기를 멈추지 않으니	秋風吹不盡 (추풍취부진)
모두가 옥문관 밖의 님 그리는 마음 일게 하네.	總是玉關情[18] (총시옥관정)
어느 날에나 오랑캐 평정하고	何日平胡虜 (하일평호로)
멀리 계신 남편께서 전쟁 끝내고 돌아오시려나.	良人罷遠征 (양인파원정)

제1·2구에 중국과 서역西域의 경계에 있는 옥문관玉門關 서쪽 서역지방으로 오랑캐를 정벌하러 간 남편이 춥지 않도록 입을 옷을 보내주고자 다듬이질하는 아내들의 모습을 그렸다. 제3구에서는 멀리 서역 남편이 있는 곳에서 이곳으로 끊임없이 불어오는 추풍秋風(서풍西風)이 남편을 그리워하는 정이 더욱 일게 한다 하고, 4구에서는 장안에 뜬 한 조각의 달도, 만호에서 들려오는 다듬이질 소리도, 서쪽 변새邊塞에서 불어오는 바람도, 모두가 남편이 빨리 돌아오기를 바라는 아내들의 간절한 마음이 일게 한다고 하면서 이를 모두 '총總'자로 결집結集하였고, 5·6구에서는 빨리 오랑캐를 평정하고 원정遠征에서 돌아오기를 바라는 마음을 그렸다.

평성平聲 경운庚韻으로 압운하였고, 운자는 성聲·정情·정征이다.

---

17 子夜吳歌 : 악부樂府의 곡명曲名이다. 《악부고제요해樂府古題要解》에 "동진東晉에 살던 여인의 이름이 자야子夜인데 노랫소리가 지극히 슬펐다." 하였고, 동진의 도읍지가 옛 오吳의 도읍지였으므로 후인이 곡명을 〈자야오가子夜吳歌〉라 붙였다 하였다.

18 總是玉關情 : 옥관玉關은 《당서唐書》〈지리지地理志〉에 "사주沙州 돈황군敦煌郡 수창현壽昌縣 서북西北에 옥문관玉門關이 있는데, 장안長安에서 3,600리 떨어져 있다." 하였다.

1-26 벗과 만나 함께 묵으며〔友人會宿〕

이백李白

오랜 세월 품고 있던 수심을 씻어 없애고자	滌蕩千古愁(척탕천고수)
차마 떠나지 못하고 백 병의 술을 연이어 마시네.	留連百壺飮(유련백호음)
좋은 밤이라 담소하기에 합당하고	良宵宜且談(양소의차담)
달이 밝아 잠을 이루지 못하겠네.	皓月未能寢(호월미능침)
취해서 인적 없는 고요한 산에 누우니	醉來臥空山(취래와공산)
하늘이 곧 이불 되고 땅이 곧 베개 되네.	天地卽衾枕(천지즉금침)

좋은 벗을 만나 술로 시름을 풀고 달빛 아래에서 고상한 대화를 나누며 잠을 이루지 못함을 읊은 시이다. 말구末句 '천지즉금침天地卽衾枕'은 진대晉代 죽림칠현竹林七賢의 한 사람인 유령劉伶의 〈주덕송酒德頌〉의 '막천석지幕天席地'를 탈태脫胎한 것으로, 세욕世慾과 번민煩悶을 초탈한 광달曠達한 흉회胸懷를 드러낸 것이다.

상성上聲 침운寢韻으로 압운하였고, 운자韻字는 음飮·침寢·침枕이다.

1-27 운곡에서 읊다〔雲谷雜詠〕[19]

주희 朱熹

시골 농부가 술을 싣고 찾아와서	野人載酒來(야인재주래)
농사이야기 하는 사이 해가 서산에 기운 저녁 되었네.	農談日西夕(농담일서석)
부지런히 받드는 이 뜻 진실로 고마우니	此意良已勤(차의양이근)
감사하는 마음 어찌 다할 수 있으리오.	感歎情何極(감탄정하극)
돌아가거든 너무 자주 찾아오지 마시라	歸去莫頻來(귀거막빈래)
숲이 깊어 산길 어둡다오.	林深山路黑(임심산로흑)

시골 농민이 주자朱子를 존경하여 술을 싣고 찾아와 농사이야기를 나누게 된 것을 고마워하면서, 산이 깊으니 자주 오지 말라 한 것은, 한편으로는 야인에 대한 배려를 드러내고, 다른 한편으로는 수양을 위한 독서에 지장이 있으므로 우회적으로 빈번한 왕래를 사절謝絶한 것이다.

입성入聲 직운職韻으로 압운하였고, 운자韻字는 석夕·극極·흑黑이다.

---

19 雲谷雜詠 : 운곡雲谷은 주자朱子(주희朱熹)가 독서하던 곳이다. 잡영雜詠은 여러 사물을 자유롭게 읊은 것을 말하며, 시가詩歌의 제목에 많이 붙이는 용어이다. 이 시는 운곡의 사물事物을 읊은 잡영시雜詠詩 12수 가운데 하나이다.

1-28 농가의 처지를 가엽게 여기다〔傷田家〕

섭이중聶夷中

이월에 새로 나올 고치실을 미리 팔고	二月賣新絲 (이월매신사)
오월에 새로 수확할 곡식을 미리 파네.	五月糶新穀[20] (오월조신곡)
목전에 닥친 위급한 병은 겨우 치료하였으나	醫得眼前瘡 (의득안전창)
심장의 살을 도려내는 듯 고통스럽네.	剜却心頭肉 (완각심두육)
내가 바라는 것은 군왕의 어진 마음이	我願君王心 (아원군왕심)
밝게 빛나는 촛불이 되어	化作光明燭 (화작광명촉)
화려한 잔치자리만 비추지 말고	不照綺羅筵 (부조기라연)
세금 못내 달아난 집들에도 두루 비춰주는 것이네.	偏照逃亡屋 (편조도망옥)

전반 4구에서는 터무니없는 헐값에 실과 곡식을 선매先賣하여 겨우 관채官債를 갚기는 하였으나 억울한 마음에 가슴이 찢어지는 듯한 농민의 고통을 드러내고, 후반 4구에서는 이런 농민의 고통에 관심을 두지 않는 통치자를 비판하고 있다. 조적법糶糴法(일명 진대법賑貸法이라고도 하고 환곡還穀이라고도 함)의 근본 취지는 농민의 고통을 덜어주기 위한 것이었으나, 후대에 이르면 탐관오리들이 농민을 착취하는 법으로 바뀌어 민란民亂을 초래하기도 하였다.

단촉短促한 입성入聲 옥운屋韻으로 압운하여 농민의 곤고困苦를 부르짖듯이 외치는 내용에 맞게 수정입운隨情入韻한 시로, 운자韻字는 곡穀·육肉·촉燭·옥屋이다.

---

20 二月賣新絲 五月糶新穀 : 앞으로 누에 쳐서 뽑아낼 실을 2월에 미리 싼 값에 팔아 관가에서 얻어 쓴 빚을 갚고, 가을에 수확할 곡식을 5월에 미리 싼 값에 선매先賣하여 관가에 진 빚을 갚아야 하는 농민의 고통을 말한 것이다.

1-29 시속時俗을 보고 느낌이 일어〔時興〕

양분楊賁

귀한 분들이 전에 아직 귀하게 되지 않았을 때엔	貴人昔未貴(귀인석미귀)
모두가 빈천한 사람들 보살펴주겠다 하다가	咸願顧寒微(함원고한미)
그들 자신이 요직에 오르게 되자	及自登樞要(급자등추요)
언제 일찍이 평민의 형편 물어본 일이나 있던가.	何曾問布衣(하증문포의)
이른 새벽에 대궐에 오르고	平明登紫閣(평명등자각)
날 저물어 대궐 문을 내려올 뿐이네.	日晏下彤闈(일안하동위)
떠들썩한 길거리의 사람들이여	擾擾路傍子(요요노방자)
옳으니 그르니 노래하는 것조차 헛수고라오.	無勞歌是非(무로가시비)

제목 그대로 야멸차고 박정한 시속時俗을 비판한 시이다. 한미寒微했던 사람이 출세하고 나면 한미한 사람들을 보살필 생각은 하지 않고 부귀를 누림에 열중하는 것이 속인俗人들의 인지상정人之常情이니, 옳으니 그르니 시비할 것조차 없다고 개탄한 시이다.

평성平聲 미운微韻으로 압운하였고, 운자韻字는 미微·의衣·위闈·비非이다.

1-30 작별하고 떠나며〔離別〕

육구몽陸龜蒙

대장부라고 울 일이 없는 것은 아니지만	丈夫非無淚(장부비무루)
작별하고 떠난다고 울지는 않는다네.	不灑離別間(불쇄이별간)
칼을 짚고 술잔을 마주하여	仗劍對樽酒(장검대준주)
나그네의 슬픈 낯빛 지음은 부끄러운 일이네.	恥爲游子顔(치위유자안)
독사가 손을 한 번 물면	蝮蛇一螫手(복사일석수)
장사는 빨리 팔뚝을 잘라내나니,	壯士疾解腕(장사질해완)
목표하는 바가 공명을 이룸에 있는데	所思在功名(소사재공명)
이별을 어찌 족히 탄식할 게 있으리오.	離別何足歎(이별하족탄)

독사에게 손을 물리면 몸을 보호하기 위해 과감하게 팔뚝을 잘라내는 사람이 대장부이니, 자잘한 인정에 얽매여 이별을 슬퍼하지 말고, 공명功名을 세울 웅대한 목표를 향해 비장한 각오로 과감히 결단을 내리고 나갈 것을 강조한 시이다.

전반부는 평성平聲 산운刪韻인 간間과 안顔으로 압운하고, 후반부는 거성去聲 한운翰韻인 완腕과 탄歎으로 압운한 전운시轉韻詩이다.

1-31 고시〔古詩〕[21]

무명씨 無名氏

멀리에서 온 손님이	客從遠方來(객종원방래)
나에게 한 단의 비단을 주었네.	遺我一端綺(유아일단기)
한 쌍의 원앙을 수놓고	文彩雙鴛鴦(문채쌍원앙)
마름 재어 함께 즐길 합환피를 만들었네.	裁爲合歡被(재위합환피)
솜을 넣어서 오래도록 서로 생각하게 하고	著以長相思(저이장상사)
선을 둘러서 맺은 것 풀리지 않게 하였네.	緣以結不解(연이결불해)
옻칠한 속을 아교로 붙인 듯하니	以膠投漆中(이교투칠중)[22]
누가 이를 갈라놓을 수 있으리오.	誰能別離此(수능별리차)

멀리 떨어져 있는 벗과의 돈독한 우정을 정의가 두터운 부부의 애정에 비유하여 노래한 시이다.

---

21 古詩 : 이곳에서 말한 고시古詩는 고체시古體詩라는 뜻이 아니고, 예부터 전해오는 시라는 뜻이다. 이 시는《문선文選》29권에 수록된 작자미상의〈고시십구수古詩十九首〉가운데 제18수이다. 혹 서한西漢 시대 매승枚乘의 작으로 보기도 하나 확인할 수 없고, 문학사상 이들〈고시십구수〉를 오언시五言詩의 효시嚆矢로 보기도 한다. 이 시는 본래 10구로 되어있어, 제2구와 제3구 사이에 '상거만여리相去萬餘里 고인심상이故人心尙爾(서로 만여 리나 떨어져 있으나, 고인의 마음은 아직도 그대로이네.)'의 두 구가 수록되어 있는데, 본서本書에는 누락되었다.〈고시십구수〉가운데 본서 제2권에 2수, 제3권에 1수가 더 실려있다.

22 以膠投漆中 : 이 구 속의 교칠膠漆은 정의情誼가 지극히 돈독함을 뜻하며, 뇌의雷義와 진중陳重 두 사람의 우의友誼에 비유한 것이다.《한서漢書》〈뇌의전雷義傳〉에, 뇌의가 무재茂才로 벼슬자리에 천거되자 벗인 진중에게 양보했지만 자사刺史가 이를 들어주지 않자, 뇌의가 거짓으로 미친 체하고 달아나 명에 응하지 않았다. 이에 고장 사람들이 말하기를 "접착제인 아교와 옻칠이 단단하게 붙는다 해도 뇌씨와 진씨의 우정만큼 단단하지는 못하다.〔膠漆自爲堅 不如雷與陳〕" 하였다.

상성上聲 지운紙韻으로 압운하면서 제6구 구말句末의 '해解'자가 해운蟹韻에 속한 자여서 출운出韻한 것으로 오해할 수도 있으나, 이 시가 지어질 때에는 아직 운서韻書가 간행되기 이전이고, 당시에는 음조音調가 유사하면 동운으로 간주하던 시기이므로 이런 압운법이 용납된 것이다. 운자는 기綺·피被·해解·차此이다.

1-32 전원으로 돌아와 지내며〔歸園田居〕

도잠陶潛

남산 아래에 콩을 심었는데	種豆南山下(종두남산하)
풀만 무성하고 콩 싹은 드무네.	草盛豆苗稀(초성두묘희)
새벽에 잡초가 무성한 밭을 매고	侵晨理荒穢(침신이황예)
달빛 어린 저녁에 호미 메고 돌아왔네.	帶月荷鋤歸(대월하서귀)
길은 좁은데 초목이 무성하게 자라서	道狹草木長(도협초목장)
저녁 이슬이 내 옷을 적시네.	夕露沾我衣(석로첨아의)
옷이 젖는 것은 아까울 것이 없고	衣沾不足惜(의첨부족석)
다만 풍년이 들기만을 바랄 뿐이네.	但使願無違(단사원무위)

이 시는 《도정절집陶靖節集》 권2에 수록된 〈귀원전거歸園田居〉 6수 가운데 제3수이다.

남산은 속세를 떠난 은자隱者들이 사는 곳이다. 그 산 아래에서 세욕世慾을 벗어나 전원생활을 하면서 풍년을 기원하는 담담한 심경을 읊은 시이다. 콩 심은 밭에 콩은 드물고 잡초만 무성함은 조정에 현신賢臣은 드물고 소인만 많음을 풍유諷諭한 것이고, 내 옷 젖음은 아까울 것이 없으니 풍우가 순조롭기만 바란다 한 것은, 자신이 초야에 묻혀 사는 것은 개의할 것이 없고 진晉나라의 흥륭만 바랄 뿐임을 말한, 일종의 풍유시諷諭詩로 보기도 한다.

평성平聲 미운微韻으로 압운하였고, 운자韻字는 희稀·귀歸·의衣·위違이다.

1-33 심부름 온 사람에게 묻다〔問來使〕

도잠陶潛

그대 산중에서 왔으니	爾從山中來 (이종산중래)
천목산을 아침이나 저녁에 떠났으리	早晩發天目 (조만발천목)
남산 아래 있는 내 집에	我屋南山下 (아옥남산하)
지금 몇 떨기의 국화가 피었던가?	今生幾叢菊 (금생기총국)
장미는 잎이 이미 떨어졌겠고	薔薇葉已抽 (장미엽이추)
가을 난초는 향기를 짙게 풍기겠지?	秋蘭氣當馥 (추란기당복)
내가 산중으로 돌아갈 때쯤엔	歸去來山中 (귀거래산중)
산중의 집에 술도 응당 익어있겠지?	山中酒應熟 (산중주응숙)

도잠陶潛이 팽택령彭澤令으로 있을 때에 고향에서 심부름 온 사람에게 물으면서 남산의 국화와 장미와 추란秋蘭과 산중의 술을 회상하는 것으로 고향에 돌아가 은거하고자 하는 뜻을 드러낸 시이다.

그러나 천목산天目山과 도잠의 고향과는 무관無關하므로 후세에 어떤 사람이 지어 도잠에 가탁假託한 것으로 보기도 한다. 저본의 주註에도 "이는 연명淵明의 시가 아니다." 하였다.

입성入聲 옥운屋韻으로 압운하였고, 운자는 목目·국菊·복馥·숙熟이다.

1-34 왕우군〔王右軍〕[23]

이백李白

우군은 본래 순진 소박한 사람으로	우 군 본 청 진 右軍本淸眞
속세에 살고 있으되 얽매임이 없고 고결하네.	소 쇄 재 풍 진 瀟灑在風塵
산음에 사는 도사를 만나니	산 음 우 우 객 山陰遇羽客
거위 좋아하는 이 객에게 〈도경道經 써달라〉 청하였네.	요 차 호 아 빈 要此好鵝賓[24]
흰 비단 펼쳐놓고 도경을 기록하는데	소 소 사 도 경 掃素寫道經
필법이 정묘하여 신묘한 경지에 들었네.	필 정 묘 입 신 筆精妙入神
쓰기를 마치자 거위를 조롱에 넣어서 떠났으니	서 파 농 아 거 書罷籠鵝去
어찌 주인과의 작별 인사가 필요하리오.	하 증 별 주 인 何曾別主人

우군농아右軍籠鵝

---

23 王右軍 : 왕희지王羲之가 동진東晉의 우군장군右軍將軍을 지냈으므로 왕우군이라 한 것이다. 왕희지는 해서楷書·행서行書·초서草書 등 삼체三體를 예술적으로 완성하여 서성書聖으로 칭해졌으며, 벼슬에서 물러나 산음山陰(회계산會稽山 북쪽)에 은거하며 청담淸談을 즐겼다.

24 要此好鵝賓 : '요要'가 일부 판본에는 '애愛'로 쓰여있다.

청진淸眞한 인품의 왕우군王右軍과 산음山陰에 은거하는 도사의 세속을 초월한 우정을 그린 시이다.

평성平聲 진운眞韻으로 압운한 수구입운首句入韻의 고시古詩로, 운자韻字는 진眞·진塵·빈賓·신神·인人이다.

왕희지관아도王羲之觀鵝圖

1-35 술잔을 대하자 하감이 생각나서 2수〔對酒憶賀監[25] 二首〕

이백李白

사명산에 자유분방한 광객이 계셨으니 四明有狂客(사명유광객)
풍류를 즐기던 하계진이셨네. 風流賀季眞(풍류하계진)
장안에서 한 번 뵙자 長安一相見(장안일상견)
나를 적선인이라 부르셨네. 呼我謫仙人(호아적선인)
옛적엔 술을 좋아하시더니 昔好盃中物(석호배중물)
이제는 소나무 아래 진토에 묻히셨네. 今爲松下塵(금위송하진)
금귀金龜로 술 바꾸어 마시던 이곳에서 金龜換酒處(금귀환주처)
홀연 그분이 생각나 눈물로 수건을 적시네. 却憶淚沾巾(각억누첨건)

자신을 아껴주던 하지장賀知章을 그리워하며 지은 회고시懷古詩이다. 관리들의 신분증명서였던 금귀金龜를 외상술의 담보로 맡기고 이백에게 술을 사주며 환대했던 그 술집에서, 하지장이 사망한 후 홀로 술잔을 기울이며 눈물을 흘리게 된 심경을 읊은 시이다. 전4구에는 처음 상봉했던 일을, 후4구에는 그에 대한 추념追念을 읊었다.

평성平聲 진운眞韻으로 압운하였고, 운자韻字는 진眞·인人·진塵·건巾이다.

---

25 賀監 : 하지장賀知章이 비서감秘書監을 지냈으므로 하감賀監이라 칭한 것이다. 하지장은 자字가 계진季眞이고 자호自號를 사명광객四明狂客이라 하였으며, 성품이 광달曠達하고 술을 몹시 좋아했다. 예부시랑禮部侍郎 겸 집현전대학사集賢殿大學士를 역임한 후 환향하여 도사道士로 지내기를 청하자, 현종玄宗이 경호鏡湖가 있는 섬천剡川 한 골짜기를 하사하였고, 그곳으로 내려가 지내다가 사망하였다. 이백李白이 아직 시인으로 등단하지 않았을 때에 42세 연상인 하지장을 만나 자신이 지은 〈촉도난蜀道難〉을 보여주자, 이백을 적선謫仙이라 부르며 망년교忘年交를 맺고 시단에 등단하도록 해주고, 계속 보살펴주었던 이백의 은인이다.

1-36 다시 짓다〔又〕

이백李白

사명광객이 사명산으로 돌아오니	狂客歸四明(광객귀사명)
산음 땅의 도사들이 기쁘게 맞아주었네.	山陰道士迎(산음도사영)
칙명으로 경호 호수를 하사하니	勅賜鏡湖水(칙사경호수)
그대 덕택에 누대와 호수가 영예를 누렸네.	爲君臺沼榮(위군대소영)
사람은 갔는데 옛 집은 남아있고	人亡餘古宅(인망여고택)
허무하게 연꽃만 피어있을 뿐이네.	空有荷花生(공유하화생)
이를 생각하니 아득하기 꿈만 같아	念此杳如夢(염차묘여몽)
내 마음 처연하게 아파오네.	凄然傷我情(처연상아정)

〈대주억하감對酒憶賀監〉의 두 번째 시이다. 사명광객四明狂客이 고향으로 돌아오니 그곳 도사道士들이 반가이 맞아주었고, 유명한 사명광객이 사는 곳의 호수도 건물도 영예로운 명성을 얻게 되었으나, 이런 청진淸眞함을 오래 누리지 못하고 세상을 떠나니 인생의 무상함을 절감하게 되어 처연悽然하게 허무해짐을 감내하기 어렵다고 탄식한 시이다. 전4구에는 경호鏡湖로 귀은歸隱한 일을, 후4구에는 이미 사거한 분을 그리워하는 감개感慨를 드러내었다.

평성平聲 경운庚韻으로 압운한 수구입운시首句入韻詩로, 운자韻字는 명明·영迎·영榮·생生·정情이다.

1-37 강동으로 가는 장사인을 전송하며〔送張舍人[26]之江東〕

이백李白

장한처럼 장강 동쪽으로 떠나는데	장한강동거 張翰江東去[27]
바로 가을바람을 만난 때이네.	정치추풍시 正値秋風時
맑은 하늘엔 기러기 한 마리 멀리 날아가고	천청일안원 天淸一雁遠
드넓은 바다로 외로운 돛단배 느릿느릿 떠가네.	해활고범지 海闊孤帆遲
밝은 태양이 저물려 하는데	백일행욕모 白日行欲暮
푸른 물결 아득하니 다시 만날 기약 어렵네.	창파묘난기 滄波杳難期
오吳 땅에서 만약 달을 보게 되거든	오주여견월 吳洲如見月
멀리 떨어져 있어도 서로 기억해주길 바라네.	천리행상사 千里幸相思

고향 오吳 땅으로 돌아가는 장사인張舍人을 전송하며 지어준 송별시送別詩이다. 고향으로 돌아가 장한張翰처럼 세속적인 부귀를 버리고 순채蓴菜국과 농어회를 먹으며 소박한 생활을 즐기려 하는 사람을 전송하며, 재회할 기약이 없으니 달이 뜨면 그 달을 보며 서로 생각하기를 기원하고 있다.

평성平聲 지운支韻으로 압운하였고, 운자는 시時·지遲·기期·사思이다.

---

26 張舍人 : 사인舍人은 관직명이다. 장씨張氏 성을 가진 사인이 누구인지는 알 수 없다.

27 張翰江東去 : 《진서晉書》〈장한전張翰傳〉에, 장한張翰은 오군吳郡 사람으로 효성이 지극했고, 제왕齊王 경冏의 동조연東曹掾으로 있었는데, 추풍秋風을 만나자 고향 오吳 땅의 고채菰菜와 순채국과 농어회가 그리워 사직하고 오로 돌아갔다 하는데, 필자가 오 땅으로 돌아가는 사람을 전송할 때에, 그 또한 장씨張氏였으므로 진대晉代의 장한에 비유하여 말한 것이다.

1-38 정율양에게 장난삼아 지어주다〔戲贈鄭溧陽〕

이백李白

팽택령 도연명은 날마다 술에 취해서	陶令日日醉(도령일일취)
다섯 버드나무에 봄기운 어린 것도 모르고 지냈네.	不知五柳春(부지오류춘)
그가 지녔던 소금素琴은 본래 현絃이 없었고	素琴本無絃(소금본무현)
머리에 쓴 갈건葛巾으로 술을 걸러 마시며,	漉酒用葛巾(녹주용갈건)
북창 아래에서 맑은 바람 맞으며	清風北窓下(청풍북창하)
스스로 희황羲皇 때 사람이라 하였네.	自謂羲皇人(자위희황인)[28]
어느 때에나 율리栗里에 이르러	何時到栗里(하시도율리)
평소의 친한 벗 한 번 만나볼 수 있으려나.	一見平生親(일견평생친)

정율양鄭溧陽은 율양령溧陽令으로 있던 정안鄭安을 말한다. 이 시에 나오는 도령陶令은 팽택령彭澤令을 지낸 도연명을, 오류五柳는 도연명이 은거하는 집 앞 언덕에 심었던 다섯 그루의 버드나무를, 율리栗里는 도연명이 살던 마을 이름을 말한 것이고, 소금素琴·무현無絃·녹주漉酒·갈건葛巾·청풍淸風·북창北窓·희황인羲皇人 등도 도연명과 연관된 시어들이다.

이를 원용援用하여 도연명의 고사故事를 용사用事한 시를 지었으니, 이는 율양령 정안을 팽택령 도연명에 비유하면서, 그가 사는 율리에서 만나 취향

---

28 自謂羲皇人 : 희황羲皇은 중국 태고시대 전설상의 제왕 복희씨伏羲氏를 말한다. 복희씨가 다스리던 시대에 살았던 사람처럼 번잡한 세속에서 초탈하여 고상한 뜻을 품고 질박하게 사는 사람을 희황인羲皇人이라 하였는데, 《진서晉書》 〈도잠전陶潛傳〉에 도잠이 "일찍이 여름날에 마음을 비우고 한가히 지내며 북창北窓 아래 맑은 바람이 들어오면 그곳에 누워 지내며 자신을 희황인이라 하였다." 한 말을 인용하여, 이 시의 주인공인 율양령溧陽令 정안鄭安을 도잠에 비겨 희황인이라 한 것이다.

醉鄕에서 노닐며 세욕世慾을 벗어난 평소의 친교를 더욱 다지고 싶은 뜻을 드러낸 시이다.

평성平聲 진운眞韻으로 압운하였고, 운자韻字는 춘春·건巾·인人·친親이다.

녹주도漉酒圖

1-39 역양령 왕씨가 술을 즐기지 않음을 조롱하다

〔嘲王歷陽不肯飮酒〕

이백李白

땅이 온통 하얗고 바람기운 싸늘한데　　地白風色寒(지백풍색한)
내리는 눈송이는 크기가 손바닥만 하네.　　雪花大如手(설화대여수)
참으로 우습도다! 도연명이　　笑殺陶淵明(소쇄도연명)
잔 속의 술을 마시지 않는다니.　　不飮盃中酒(불음배중주)
부질없이 한 장의 거문고 어루만지며　　浪撫一張琴(낭무일장금)
쓸데없이 다섯 그루의 버드나무만 심어놓았네.　　虛栽五株柳(허재오주류)
부질없이 머리 위에 두건만 쓰고 있으니　　空負頭上巾(공부두상건)
내가 그대를 어찌하리오.　　吾於爾何有(오어이하유)

눈이 펄펄 내리는 날은 술 마시기 좋고 술맛이 나는 날인데, 역양현령歷陽縣令 왕씨王氏(명名과 행적行蹟 미상未詳) 그대는 도연명陶淵明처럼 한 장의 거문고 지니고 다섯 그루의 버드나무 심고 술 거를 때 사용했던 갈건葛巾까지 쓰고 있으면서, 정작 도연명이 즐겼던 술을 싫어하니, 나머지는 모두 쓸데없는 짓이고, 술을 좋아하는 나도 그렇게 지내는 그대를 어찌할 도리가 없다고 조롱한 시이다.

상성上聲 유운有韻으로 압운하였고, 운자韻字는 수手·주酒·류柳·유有이다.

1-40 월따말〔紫騮馬〕[29]

이백李白

월따말이 가다가 울며	자류행차시 紫騮行且嘶
벽옥 같은 두 발굽을 번쩍 드네.	쌍번벽옥제 雙翻碧玉蹄
흐르는 물에 이르러 건너려 하지 않음은	임류불긍도 臨流不肯渡
비단 말다래가 진흙에 적셔짐을 아까워해서인 듯하네.	사석금장니 似惜錦障泥[30]
백설로 덮인 관산은 멀리 보이고	백설관산원 白雪關山遠
황운 아래의 청해青海 땅 진지는 아득하네.	황운해수미 黃雲海戍迷
채찍 휘두르며 멀리 떠나가는데	휘편만리거 揮鞭萬里去
어찌 어여쁜 여인의 규방을 생각할 겨를이 있으리오.	안득염향규 安得念香閨

시의 전반부는 주인의 뜻을 알아 주인과 한 몸처럼 움직이는 왕제王濟의 준마駿馬 월따말을 읊었고, 후반부는 이런 준마를 타고서 거칠고 먼 변방으로 수자리하러 달려가는 장부丈夫가 가정을 멀리하고 웅지雄志를 펼치려 하는 기상氣象을 그렸다.

평성平聲 제운齊韻으로 압운한 수구입운시首句入韻詩로, 운자韻字는 시嘶·제蹄·니泥·미迷·규閨이다.

---

29 紫騮馬 : 붉은 털에 검은 갈기를 띤 준마駿馬로, 이를 월따말이라 한다.

30 臨流不肯渡 似惜錦障泥 : 장니障泥는 말을 탄 사람의 옷에 흙이 튀지 않도록 말안장 양쪽에 늘어뜨린 말다래이다. 금장니錦障泥는 비단 말다래를 말한다. 진晉나라 왕제王濟가 명마名馬를 수집하는 성벽性癖이 있었는데, 그가 골라 구입한 자류마紫騮馬를 타고 물가에 이르렀을 때에 말이 건너려 하지 않고 울었다. 이에 "이 말이 틀림없이 곱게 장식한 말다래에 물이 튀어 더럽혀지는 것을 아까워하는 내 뜻을 헤아려서일 것이다." 하고 말다래를 걷으니 드디어 뛰어 건넜다. 이 고사를 인용하여, 장부가 타고 있는 말이 주인의 뜻을 잘 헤아리는 명마임을 드러낸 것이다.

1-41 술을 기다리는데 오지 않다가〔待酒不至〕

이백李白

옥 술병을 푸른 실로 묶어 가지고 갔는데 玉壺繫靑絲(옥호계청사)
술 사오는 것이 어찌 이리도 늦는가. 沽酒來何遲(고주내하지)
산에 핀 꽃이 나를 향해 웃고 있으니 山花向我笑(산화향아소)
바로 술 마시기 좋은 때인데, 正好銜盃時(정호함배시)
저물어서야 동산 아래에서 술잔을 기울이니 晚酌東山下(만작동산하)
나무를 옮겨 다니는 꾀꼬리도 다시 여기에 머무네. 流鶯復在玆(유앵부재자)
봄바람과 취한 객이 春風與醉客(춘풍여취객)
오늘 서로 〈나와 함께〉 조화를 이루었네. 今日乃相宜(금일내상의)

술 사오라고 보낸 아이가 늦게까지 오지 않아 애를 태우더니, 해가 질 녘에야 이르러서, 봄날 동산 아래 야외에서 술잔을 기울이는데, 꽃도 나를 향해 웃고, 꾀꼬리도 내 주변을 맴돌고, 봄바람도 내 옷소매를 나부끼게 하여, 취흥醉興을 돋운다 하였다.

이런 무정물無情物을 자신과 동격同格에 놓고, 이백李白이 객과 함께 취향醉鄕에서 하나로 어울린 선경仙境에서 함께 어우러져 즐긴다고 본 것이, 바로 그를 세속世俗을 초탈超脫한 시선詩仙이라 칭하는 이유의 하나이다.

평성平聲 지운支韻으로 압운한 수구입운시首句入韻詩로, 운자韻字는 사絲·지遲·시時·자玆·의宜이다.

1-42 용문산 봉선사에서 노닐며〔遊龍門奉先寺〕

두보杜甫

이미 스님들 따라 노닐다가	이 종 초 제 유 已從招提遊[31]
다시 사원의 경내에서 자게 되었네.	갱 숙 초 제 경 更宿招提境
그윽한 골짜기에선 신묘한 바람소리가 일고	음 학 생 령 뢰 陰壑生靈籟
달이 비치는 숲엔 맑은 그림자가 펼쳐지네.	월 림 산 청 영 月林散淸影
하늘 닿을 듯한 건물이라 드리운 별들 가까이 다가오고	천 궐 상 위 핍 天闕象緯逼[32]
구름 어린 높은 산속에 누웠으니 옷이 차갑게 느껴지네.	운 와 의 상 랭 雲臥衣裳冷
새벽 종소리 듣고 잠에서 깨어나니	욕 교 문 신 종 欲覺聞晨鐘
나에게 깊은 깨달음을 느끼게 하네.	영 인 발 심 성 令人發深省

용문산 봉선사에 올라 승려들과 지내다가 하룻밤을 묵으며 보고 느낀 감회를 드러낸 시로, 속세에서 멀리 떨어진 높고 깊은 산중, 신묘한 바람소리, 맑은 달그림자, 손에 잡힐 듯이 가까이 보이는 별들, 평지보다 서늘한 공기, 은은히 울려 퍼지는 새벽 종소리 등을 오감五感을 모두 동원하여 느끼고, 자신을 되돌아보며 청정淸淨한 경지에 이르게 되었음을 밝혔다.

상성上聲 경운梗韻으로 압운하였고, 운자韻字는 경境·영影·랭冷·성省이다.

---

31 已從招提遊 : 초제招提는 초문제사招門提奢의 약어略語이다. 초문제사는 범어梵語 caturdesa를 음차音借한 것으로, 사방의 승려들을 초제승超提僧, 그들이 묵는 곳을 초제승방超提僧坊이라 하므로, 승려들과 승사僧舍(사원寺院)를 지칭하게 되었다.

32 天闕象緯逼 : 천궐天闕이 무엇을 뜻하는지는 의견이 분분한데, 본역本譯에서는 글자 그대로 하늘에 닿을 듯한 높은 산에 세운 사원 건물로 보았다. 상위象緯는 별들이 사방으로 펼쳐져 있는 형상, 곧 일월日月과 오성五星을 이른다.

1-43 정광문에게 장난삼아 지어 보내며 아울러 소사업에게도 보내드리다〔戱簡鄭廣文兼呈蘇司業〕[33]

두보杜甫

정鄭 광문관박사廣文館博士가 관사에 이르러	廣文到官舍(광문도관사)
집무실 뜰아래 말을 매어놓았네.	繫馬堂階下(계마당계하)
술에 취하자 즉시 말을 타고 돌아갔다가	醉卽騎馬歸(취즉기마귀)
관장官長에게 몹시 꾸지람을 들었네.	頗遭官長罵(파조관장매)
재능 있다는 명성 드날린 지 삼십 년이 지났지만	才名三十年(재명삼십년)
좌객들에게 추운 날씨에 방석도 내놓지 못하네.	坐客寒無氈(좌객한무전)
근자에 소蘇 국자사업國子司業이 계셔서	近有蘇司業(근유소사업)
때때로 술 마실 돈을 준다 하네.	時時與酒錢(시시여주전)

현종玄宗 황제가 뛰어난 재능을 인정하여 광문관박사廣文館博士로 임명한 정건鄭虔이 술을 좋아하고 방광放曠하여 직무에 힘쓰거나 상관의 비위를 맞추는 일을 하지 않아서, 여러 차례 관장官長의 꾸중을 들었지만, 이에 개의치 않고 느긋하게 지내며 지극히 청빈한 생활을 하자, 국자사업國子司業 소원명蘇源明만이 그의 재능을 중히 여겨 때때로 술값을 전해주었다.

이에 이 두 사람의 아름다운 우정을 찬양하며, 두 사람에게 지어 보낸 시이다. 전4구에서는 산중도사山中道士를 그리워하는 마음을, 후4구에서는 그를 방문하고 싶은 마음을 드러내었다.

전반부는 거성去聲 마운禡韻과 상성上聲 마운馬韻을 통압通押하여 운자韻字

---

33 鄭廣文兼呈蘇司業 : 정광문鄭廣文은 광문관박사廣文館博士 정건鄭虔이고, 소사업蘇司業은 국자사업國子司業 소원명蘇源明이다.

로 사舍·하下·매罵를 넣고, 후반부는 평성平聲 선운先韻으로 압운하여 운자로 년年·전氈·전錢을 쓴 전운시轉韻詩이다.

정건鄭虔이 그린 준령계교도峻嶺溪橋圖

1-44 전초의 산중 도사에게 지어 보내다〔寄全椒[34]山中道士〕

위응물韋應物

오늘 아침 군청 집무실이 싸늘해지자 今朝郡齋冷(금조군재랭)
홀연히 산중에 사는 도사가 그리워졌네. 忽念山中客(홀념산중객)
냇물 흐르는 골짜기에서 땔감을 묶어 가지고 澗底束荊薪(간저속형신)
돌아와 백석을 삶고 있겠지. 歸來煮白石[35](귀래자백석)
멀리 떨어져 있는 내가 한잔 술 가지고 遙持一盃酒(요지일배주)
비바람 이는 이 저녁 멀리 찾아가 위로하려 하나, 遠慰風雨夕(원위풍우석)
인적 없는 산에 낙엽이 가득 쌓였으리니 落葉滿空山(낙엽만공산)
그대의 행적을 어디서 찾으리오. 何處尋行迹(하처심행적)

작자 위응물韋應物이 지방의 관장官長이 되었으나 지방민의 질고疾苦를 해결할 수 없는 현실에 절망하여, 산중의 도사를 그리워하면서 날씨가 추워지자 술 한잔 가지고 도사를 찾아가서 청담淸談을 나누고 싶은 생각이 더욱 간절해짐을 읊은 시이다.

입성入聲 맥운陌韻으로 압운하였고, 운자는 객客·석石·석夕·적迹이다.

---

34 全椒 : 저주현滁州縣의 별칭이다. 이 시는 작자가 저주자사滁州刺史로 있을 때에 지은 것이다.

35 歸來煮白石 : 백석白石은 도사道士가 먹는다는 전설상의 양식이다. 유향劉向의 《열선전列仙傳》에 "이미 2천 세歲가 된 팽조彭祖가 항상 백석白石을 삶아 식량으로 삼았다." 한 말을 인용하여, 산중에 사는 도사가 곡식 먹기를 중단하고 신선이 되기를 추구하고 있음을 말한 것이다.

1-45 위소주의 시에 화운하여 등도사께 보내주다

〔和韋蘇州詩[36]寄鄧道士〕

소식蘇軾

한잔의 나부춘羅浮春을	일배나부춘 一盃羅浮春[37]
멀리 계신 채미객採薇客에게 보내드리노라.	원향채미객 遠餉採薇客[38]
멀리 있는 내가 상상해보건대, 홀로 술을 마시고는	요지독작파 遙知獨酌罷
취해서 소나무 아래 바위에 누워있겠지.	취와송하석 醉臥松下石
은둔해 사는 사람을 만날 수는 없지만	유인불가견 幽人不可見
달 밝은 밤 맑게 읊조리는 소리가 들리는 듯하네.	청소문월석 清嘯聞月夕
암자 속의 도사에게 함부로 농담을 거나니	요희암중인 聊戲庵中人
하늘을 날아다니는 사람은 본래 자취가 없다오.	공비본무적 空飛本無迹[39]

위소주韋蘇州의 시에 화운和韻하여 지은 시를 나부산羅浮山에 은거하여 벽곡辟穀하며 도를 닦는 도사 등수안鄧守安에게 술 한 병과 함께 보내면서, 직

---

36 和韋蘇州詩 : 바로 이 시의 앞에 수록된 위응물韋應物의 〈기전초산중도사寄全椒山中道士〉 시의 운자韻字들인 객客·석石·석夕·적迹자를 같은 자리에 그대로 압운하여 지은 화운시和韻詩임을 밝힌 것이다.

37 一盃羅浮春 : 작자 소식蘇軾이 있는 혜주惠州에서 보이는 산이 나부산羅浮山이므로 그가 빚은 술 이름을 나부춘羅浮春이라 붙인 것이다. 나부산은 예부터 도사가 은둔했던 곳이다.

38 遠餉採薇客 : 은殷이 망하고 주周가 천하를 차지하자, 백이伯夷·숙제叔齊가 수양산에 은둔하여 주나라에서 나는 곡식을 먹지 않고 고사리를 뜯어먹고 살다가 아사餓死했던 고사故事를 인용하여 등도사鄧道士를 그에 비유한 것이다.

39 空飛本無迹 : 본시本詩의 소동파蘇東坡 자서自序에 의하면, 나부산羅浮山에 사는 등도사鄧道士가 암자 앞에서 2척 남짓한 옛 선인仙人의 발자국을 보았다고 했는데, 선인은 본래 날아다닐 수 있는데 무슨 발자국을 남겼겠느냐고 희롱한 것이다.

접 만나볼 수는 없지만 밝은 달밤이면 바람결에 도사의 시 읊는 소리가 들리는 듯하다고 친근감을 드러내고, 등도사가 암자 앞에 있다고 한 큰 발자국은 옛 도사의 발자국이 아닐 것이라 하면서 유형지적有形之迹에 착심着心하지 말고 무형지도無形之道를 추구하라고 권한 시이다.

시제詩題에 밝혔듯이 위응물이 지은 〈기전초산중도사寄全椒山中道士〉의 운각韻脚에 입운入韻한 운자韻字들인 객客·석石·석夕·적迹을 같은 자리에 그대로 넣어 지은 화운시和韻詩이다.

나부산羅浮山

1-46 유공권의 연구시聯句詩에 채워 넣다〔足柳公權聯句〕[40]

소식蘇軾

사람들이 모두 무더위를 괴로워하나 — 인개고염열 人皆苦炎熱
나는 여름날이 긴 것을 좋아하네.〔당唐 문종文宗〕 — 아애하일장 我愛夏日長
남쪽에서 더운 바람 불어오지만 — 훈풍자남래 薰風自南來
전각에는 서늘한 바람이 살짝 이네.〔유공권柳公權〕 — 전각생미량 殿閣生微凉
한번 이런 곳으로 거처를 바꾸게 되면 — 일위거소이 一爲居所移
괴로움과 즐거움을 길이 잊게 되리라. — 고락영상망 苦樂永相忘
원컨대 이런 혜택 고르게 누리도록 — 원언균차시 願言均此施
시원한 그늘을 천하에 나누어주었으면.〔소식蘇軾〕 — 청음분사방 淸陰分四方

당唐 문종文宗이 유공권柳公權을 한림학사翰林學士로 임명한 후, 문종 자신이 제1·2구를 짓고 연구聯句를 짓도록 명하자 유공권이 제3·4구를 지어 시를 완성한 후 대궐 벽에 대자大字로 써놓았는데, 그 글씨가 종요鍾繇나 왕희지王羲之의 글씨를 능가하는 명필이라고 황제가 극찬하였다.

그러나 소식蘇軾은 이 시가 찬미하는 내용으로 그치고, 군주를 깨우쳐 경계하도록 하는 충군애민忠君愛民의 교훈적인 말이 없는 것이 결함이라고 보아, 뒤에 4구를 덧붙인 것이다. 즉 한번 서늘한 전각殿閣에 거처하게 되면 무더위에 고생하는 백성의 고통을 잊기 쉬운데, 황제가 누리는 한여름의 서늘함을 만백성에게 나누어주는 은택을 널리 베풀도록 권계勸戒한 시이다.

평성平聲 양운陽韻으로 압운하였고, 운자韻字는 장長·량凉·망忘·방方이다.

---

40 聯句 : 복수複數의 사람이 함께 시구詩句를 나누어 지어 합쳐서 한 수의 시로 완성한 것이다.

1-47 자첨께서 해남으로 좌천되셨기에〔子瞻謫海南〕[41]

황정견黃庭堅

자첨子瞻께서 해남으로 좌천된 것은	자 첨 적 해 남 子瞻謫海南
이때에 재상이 그를 죽이려 했던 것이었네.	시 재 욕 살 지 時宰欲殺之
혜주惠州에서 밥 배불리 먹고 지내며	포 끽 혜 주 반 飽喫惠州飯
도연명陶淵明의 시 하나하나에 화시和詩를 지었네.	세 화 연 명 시 細和淵明詩
팽택령陶彭澤이 천 년에 한 번 나올 시인이라면	팽 택 천 재 인 彭澤千載人
그대 동파東坡는 백세百世에 전해질 인물이라오.	동 파 백 세 사 東坡百世士
두 분의 처신은 비록 서로 다르지만	출 처 수 부 동 出處雖不同
기상과 취향은 곧 서로 같도다.	기 미 내 상 사 氣味乃相似

소식蘇軾과 정치적 진퇴를 같이했던 필자가 당시 재상의 미움을 받아 해남 지방의 혜주惠州와 담주儋州로 좌천된 소식을 위로하며 경의를 표한 시이다. 통치자의 배척을 받아 곤고困苦를 겪은 것과 길이 남을 명시名詩를 지은 것이 도연명陶淵明과 유사하여, 백세百世가 지나도 명성이 쇠하지 않으리라고 극찬하면서, 바른 사람이 핍박을 받는 세태를 비판하고 있다.

전반부는 평성平聲 지운支韻 운자韻字인 지之와 시詩로 압운하고, 후반부는 상성上聲 지운紙韻 운자인 사士와 사似로 압운한 전운시轉韻詩이다.

---

41 子瞻謫海南 : 자첨子瞻은 소식蘇軾의 자字이고, 해남海南은 중국 남부의 바다와 인접한 지역을 두루 이르는 말이다. 소식이 처음엔 혜주惠州에 안치되어 나부산羅浮山에 머물렀는데, "들으니 선생께서 봄잠을 맛있게 자고 있다 하니, 도인은 새벽에 종을 치지 말라.〔報道先生春睡美 道人休打五更鐘〕"라고 시를 짓자, 당시의 재상宰相이 화가 나서 다시 담주儋州로 좌천시켰다. 이렇게 좌천된 것을 위로한 시가 바로 이 시이다.

1-48 젊은이들〔少年子〕

이백李白

청춘의 젊은이들	청춘소년자 青春少年子
탄환 끼고 장화대章華臺에서 방자하게 노네.	협탄장대좌 挾彈章臺左[42]
말에 안장을 얹자 사방에서 모두 비켜주니	안마사변개 鞍馬四邊開
거침없이 내달림이 별똥별이 지나가는 것 같네.	돌여유성과 突如流星過
황금 탄환으로 나는 새 떨어뜨리고	금환낙비조 金丸落飛鳥
밤이면 술에 취해 화려한 유흥가에서 자네.	야입경루와 夜入瓊樓臥
백이와 숙제는 어떤 사람이었기에	이제시하인 夷齊是何人
서산에서 홀로 절의 지키며 굶주렸던가.	독수서산아 獨守西山餓

당시의 부귀한 가문 귀공자들이 무례하고 방탕하게 노닐며 향락에 젖어있는 모습을 개탄하면서, 이제夷齊같이 절의를 지키는 사람이 없는 사회 기풍을 탄식한 악부시樂府詩이다.

거성去聲 개운箇韻으로 압운하였고, 운자韻字는 좌左·과過·와臥·아餓이다.

---

42 挾彈章臺左 : 장대章臺는 장화대章華臺의 약칭이다. 춘추시대 초楚 영왕靈王이 세운 화려華麗를 극極한 누대樓臺이다. '좌左'는 '방자放恣하게 놀다, 멋대로 놀다.'라는 뜻이다. 이 구句는 화려한 누대에서 호화를 극한 방탕한 생활을 하며 수렵이나 즐길 뿐 독서와 수양엔 관심이 없는 젊은이를 개탄한 것이다.

1-49 금릉의 신정에서〔金陵新亭〕[43]

이백李白

금릉은 경치가 좋은 곳이어서	金陵風景好(금릉풍경호)
빼어난 인사들 신정에 모였었네.	豪士集新亭(호사집신정)
눈을 들어 산하의 경치가 바뀐 것 보고	擧目山河異(거목산하이)
주개周顗만이 유독 마음 아파하였네.	偏傷周顗情(편상주개정)[44]
사방의 좌객들 고향이 그리워 슬퍼하지만	四坐楚囚悲(사좌초수비)[45]
국운이 기울음을 근심한 것 아니었네.	不憂社稷傾(불우사직경)
왕공王公은 어찌 그다지도 의분에 복받쳤던가	王公何慷慨(왕공하강개)[46]
천 년이 지났는데도 훌륭한 이름 우러러 받들게 되네.	千載仰雄名(천재앙웅명)

---

43 金陵新亭 : 금릉金陵은 현現 강소성江蘇省 남경南京 일대로 육조六朝의 여섯 왕조와 오대五代시대 남당南唐이 도읍했던 곳으로, 명칭이 여러 차례 바뀌었다. 신정新亭은 동진東晉 원제元帝 때에 왕도王導가 금릉에 세운 정자로, 중흥정中興亭이라고도 불렸다.

44 偏傷周顗情 : 주개周顗는 진대晉代의 상서좌복야尙書左僕射로 자字가 백인伯仁이었다. 친구인 왕도王導의 종형 왕돈王敦이 억울하게 역모사건에 연루되어 곤경에 처했을 때 목숨을 구해주었으나, 이 사실을 알지 못하는 왕도는 왕돈이 정권을 잡은 후 주개를 죽이려 할 때에 그를 구해주지 않았다가, 뒤늦게 그가 자기들을 구해주었던 사실을 알고 "백인이 나로 말미암아 죽었다.〔伯仁由我而死〕"라 하면서, 친구를 저버렸음을 탄식하였다.

45 四坐楚囚悲 : 《춘추좌씨전春秋左氏傳》 성공成公 9년조에, 진후晉侯가 군부軍府를 시찰하다가 종의鍾儀를 발견하고 묻기를 "남쪽 지방의 관을 쓰고 묶여있는 저 사람이 누구냐?" 하니, 담당 관리가 대답하기를 "정인鄭人이 바친 초楚나라 출신의 죄수罪囚〔초수楚囚〕입니다." 하였다고 한 데서 '초수영기관楚囚纓其冠' 또는 이를 압축한 '초수楚囚'라는 말이, 타향에 와있으면서 고향 또는 고국을 그리워함을 뜻하는 성어成語가 되었다.

46 王公何慷慨 : 왕공王公은 진대晉代에 승상丞相을 역임하고 원제元帝·명제明帝·성제成帝를 보필하여 국정을 안정시킨 왕도王導를 말한다. 시호謚號는 문헌文獻이다.

이 시는 이백李白이 금릉의 신정新亭에 올라 《진서晉書》 〈왕도전王導傳〉을 토대로 하여 왕도가 건립한 신정에 얽힌 역사를 회고하며 읊은 악부체樂府體의 영사시詠史詩이다.

제1·2구에서는 동진대東晉代에 경치가 빼어난 금릉의 신정에 명사들이 모였던 사실을 밝히고, 제3·4구에서는 명사들 가운데 주개가 고향 중원을 오랑캐에게 빼앗기고 양자강 유역에서 지내고 있음을 슬퍼한 사실을 말하고, 제5·6구에서는 같은 자리에 있던 사람들이 모두 고향에서 금릉으로 이주한 것을 슬퍼한 것이 자신들의 처지를 탄식한 것이요 사직社稷을 근심한 것이 아님을 말하고, 제7·8구에서는 왕도만이 오랑캐에게 중원을 빼앗긴 것을 비분강개悲憤慷慨하면서 고토故土의 수복을 외쳤으므로 그 웅대한 명성이 후세 사람들의 추앙을 받게 되었다 하였다.

이는 이백이 진대晉代의 역사적 사실을 회고하면서, 당시 안녹산安祿山의 난으로 중원을 빼앗긴 현실을 이에 대비해 읊으면서, 안녹산이 점거하고 있는 고토의 수복에 왕도처럼 열의를 보이지 않는 사람들을 개탄하며 감계鑑戒를 드러낸 시이다.

평성平聲 경운庚韻과 청운靑韻을 통압通押한 통운시通韻詩로, 운자韻字는 정亭·정情·경傾·명名이다. 당대唐代에는 반드시 동운자同韻字가 아니라 해도 음音과 성조聲調가 유사하면 압운하는 것이 허용되었던 점을 감안하여 살펴보아야 한다.

권2

오언고풍단편五言古風短篇

2-1 장가행〔長歌行〕[1]

심약沈約

푸르디푸른 채소밭 속 아욱의	青青園中葵(청청원중규)
아침 이슬이 해가 뜨자 마르네.	朝露待日晞(조로대일희)
따사로운 봄 햇살이 혜택을 베풀자	陽春布德澤(양춘포덕택)
만물이 광채를 발하네.	萬物生光輝(만물생광휘)
언제나 두려운 것은, 가을철이 되어	常恐秋節至(상공추절지)
생기 있고 싱싱했던 잎이 누렇게 시드는 것이네.	焜黃華葉衰(혼황화엽쇠)
모든 냇물 동으로 흘러 바다에 이르게 되면	百川東到海(백천동도해)
어느 때인들 다시 서쪽으로 돌아올 수 있으리오.	何時復西歸(하시부서귀)
청장년 시절에 노력하지 않으면	少壯不努力(소장불노력)
늙어서 근심하고 슬퍼해도 소용이 없다네.	老大徒傷悲(노대도상비)

이 시의 제1구~6구에서는 봄날 따사로운 햇볕의 은택恩澤으로 아욱이 싱싱하게 자라게 됨을 인생의 소장년小壯年 시기에 비유하고, 가을 서리를 만나 누렇게 시들게 됨을 노쇠해진 노년에 비유하였으며, 7구~10구에서는 냇물이 동

---

1 長歌行 : 악부樂府 평조곡平調曲의 명칭으로 상화가相和歌의 일종이다. 이 시는 《악부시집樂府詩集》에 수록된 〈장가행長歌行〉 11수 중의 하나로, 심약沈約의 작이 아니라고 보는 견해도 있다. 시제詩題에 행行·가歌·곡曲·인引·음吟 등의 자字가 붙은 것은 악부시임을 밝힌 것이다.

으로 흘러 바다로 들어가면 다시는 돌아오지 못하듯이 젊은 시절도 한번 가면 다시는 돌아오지 못한다 하면서, 청장년 시절을 허송하여 노년에 후회하는 일이 없도록 하라고 권한 것으로, 주변에서 가장 흔히 볼 수 있는 아욱과 시냇물을 인용하여 촌음寸陰을 아끼도록 면려勉勵한 탁물비흥托物比興의 권학시勸學詩이다.

평성平聲 지운支韻과 미운微韻을 통압通押한 통운시通韻詩이다. 운자韻字는 희晞·휘輝·쇠衰·귀歸·비悲이다.

2-2 잡시〔雜詩〕[2]

도잠陶潛

일반 사람들 사는 곳에 초가집 짓고 살지만	결 려 재 인 경 結廬在人境
그런데도 찾아오는 거마의 시끄러운 소리 없네.	이 무 거 마 훤 而無車馬喧
그대에게 묻노니 어찌 그럴 수 있는가	문 군 하 능 이 問君何能爾
마음이 세속 멀리하면 사는 땅은 자연히 외지게 되네.	심 원 지 자 편 心遠地自偏
동쪽 울타리 아래에서 국화를 따다가	채 국 동 리 하 採菊東籬下
고개를 드니 고즈넉한 남산이 바라보이네.	유 연 견 남 산 悠然見南山
남산의 멋스러운 풍취는 날이 저물 때 아름다우니	산 기 일 석 가 山氣日夕佳
나는 새들도 무리 지어 돌아오네.	비 조 상 여 환 飛鳥相與還
이런 것들 사이에 귀자연歸自然의 참다운 뜻 있지만	차 간 유 진 의 此間有眞意
설명하고자 하면 할 말을 잊게 되네.	욕 변 이 망 언 欲辨已忘言

이 시는 속세 속에 살면서도 속세와 절연하고 자득自得하게 된, 말로는 형용할 수 없는 오묘한 즐거움을 표현한 것이다. 채국彩菊하다가 고개를 드니 고즈넉한 남산이 보였다는 것은, 은자隱者들의 은둔처인 남산의 정경과 자신의 뜻이 하나로 어우러져서, 나와 자연이 합일된 경지이고, 이렇게 오묘한 득의의 세계는 언어나 문자의 표현을 초월한 영역임을 밝힌 것이다.

이 시에 쓰인 '심원지자편心遠地自偏, 채국동리하彩菊東籬下, 유연견남산悠然

---

2 雜詩 : 격식에 구애받지 않고 사물에 대한 감상을 즉흥적으로 읊었을 때에 시제詩題를 잡시雜詩라 붙이는데, 이 시가 바로 그런 예이다. 이런 잡시는 왕찬王粲·유정劉楨·조식曹植 형제 등의 작품이 그 선단先端을 열었다. 한편 문집文集에 작품을 선입選入할 때에 그 제목을 잃은 시들을 모두 한 군데에 모아 수록하면서 모두冒頭에 잡시라 제목을 붙이기도 한다.

見南山' 등의 구는 인구人口에 회자膾炙되는 명구名句들이다.

평성平聲 원운元韻과 산운刪韻을 통압通押한 통운시通韻詩이다. 운자韻字는 훤喧·편偏·산山·환還·언言이다.

동리채국도東籬採菊圖

유연견남산도悠然見南山圖

2-3 잡시〔雜詩〕

도잠陶潛

가을 국화 아름다운 빛을 띠었기에	秋菊有佳色(추국유가색)
이슬 머금은 그 꽃잎을 땄네.	裛露掇其英(읍로철기영)
이 꽃을 망우물忘憂物(술)에 띄워 마시고	汎此忘憂物(범차망우물)
속세에 대한 내 마음을 멀리 버렸네.	遠我遺世情(원아유세정)
잔 하나로 비록 홀로 마시지만	一觴雖獨進(일상수독진)
잔이 비면 손수 다시 술병을 기울이네.	盃盡壺自傾(배진호자경)
황혼에 이르러 해가 지자 모든 동물들도 쉬고자	日入群動息(일입군동식)
돌아온 새들도 지저귀며 숲으로 날아오네.	歸鳥趨林鳴(귀조추림명)
동헌 아래에서 거리낌 없이 읊조렸으니	嘯傲東軒下(소오동헌하)
드디어 다시 이런 자유로운 삶을 얻은 것이네.	聊復得此生(요부득차생)

제4구에서 세속에 대한 마음을 멀리 버렸다 하고, 말구末句에서 드디어 이런 삶을 얻게 되었다 하였는데, 말구의 '차생此生' 즉 이런 삶이란 외물에 얽매이지 않는 완전히 자유롭고 안한安閑한 삶을 말하고, 이를 얻게 되었다는 것은 세속에서 초탈超脫하여 귀자연歸自然의 경지에 들었음을 밝힌 것이다.

이 〈잡시雜詩〉라는 시제詩題의 두 수가 《문선文選》에는 〈잡시〉로 되어있으나, 《도정절집陶靖節集》에는 〈음주飮酒〉라는 시제詩題의 시 20수 중의 제5수와 7수로 되어있으므로, 시제를 〈음주〉로 바로잡음이 옳다고 본다.

평성平聲 경운庚韻으로 압운한 일운도저一韻到底의 시로, 운자韻字는 영英·정情·경傾·명鳴·생生이다.

2-4 고시古詩에 맞추어 짓다〔擬古〕

도잠陶潛

해는 저물고 하늘엔 구름 한 점 없는데	日暮天無雲 (일모천무운)
봄바람이 따사로운 온기를 불어오네.	春風扇微和 (춘풍선미화)
아름다운 사람 이 맑은 밤을 찬미하며	佳人美淸夜 (가인미청야)
새벽에 이르도록 술 마시고 노래하네.	達曙酣且歌 (달서감차가)
노래 마치면 길게 탄식하게 되니	歌竟長歎息 (가경장탄식)
이런 것들이 사람에게 많은 것을 느끼게 하네.	持此感人多 (지차감인다)
밝고 밝은 구름 사이의 달이 있고	皎皎雲間月 (교교운간월)
곱고 고운 잎 사이의 꽃들이 있어서,	灼灼葉中華 (작작엽중화)
어찌 한때 어여쁘지 않을까마는	豈無一時好 (기무일시호)
오래갈 수가 없으니 이를 어이해야 하나.	不久當如何 (불구당여하)

《도정절집陶靖節集》 권4에 수록된 〈의고擬古〉 9수 가운데 여섯 번째 시이다. 전4구에서 따사로운 봄날의 정경을 즐김을 말하고, 5·6구에서 흥진비래興盡悲來를 탄식하게 됨을 말하고, 마지막 4구에서 밝고 고왔던 꽃이 시들고 달이 기울듯이 좋은 시절은 빨리 지나가고 노년이 오게 되는 인생의 무상함을 슬퍼한 시이다. 이면裏面으로는 흥성興盛하던 진晉이 망하고 송宋으로 바뀐 것을 안타까워한 시로 보기도 한다.

평성平聲 가운歌韻으로 압운한 일운도저一韻到底의 시로, 운자韻字는 화和·가歌·다多·화華·하何이다.

2-5 고취곡〔鼓吹曲〕[3]

사조 謝朓

강남의 아름답고 화려한 땅	강남가려지 江南佳麗地
금릉은 제왕의 도읍지이네.	금릉제왕주 金陵帝王州
구불구불 푸른 물이 띠처럼 둘렀고	위이대록수 逶迤帶綠水
붉은 누대가 드높이 솟아있네.	초체기주루 迢遞起朱樓
천자께서 다니시는 길가에 기와집이 날아갈 듯하고	비맹협치도 飛甍夾馳道
대궐에 흐르는 도랑에는 수양버들이 그늘을 드리웠네.	수양음어구 垂楊蔭御溝
귀공자의 높은 일산 날 듯한 곳에 피리소리 어려있고	응가익고개 凝笳翼高蓋
쿵쿵 울리는 북소리는 화려한 수레를 호송하네.	누고송화주 疊鼓送華輈
공신들 모습 그려 운대雲臺에 바쳐 드러내었으니	헌납운대표 獻納雲臺表[4]
공을 이루어 명성 드날렸음을 진실로 받들 만하네.	공명양가수 功名良可收

육조시대六朝時代 오吳·동진東晉·송宋·제齊·양梁·진陳 등 여섯 왕조의 수도였던 금릉金陵(건강建康)의 화려함과, 황제를 받들며 공훈을 세운 공신들의 초상화를 모신 운대雲臺의 웅장한 모습을 그려서, 황실을 받들며 길이 영화를 누리는 귀족들의 호화로운 생활을 웅장한 고취곡鼓吹曲으로 드러낸 관각체館閣體의 시이다.

---

3 鼓吹曲 : 악부樂府 가곡歌曲의 이름으로, 타악기打樂器와 취주악기吹奏樂器로 연주하는 군악軍樂이다. 주로 천자의 출유出遊나 공신에 대한 사연시賜宴時에 쓰인 음악이다.

4 獻納雲臺表 : 운대雲臺는 후한대後漢代에 남궁南宮에 세운 건물로, 공로가 있는 장수의 초상화를 그려 모신 명예의 전당이다. 명제明帝 영평永平 3년에 등우鄧禹를 비롯하여 28명의 장수 초상화를 그려 운대에 전시하였다.

평성平聲 우운尤韻으로 압운한 일운도저一韻到底의 시로, 운자는 주州·루樓·구溝·주輈·수收이다.

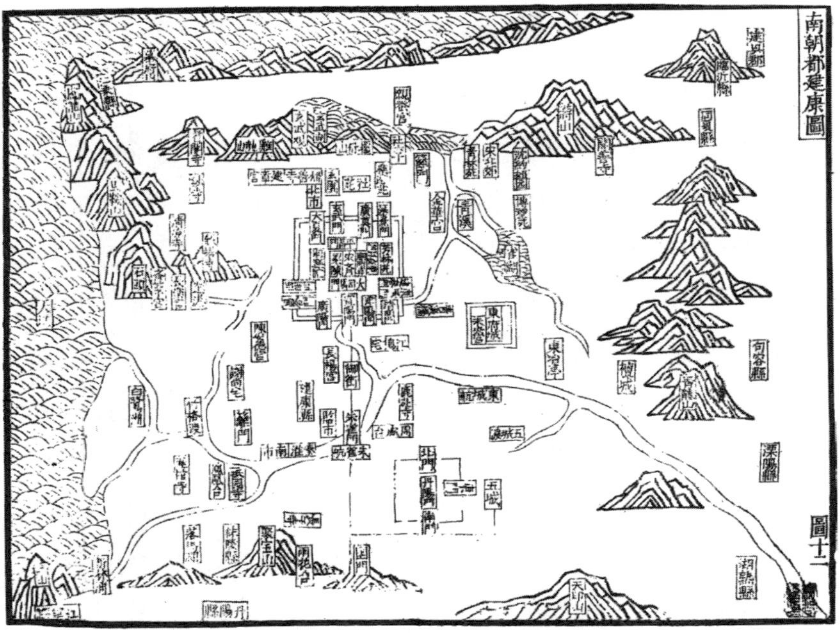

남조도건강도南朝都建康圖

2-6 서도조의 시에 화답하다〔和徐都曹〕[5]

사조謝朓

완宛 땅과 낙양洛陽같이 노닐기 좋은 이 땅	완락가오유	宛洛佳遨遊[6]
봄빛이 이 황제皇帝의 고을에 가득 어렸네.	춘색만황주	春色滿皇州[7]
푸른 빛 어린 교외 길에 수레 채 묶어놓고	결진청교로	結軫青郊路
푸른 강 흐르는 물을 돌아보았네.	회감창강류	回瞰滄江流
햇빛은 물 위에 화려하게 일렁이고	일화천상동	日華川上動
바람은 반짝이는 풀 위로 지나가네.	풍광초제부	風光草際浮
복사꽃 오얏꽃 피니 저절로 길이 나고	도리성혜경	桃李成蹊徑
뽕나무 느릅나무 길모퉁이에 그늘을 드리웠네.	상유음도주	桑楡蔭道周
도성 동쪽에 이미 밭갈이가 시작되었을 것이니	동도이숙재	東都已俶載
돌아가 푸른 밭두둑 살펴보리라.	언귀망록주	言歸望綠疇

금릉金陵 교외에서 노닐며 서면徐勉의 시에 화답한 시이다. 전4구에서는 금릉을 과거의 화려한 땅인 완宛과 낙洛에 비유하면서 신정新亭 곁의 물가에 이르렀음을 말하고, 중4구에서는 물가로 나왔을 때 눈에 보인 춘경春景을 그렸

5 和徐都曹 : 서도조徐都曹의 명名은 면勉이고, 도조都曹는 관직인 중도조中都曹를 말하는 것으로, 팔좌八座(육조상서六曹尙書와 이복야二僕射)의 하나에 해당한다. 원제原題는 〈화서도조출신정저和徐都曹出新亭渚(서도조가 지은 〈신정新亭 물가에 나와서〉 시에 화답하다)〉인데, 편자가 시제詩題의 뒷부분을 생략한 것이다.

6 宛洛佳遨遊 : 완宛과 낙洛은 지명地名이다. 완宛은 남양현南陽縣으로 후한後漢을 건국한 광무제光武帝의 고향이므로 중흥공신中興功臣 가운데 이 고장 출신이 많아서 매우 번성했던 고장이고, 낙洛은 낙양洛陽으로 후한의 수도였던 곳이다. 이 두 곳을 금릉金陵에 비유한 것이다.

7 春色滿皇州 : 황주皇州는 육조六朝의 수도였던 금릉金陵을 가리킨다.

는데, 특히 '일화日華'와 '풍광風光'의 두 구는 순간적으로 보이는 춘광春光을 절묘하게 묘사한 이 시詩의 경책警策이다. 말2구에서는 이제 봄이 되어 봄 농사가 시작될 것이니, 행락을 그치고 돌아가 농사일을 보살피겠다는 것으로 종결하였다.

평성平聲 우운尤韻으로 압운한 일운도저一韻到底 수구입운시首句入韻詩로, 운자韻字는 유遊·주州·류流·부浮·주周·주疇이다.

금릉오경도金陵五景圖 중 진회어창秦淮漁唱

2-7 동원에서 노닐며〔遊東園〕[8]

사조謝朓

쓸쓸하고 즐길 일 없어 괴롭다가	척척고무종 戚戚苦無悰
그대와 손잡고 함께 즐겁게 노닐게 되었네.	휴수공행락 攜手共行樂
층층 누대에 올라 구름을 찾아보고	심운척루사 尋雲陟累榭
산을 따라 걸으며 아름다운 누각을 바라보았네.	수산망균각 隨山望菌閣
멀리 보이는 숲은 무성하게 우거지고	원수애천천 遠樹曖芊芊
뭉게뭉게 피어오르는 구름은 아득하네.	생연분막막 生煙紛漠漠
물고기가 장난 치니 새로 돋은 연잎 흔들리고	어희신하동 魚戲新荷動
새들이 흩어지니 남은 꽃들 떨어졌네.	조산여화락 鳥散餘花落
향기로운 봄 술 마주할 수 없어	부대방춘주 不對芳春酒
고개 돌려 청산의 성곽만 바라볼 뿐이네.	환망청산곽 還望青山郭

종산鍾山 동쪽 전원에서 노닐다 돌아와 지은 서경시敍景詩이다. 전4구에서는 따분함을 행락으로 바꾸어 즐기고자 동원東園으로 나와서 누사累榭와 균각菌閣의 산장에 이르렀음을 밝히고, 중4구에서는 그곳에서 노닐 때 본 초여름의 원경遠景과 근경近景을 그렸는데, 근경을 그린 두 구 '어희신하동魚戲新荷動 조산여화락鳥散餘花落'은 대우對偶가 절묘한 경책警策이다. 말2구에서는 흥을 돋울 춘주春酒가 없어 멍하니 산곽山郭만 바라보는 허전함으로 종결하였다.

입성入聲 약운藥韻으로 압운한 일운도저一韻到底의 시로, 운자韻字는 락樂·각閣·막漠·락落·곽郭이다.

---

8 遊東園 : 원제原題는 〈유동전遊東田〉으로 되어있다. 사조謝朓의 전장田莊이 종산鍾山 동쪽에 있었다.

2-8 원가행〔怨歌行〕[9]

반첩여班婕妤

제 땅에서 생산한 흰 비단을 잘랐는데	新裂齊紈素[10] (신렬제환소)
희고 깨끗하기가 서리와 눈빛 같네.	皎潔如霜雪 (교결여상설)
마름 재어 합환선을 만드니	裁爲合歡扇[11] (재위합환선)
둥글기가 밝은 보름달 같네.	團圓似明月 (단원사명월)
그대가 출입할 때 소매 속에 품고 있다가	出入君懷袖 (출입군회수)
이로써 부채질하니 미풍이 일었네.	動搖微風發 (동요미풍발)
언제나 두려워하는 것은 가을철이 되어	常恐秋節至 (상공추절지)
서늘한 바람이 무더위를 빼앗아가면,	涼飇奪炎熱 (양표탈염열)
상자 속에 내팽개쳐져서	棄捐篋笥中 (기연협사중)
사랑하는 마음 중도에 끊어지는 것이네.	恩情中道絶 (은정중도절)

시 전체가 비체比體로 이루어졌다. 1·2구는 비단 부채의 아름다움을 통하여 자신의 미모를 그려내고, 3·4구는 정공精工하게 제작된 합환선合歡扇을 통하여 자신이 궁중에 선입選入된 일을, 5·6구는 부채가 부채로서의 역할을

---

9 怨歌行 : 악부樂府 초조楚調의 곡명曲名으로, 초楚나라의 변화卞和가 월형刖刑을 당한 후에 최초로 이 시제詩題로 시를 지었고, 한漢의 반첩여班婕妤, 위魏의 조식曹植, 양梁의 심약沈約 등도 이 제목에 맞추어 시를 지었다.

10 新裂齊紈素 : 춘추시대春秋時代 제齊나라 재상 관중管仲의 산업진흥정책에 힘입어 제齊나라에서 가공加工한 비단이 천하의 일등품이 되었으므로, 최고급의 흰 비단을 제환소齊紈素라 하였다.

11 裁爲合歡扇 : 양면을 비단으로 붙인 부채이다. 남녀가 사랑하는 정이 상합相合함을 상징하여 이런 이름을 붙였다.

잘한 것으로 자신이 총애받으며 황제를 모신 일을, 7·8구는 가을이 와서 더위를 빼앗아간 것으로 조비연趙飛燕의 모함을 받아 두려워하게 된 일을, 마지막 9·10구는 상자에 팽개쳐진 부채를 통하여 총애를 잃은 일을, 모두 비체로 서술하여 원한怨恨의 뜻이 언외言外에 드러나도록 구성하였다.

입성入聲 설운屑韻과 월운月韻을 통압通押한 통운시通韻詩로, 설雪·열熱·절絶이 설운屑韻에 속한 운자韻字이고, 월月·발發이 월운月韻에 속한 운자이다.

반희단선班姬團扇

2-9 〈원가행〉을 본받아 짓다〔擬怨歌行〕

강엄江淹

비단 부채가 둥근 달과 같으니	환선여원월 紈扇如圓月
베틀에서 갓 짜낸 흰 비단으로 만든 것이네.	출자기중소 出自機中素
그곳에 그려 넣은 것은, 진왕의 딸이	화작진왕녀 畫作秦王女
난鸞새 타고 안개 어린 하늘로 날아가는 것이네.	승란향연무 乘鸞向煙霧[12]
채색한 그림을 세상에서 중히 여겨	채색세소중 采色世所重
아무리 새 부채를 만들어도 옛것과 바꿀 수 없네.	수신부대고 雖新不代故
남몰래 근심하는 것은, 서늘한 바람이 불어와	절수양풍지 竊愁涼風至
우리 집 옥섬돌의 나무에 스치게 되면,	취아옥계수 吹我玉階樹
내 님의 사랑 끝까지 다 받지 못하고	군자은미필 君子恩未畢
중도에 시들어 떨어지듯이 버려지는 것이네.	영락재중로 零落在中路

제1·2구에서는 합환선合歡扇의 아름다움과 소재素材를 밝히고, 3·4구에서는 합환선에 신선이 된 전설상傳說上의 이상적인 부부인 농옥弄玉과 소사蕭史를 그려 넣었음을 밝히고, 5·6구에서는 아무리 새 부채를 예쁘게 새로 만든다 해도 이 합환선과는 비교가 되지 않는다 하였으니, 이는 전에 학식과 부덕婦德과 미모를 겸비하여 총애를 받던 반첩여班婕妤를 모함해 내쫓은 조비연趙飛燕이 아무리 새로이 어여쁨을 뽐내도 반첩여에는 미칠 수 없음을

12 畫作秦王女 乘鸞向煙霧 : 진晉나라 갈홍葛洪의 《포박자抱朴子》 〈대속對俗〉에 "소사蕭史가 생황을 잘 불자 진秦 목공穆公의 딸 농옥弄玉이 그를 좋아하였다. 이에 그에게 시집을 보내고 봉대鳳臺를 지어주어 그곳에서 살도록 했는데, 어느 날 부부가 신선이 되어 농옥은 봉鳳을 타고 소사는 용龍을 타고 하늘로 올라갔다." 하였는데, 비단 부채에 이 그림을 그려 넣었다는 것이다.

암유暗喩한 것이다.

마지막 네 구는 가을이 되어 군자의 내침을 받을까 염려하는 부채의 모습을 통하여, 조비연의 참언讒言을 받아 쫓겨나게 될까 염려하는 반첩여의 근심을 표현하고 있다.

이 시는 반첩여의 〈원가행怨歌行〉을 모방해 지은 것이므로 시제詩題의 앞에 '의擬'자를 덧붙인 것이다.

거성去聲 우운遇韻으로 압운한 일운도저一韻到底의 시로, 운자韻字는 소素·무霧·고故·수樹·로路이다.

선녀승란도仙女乘鸞圖

2-10 고시〔古詩〕[13]

무명씨無名氏

까마득히 멀리 보이는 것이 견우성이요	초초견우성 迢迢牽牛星
밝고 또렷이 보이는 것이 은하수 가의 직녀성이네.	교교하한녀 皎皎河漢女
가냘프고 어여쁜 흰 손을 움직여	섬섬탁소수 纖纖擢素手
찰칵찰칵 베틀의 북을 놀리네.	찰찰농기저 札札弄機杼
종일 베를 짜도 보내드릴 비단 무늬 완성하지 못하니	종일불성장 終日不成章[14]
눈물이 비 오듯이 방울방울 떨어지네.	체읍영여우 涕泣零如雨
은하수 물 맑고 얕아진다 해도	하한청차천 河漢淸且淺
서로 떨어진 거리 또한 얼마나 멀리오.	상거부기허 相去復幾許
가득히 출렁이는 한 물을 사이에 두고	영영일수간 盈盈一水間
정만 품고 바라볼 뿐 말을 하지 못하네.	맥맥부득어 脈脈不得語

이 시를 매승枚乘의 작作으로 보기도 한다. 신하가 군주를 섬길 수 없게 된 것을 직녀織女가 견우牽牛와 만나지 못함에 비유하고, 말구末句를 통하여 멀리 떨어져 있는 신하의 마음을 군주께 상달上達할 수 없는 안타까움을 드러낸 것으로 보기도 한다.

상성上聲 어운語韻과 우운麌韻을 통압通押한 통운시通韻詩로, 운자韻字는

---

13 古詩 : 시제詩題를 고시古詩라 한 것은 이 시가 《문선文選》 권29에 수록된 〈고시십구수古詩十九首〉 중의 한 수이기 때문이다.

14 終日不成章 : 《시경詩經》 〈소아小雅 대동大東〉에, "저 모퉁이의 직녀 종일토록 일곱 번이나 베틀에 오르네. 비록 일곱 번이나 올라도 보내줄 비단 무늬 완성하지 못하네.〔跂彼織女 終日七襄 雖則七襄 不成報章〕"라고 한 말을 압축 인용한 것이다.

녀女 · 저杼 · 우雨 · 허許 · 어語인데, 그 가운데 우雨만이 우운麌韻에 속한다. 단 이 시는 운서가 없던 시기에 지어진 시로, 음조가 유사하면 압운이 가능했던 시기의 시이므로, 이를 통운시로 보지 않고 일운도저一韻到底의 시로 보아도 무방하다.

2-11 고시〔古詩〕

무명씨 無名氏

살아가는 햇수 백 년도 채울 수 없는데 　生年不滿百(생년불만백)
언제나 천 년의 시름을 품고 지내네. 　常懷千歲憂(상회천세우)
낮은 짧고 밤이 긴 것 괴로우니 　晝短苦夜長(주단고야장)
어찌 촛불 잡고 놀지 않을 수 있으리오. 　何不秉燭遊(하불병촉유)
즐길 만한 때가 되면 마땅히 즐겨야 하나니 　爲樂當及時(위락당급시)
어찌 오는 세월만 기다려서야 되겠는가. 　何能待來玆(하능대래자)[15]
어리석은 사람은 비용을 아끼다가 　愚者愛惜費(우자애석비)
모두 세인들의 떠들썩한 비웃음을 사게 되네. 　俱爲塵世嗤(구위진세치)
왕자교는 신선이 되었다 하나 　仙人王子喬(선인왕자교)[16]
그처럼 장수하기를 기대함은 어려운 법이라네. 　難可以等期(난가이등기)

《문선文選》에 수록된 〈고시십구수古詩十九首〉 중 제15수이다. 인생의 일생은 짧은데 천 년의 시름을 품고 살면서, 어려서부터 늙을 때까지 쉴 줄을 모르고 지내는 것은 어리석고 덧없는 일이라고 현세의 허무함을 드러내면서, 즐길 기회가 오면 때를 놓치지 말고 괴로움을 떨쳐버리고 즐겁게 지낼 것을

15 何能待來玆 : 저본의 주註에 "《이아爾雅》에 '욕蓐을 자玆라 한다.' 하였는데, 이는 곧 지금의 용수초龍鬚草이니 자리를 만들 수 있다. 1년에 한 번 자라니 '내자來玆'는 '내세來歲'라는 말과 같다." 하였다.

16 仙人王子喬 : 왕자교王子喬는 신선 이름이다. 주周 영왕靈王의 태자로 명名이 진晉이다. 생황을 잘 불어 봉황의 소리를 내었고, 부구공浮丘公과 숭산崇山에서 백학白鶴을 타고 30년을 지내다가 등선登仙했다 한다. 저본의 주註에는 후한인後漢人으로 섭현령葉縣令으로 있다가 후에 신선이 되었다 하였다.

권면한 시이다.

상술한 바와 같이 운서가 없던 시기의 시이므로 압운을 세세히 규명할 필요가 없는 시이나, 후세의 운서에 맞추어 본다면, 평성平聲 우운尤韻과 지운支韻을 통압通押한 시로, 우憂와 유遊는 우운尤韻에 속하고, 자玆·치嗤·기期는 지운支韻에 속한다.

왕자교王子喬

2-12 녹균헌〔綠筠軒〕

소식蘇軾

식사에 고기가 없는 것은 괜찮지만	가사식무육 可使食無肉
거처하는 곳에 대나무가 없어서는 안 된다네.	불가거무죽 不可居無竹
고기가 없으면 사람을 수척하게 하고	무육영인수 無肉令人瘦
대나무가 없으면 사람을 속되게 한다네.	무죽영인속 無竹令人俗
사람이 수척해진 것은 오히려 살찌게 할 수 있지만	인수상가비 人瘦尙可肥
선비가 저속해지면 치료할 수도 없다네.	사속불가의 士俗不可醫
옆에 있는 사람이 이 말을 비웃으며	방인소차언 傍人笑此言
고상한 듯하지만 도리어 어리석은 것 같다 하네.	사고환사치 似高還似癡
만약 차군此君 마주하고 이어 고기도 실컷 먹으려 한다면	약대차군잉대작 若對此君仍大嚼
세상에 어찌 모든 욕망 다 채우는 일 있을 수 있겠는가.	세간나유양주학 世間那有揚州鶴[17]

오잠於潛 땅의 승려가 헌호軒號를 녹균헌綠筠軒이라 하였는데, 그를 위해 이 시를 지어준 것이다. 언제나 푸르면서 곧은 대나무의 절조節操를 본받아 청백하고 고상한 선비가 되려 한다면 세속적인 부귀를 누릴 생각은 버려야 함을 강조한 시이다.

---

17 世間那有揚州鶴 : 양주학揚州鶴은 《연감유함淵鑑類函》 〈조鳥 학鶴〉편에 "네 사람이 모여 각기 소원을 말하는데, 한 사람은 '양주자사揚州刺史가 되고 싶다.' 하고, 한 사람은 '재물財物이 많았으면 좋겠다.' 하고, 한 사람은 '학鶴을 타고 하늘을 날아다니고 싶다.' 하자, 나머지 한 사람이 '허리에 10만 관의 돈 전대를 차고 양주자사를 지내다가 학을 타고 하늘에 오르겠다.' 하였다." 한 고사故事에서 유래한 말로, 모든 일이 마음먹은 대로 되는 것(사실은 불가능한 일)을 뜻하게 되었다.

전4구의 1·2·4구는 운각韻脚에 육肉·죽竹·속俗자를 넣어 입성入聲 옥운屋韻으로 압운하고, 중4구의 1·2·4구는 운각에 비肥·의醫·치癡자를 넣어 평성平聲 지운支韻으로 압운하고, 말양구末兩句는 운각에 작嚼과 학鶴을 넣어 입성 약운藥韻으로 압운한 전운시轉韻詩로, 오언구五言句와 칠언구七言句를 섞어 이룬 오칠잡언시五七雜言詩이므로, 오언고풍단편五言古風短篇만 모아놓았다 한 제2권에 이 시를 수록한 것은 합당하지 않다.

소식蘇軾의 묵죽도墨竹圖

2-13 달빛 아래에서 홀로 술을 마시며〔月下獨酌〕

이백李白

꽃 아래에서 한 병의 술을	화하일호주	花下一壺酒
함께할 친구 없어 홀로 마셨네.	독작무상친	獨酌無相親
잔을 들어 밝은 달을 맞이하고	거배요명월	擧杯邀明月
그림자와 마주하니 3인이 되었네.	대영성삼인	對影成三人
달은 원래 술 마실 줄을 모르고	월기불해음	月旣不解飮
그림자는 다만 내 몸을 따를 뿐이네.	영도수아신	影徒隨我身
잠시 달과 짝을 이루고 그림자와 함께하고서	잠반월장영	暫伴月將影
봄이 이르렀으니 마땅히 즐겁게 지낼 뿐이네.	행락수급춘	行樂須及春
내가 노래하니 달은 주위를 맴돌고	아가월배회	我歌月徘徊
내가 춤추니 그림자는 어지러이 따라 움직이네.	아무영능란	我舞影凌亂
취하기 전엔 함께 서로 이렇게 즐기다가	성시동교환	醒時同交歡
취해 잠들자 각기 나뉘어 흩어졌네.	취후각분산	醉後各分散
이들과 영구히 속정俗情을 벗어난 친교를 맺고	영결무정유	永結無情遊
아득한 하늘나라에서 함께하기를 기약하네.	상기막운한	相期邈雲漢

현존하는 이백李白의 시 천여 수 가운데 월月과 주酒를 언급한 시가 2/3를 점하고 있는데, 바로 이 〈월하독작月下獨酌〉이 그 가운데 대표적인 시이다.

시의 흐름이, 상친相親할 대상이 무無한 독獨에서, 성삼인成三人의 유有한 부독不獨으로, 다시 각분산各分散한 무無의 독獨으로, 또다시 운한雲漢에서 결무정유結無情遊하는 유有의 부독不獨으로 종결하여, 세속을 초탈하여 무아경無我境의 취향醉鄕에서 자아를 벗어난 만물여아위일萬物與我爲一의 경지에 들어, 무하유향無何有鄕에서 노니는 경지를 그렸다. 이백을 시선詩仙이나 적선謫仙이라 칭하는 이유를 이 시를 통하여 알 수 있게 된다.

전반부는 평성平聲 진운眞韻에 속한 친親·인人·신身·춘春으로 압운하고, 후반부는 거성去聲 한운翰韻에 속한 란亂·산散·한漢으로 압운한 전운시轉韻詩이다.

대월도對月圖

2-14 봄날 취해 자다 일어나 시를 짓다〔春日醉起言志〕[18]

이백李白

세상 살아감이 큰 꿈과 같은데	處世若大夢(처세약대몽)
어이하여 그 삶을 괴롭게 보내리오.	胡爲勞其生(호위노기생)
이 때문에 종일토록 술에 취해서	所以終日醉(소이종일취)
쓰러져 기둥 사이에 누워 지내네.	頹然臥前楹(퇴연와전영)
잠에서 깨어 뜰 앞을 바라보니	覺來眄庭前(교래면정전)
꽃 사이에서 새 한 마리가 지저귀고 있네.	一鳥花間鳴(일조화간명)
"지금이 어느 때이냐?"라고 물으니	借問如何時(차문여하시)
"봄바람이 부네요."라고 맴도는 꾀꼬리가 대답하네.	春風語流鶯(춘풍어류앵)
이에 느끼는 바 있어 탄식하면서	感之欲歎息(감지욕탄식)
술잔을 마주하고 다시 홀로 기울였네.	對酒還自傾(대주환자경)
밝은 달 기다리며 큰 소리로 노래하다가	浩歌待明月(호가대명월)
노래 끝낼 때쯤엔 이미 모든 속정을 잊었네.	曲盡已忘情(곡진이망정)

앞의 시 〈월하독작月下獨酌〉과 유사한 시상詩想을 드러낸 시이다. 수구首句에서 인생살이가 큰 꿈과 같다 하고, 그래서 세월이 감을 잊고 술에 취해 지낸다 하였고, 말구末句에서 그러니 세속적인 생각 모두 잊고 즉 망정忘情하

---

18 言志 : 제목에 '언지言志'라 붙인 것은 《시경詩經》 〈대서大序〉에 "시는 뜻〔志〕이 움직인 것이다. 마음에 그대로 있을 때엔 지志가 되고 언어로 발현되면 시가 된다.〔詩者 志之所之也 在心爲志 發言爲詩〕" 한 말을 압축하여 '시는 뜻을 말로 드러낸 것〔시언지詩言志〕'이라 하는데, 이 말에서 '언지言志'를 따서 '시를 짓다'라는 뜻으로 붙인 것이다.

고 지내게 되었다고 제목에서 밝힌 대로 자신의 심경을 드러낸 것이다.

평성平聲 경운庚韻으로 압운한 일운도저一韻到底의 시로, 운자韻字는 생生·영楹·명鳴·앵鶯·경傾·정情이다.

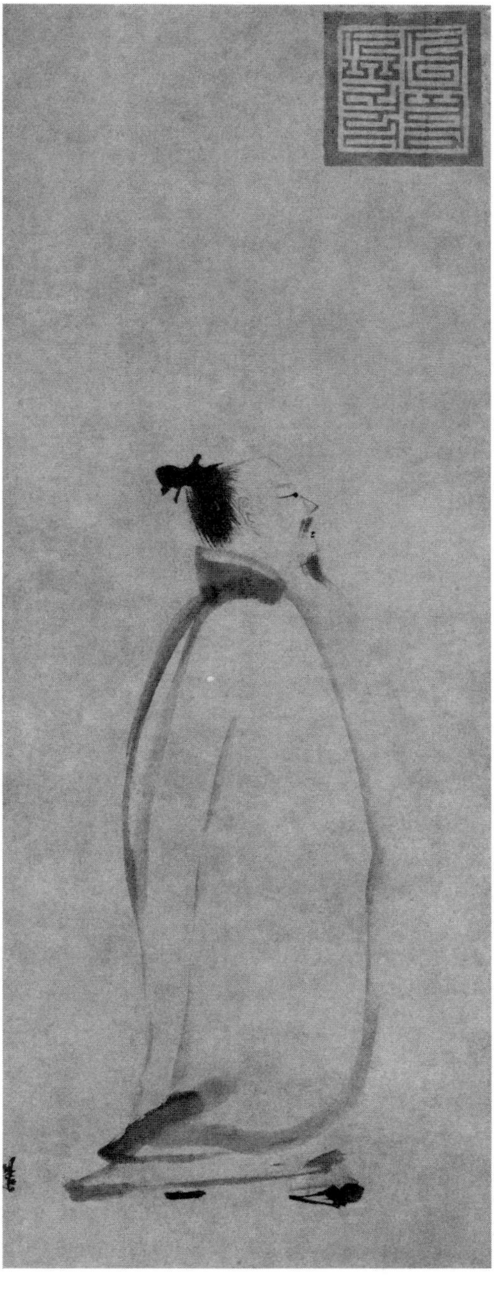

이백행음도李白行吟圖

2-15 소무〔蘇武〕[19]

이백李白

소무는 흉노 땅에 억류되어 있으면서	소무재흉노 蘇武在匈奴
십 년 동안 한漢나라 사절의 부절을 굳게 지켰네.	십년지한절 十年持漢節
흰 기러기 상림원 위를 날아가며	백안상림비 白雁上林飛
공중에서 편지 한 통을 전했네.	공전일서찰 空傳一書札[20]
변방에서 양 치며 고생하면서	목양변지고 牧羊邊地苦[21]
지는 해 바라볼 때 고국으로 돌아갈 마음 아득하였네.	낙일귀심절 落日歸心絶
목마르면 월굴月窟의 물을 마시고	갈음월굴수 渴飮月窟水[22]
배고프면 하늘에서 내린 눈을 먹었네.	기찬천상설 飢餐天上雪

---

19 蘇武 : 한漢나라의 충신으로 자는 자경子卿이다. 무제武帝 때에 중랑장中郞將으로 흉노匈奴에 사신으로 갔다가 두 나라 관계가 악화되자, 흉노가 귀국을 막고 투항을 권하였다. 이를 거절하고 온갖 곤고困苦를 겪으며 19년간 억류되어 있었지만, 끝내 한나라 사신의 부절符節을 놓지 않고 버티다가, 소제昭帝 때에 귀국하여 관내후關內侯에 책봉되고 기린각麒麟閣에 초상화가 걸리게 되었다. 이에 '소무절蘇武節'이 '충신이 지조를 굳게 지킴'을 뜻하는 말로 쓰이게 되었다.

20 白雁上林飛 空傳一書札 : 한나라가 흉노에게 소무를 돌려보내라고 요구하자, 흉노는 소무가 이미 죽었다고 속이며 돌려보내지 않았다. 이에 한나라 사신이 "천자께서 상림원에서 흰 기러기 한 마리를 쏘아 잡았는데 그 발에 편지가 묶여있었고, 그 편지에 소무가 아무 곳의 소택에 있다고 쓰여있었다." 하니, 그제야 흉노가 소무가 살아있음을 인정하고 사죄했던 역사적 사실을 밝힌 것이다. 상림원은 무제武帝가 세운 제왕의 동산이다.

21 牧羊邊地苦 : 흉노가 소무에게 스스로의 힘으로 생활할 것을 요구하며 새끼 양 몇 마리를 주고, 이를 길러 새끼를 낳게 되면 귀국을 허락하겠다 하였으나, 양이 모두 숫양이었다. 이에 소무는 풀씨를 먹고 쥐를 잡아먹으며 버텼다.

22 渴飮月窟水 : 월굴月窟은 서역西域 월지국月氏國의 지명으로, 지극히 먼 변방을 뜻하는 말로 쓰였다.

변방 사막 멀리하고 동으로 돌아오려 하니	동 환 사 새 원 東還沙塞遠
북쪽 하수河水 다리에서의 작별이 서러웠네.	북 창 하 량 별 北愴河梁別
흐느끼며 이릉의 옷깃을 잡고	읍 파 이 릉 의 泣把李陵衣
서로 마주보며 피눈물 흘렸네.	상 간 누 성 혈 相看淚成血[23]

역사적 사실에 입각하여 한漢나라 소무蘇武의 충의忠義를 찬양한 영사시詠史詩이다.

입성入聲 힐운黠韻과 설운屑韻을 통압通押하였고, 운자韻字는 절節·찰札·절絶·설雪·별別·혈血이다.

소리별의도蘇李別意圖

23 東還沙塞遠……相看淚成血 : 이릉李陵은 한漢의 명장名將 이광李廣의 손자로, 자는 소경少卿이다. 여러 차례 흉노와 싸워 승전하였으나 후속부대가 뒷받침해주지 않아 포위당하자 흉노에 항복하였다. 흉노의 선우單于가 그를 우교왕右校王으로 봉하고 사위로 삼았는데, 한漢 소제昭帝가 불렀으나 오지 않고 흉노에서 20여 년을 살다가 죽었다. 그는 소무蘇武와 절친한 사이로 소무에게도 흉노에 귀의할 것을 권했으나 소무는 끝내 절의를 지켰고, 두 사람 사이에 주고받았던 증답시贈答詩가 전해온다. 이 네 구는 소무가 귀국할 때에 이릉이 전별하며 지어준 시에서 '휴수하량상攜手河梁上'과 '불각누첨상不覺淚沾裳'이라 한 구를 인용하여 양인의 작별을 그린 것이다. 양인의 증답시를 문학사상文學史上 오언시五言詩의 효시嚆矢로 보기도 한다.

2-16 잡시〔雜詩〕

도잠陶潛

인생은 뿌리도 꽃받침도 없어	人生無根蔕(인생무근체)
길가의 티끌처럼 이리저리 떠돈다네.	飄如陌上塵(표여맥상진)
바람 따라 흩어져 굴러다니니	分散逐風轉(분산축풍전)
이 몸 이미 한 곳에 정착하는 몸이 아니라네.	此已非常身(차이비상신)
이 땅에 함께 태어났음은 형제가 된 것이니	落地爲兄弟(낙지위형제)
어찌 반드시 골육만을 가깝게 여기리오.	何必骨肉親(하필골육친)
기쁜 일 만나면 함께 즐겨야 마땅하므로	得歡當作樂(득환당작락)
한 말 술이 있으면 가까운 이웃들 모은다네.	斗酒聚比隣(두주취비린)
젊은 시절은 거듭 오지 않고	盛年不重來(성년부중래)
하루에 새벽이 두 번 올 수 없네.	一日難再晨(일일난재신)
때가 이르렀으면 마땅히 힘써야 하나니	及時當勉勵(급시당면려)
세월은 사람을 기다려주지 않는다네.	歲月不待人(세월부대인)

전前 4구에서는 인생이 맥상진陌上塵처럼 떠돌다 가야 할 존재임을 강조하여 잠시 머물다 사라져야 하는 허무감을 표현하고, 중中 4구에서는 그러므로 같은 시대 같은 곳에서 살게 된 사람들이 모두 형제와 같으니 함께 즐겁게 지내야 함을 말하고, 후後 4구에서는 이렇게 잠시 머무는 세상 헛되이 보내지 않도록 촌음寸陰을 아껴 노력해야 함을 강조한 것으로, 도잠陶潛의 인생관이 드러난 시이다. 후 4구는 후세에 젊은이를 면려勉勵하는 권학勸學의 뜻으로 널리 인용되었다.

평성平聲 진운眞韻으로 압운한 일운도저一韻到底의 시로, 운자韻字는 진塵·신身·친親·린隣·신晨·인人이다.

2-17 전원에 돌아와 지내며〔歸田園居〕

도잠陶潛

도시의 밖이라 세속적인 일 적고　野外罕人事(야 외 한 인 사)
깊숙한 시골 마을이라 드나드는 수레도 적네.　深巷寡輪鞅(심 항 과 륜 앙)
한낮에도 사립문 닫고 지내며　白日掩柴扉(백 일 엄 시 비)
마음을 비우고 속된 생각 끊었네.　虛室絶塵想(허 실 절 진 상)
때로는 다시 마을 사이를　時復墟曲中(시 부 허 곡 중)
풀숲을 헤치고 서로 왕래하네.　披草共來往(피 초 공 래 왕)
서로 만나면 번잡한 대화 하지 않고　相見無雜言(상 견 무 잡 언)
뽕과 삼을 기르는 이야기만 할 뿐이네.　但道桑麻長(단 도 상 마 장)
뽕과 삼 이미 날로 자라고 있으니　桑麻日已長(상 마 일 이 장)
내 농토가 이미 날로 늘어나는 셈이네.　我土日已廣(아 토 일 이 광)
언제나 두려워하는 것은 눈이 너무 일찍 내려서　常恐雪霰至(상 공 설 산 지)
잡초들과 함께 시들어 떨어지는 것이네.　零落同草莽(영 락 동 초 망)

〈귀전원거歸田園居〉 6수 중의 제2수로, 전원으로 돌아와 사는 즐거움을 읊은 것이다. 속세의 일에 초연超然하여 무욕無慾의 전원생활을 즐기며, 풍우순조風雨順調하여 상마桑麻가 자라는 것이 방해만 받지 않으면 족하다 하여, 무욕허심無慾虛心의 경지를 즐기는 심경을 드러내었다.

상성上聲 양운養韻으로 압운한 일운도저一韻到底의 시로, 운자韻字는 앙鞅·상想·왕往·장長·광廣·망莽이다.

2-18 쥐 수염으로 만든 붓〔鼠鬚筆〕[24]

소과蘇過

태창의 오래 묵어 변색된 곡식을 축내고	太倉失陳紅(태창실진홍)
교묘히 굴을 뚫고 남아 썩은 것을 훔쳐 먹네.	狡穴得餘腐(교혈득여부)
전에는 승상의 탄식을 유발하였고	旣興丞相歎(기흥승상탄)[25]
또 정위의 노여움을 일으키게 하였네.	又發廷尉怒(우발정위노)[26]
살은 찢겨 굶주린 고양이의 먹이가 되었으되	磔肉餧餓猫(책육위아묘)
수염은 나뉘어 흰 토끼털과 섞여 붓이 되었네.	分髥雜霜兎(분염잡상토)
서가에 꽂혀있을 때엔 칼과 창처럼 굳세고	揷架刀槊健(삽가도삭건)
종이에 닿자 용이나 뱀처럼 내달리네.	落紙龍蛇鶩(낙지용사무)

---

24 鼠鬚筆 : 쥐의 양쪽 볼에 난 털을 뽑아 만든 붓으로, 주미경건遒媚勁健하여 서가書家들이 진중珍重히 여기는 붓이다. 왕희지王羲之가 이 붓을 최초로 사용하여 〈난정서蘭亭序〉를 썼다고 전해진다.

25 旣興丞相歎 : 《사기史記》 〈이사열전李斯列傳〉에 "이사李斯가 젊을 때에 군郡의 하급 관리로 있었는데, 관청 변소에 사는 쥐가 더러운 것을 먹으며 사람과 개에 가까이 있어서 자주 놀라고 두려워함을 보았다. 다시 창고에 들어가서 그 속에 사는 쥐를 보니 큰 건물 속에 살면서 좋은 곡식을 먹고 사람과 개를 만나는 두려움도 없었다. 이에 탄식하기를 '사람이 잘되고 못됨도 저 쥐와 같도다. 자신이 어디에 머무느냐에 달려있을 뿐이로다!' 하였다." 하였는데, 이를 용사用事한 것이다.

26 又發廷尉怒 : 《사기史記》 〈혹리열전酷吏列傳〉에 "한漢나라 정위廷尉였던 장탕張湯이 어렸을 때 장안승長安丞으로 있던 부친이 외출하며 장탕에게 집을 지키게 하였는데, 쥐가 고기를 훔쳐갔다. 부친이 돌아와 화가 나서 고기를 지키지 못한 장탕을 매질하였다. 이에 장탕이 쥐구멍을 파고 그 쥐와 도둑질해 가 먹고 남은 고기를 찾아낸 후에 쥐를 채찍질하여 죄를 다스리고, 그 쥐와 고기를 아울러 취하여 판결문을 갖추어 쓰고 마루 아래에서 찢어 죽였는데, 그의 부친이 그 판결문을 보니 노련한 옥리獄吏가 지은 것 같았으므로 크게 놀라 기이하게 여겼다." 하였는데, 이를 용사用事한 것이다.

사물의 이치를 쉽게 따질 수 없으니	물리미이힐 物理未易詰
때가 오면 곧 알아주는 사람을 만나기도 한다네.	시래즉소우 時來卽所遇
담을 뚫을 때엔 어찌 그다지도 비천하고 보잘것없다가	천용하비미 穿墉何卑微
이에 의탁해 수염이 붓이 되자 아름다운 영예 얻었네.	탁차득가예 託此得佳譽

처음 4구는 이사李斯와 장탕張湯의 고사故事를 용사用事하고, 뒤의 8구는 미물微物의 털로 만든 붓은 천하의 진보珍寶가 되어 용사龍蛇가 내달리듯이 좋은 글씨를 이룰 수 있다 하였다.

즉 쥐가 천대받고 미움받는 미물이지만, 그 양 볼에 난 털로 만든 붓은 가예佳譽를 누림을 말하여, 진흙 속에서 연蓮이 돋아 아름다운 꽃을 피우듯이 혼탁한 세상에서도 뛰어난 인물이 배출될 수 있음을 암유暗喩한 영물시詠物詩이다.

상성上聲 우운麌韻과 거성去聲 우遇·어운御韻을 통압通押한 상거통압上去通押의 통운시通韻詩로, 운자韻字는 부腐·노怒·토兎·무鶩·우遇·예譽이다.

2-19 저의 기구한 운명 2수〔妾薄命[27] 二首〕

진사도陳師道

주인의 집 열두 누각에서	主家十二樓(주가십이루)
삼천 명이 받을 사랑을 이 한 몸이 독차지했었으나,	一身當三千(일신당삼천)[28]
예부터 저는 운명이 기구하여	古來妾薄命(고래첩박명)
주인 섬기기를 나이가 다하도록 하지 못했네.	事主不盡年(사주부진년)
주인 위해 일어나 춤추며 장수를 빌었는데	起舞爲主壽(기무위주수)
남양의 무덤으로 보내드리게 되었네.	相送南陽阡(상송남양천)
어찌 차마 주인이 지어주신 의상을 입고	忍著主衣裳(인착주의상)
남을 위해 예쁜 자태 꾸밀 수 있으리오.	爲人作春妍(위인작춘연)
통곡 소리는 하늘에까지 이르렀고	有聲當徹天(유성당철천)
눈물은 구천에 이르렀네.	有淚當徹泉(유루당철천)
사망하신 분이야 아마도 모르시겠지만	死者恐無知(사자공무지)
이 몸 길이길이 홀로 슬퍼하고 있나이다.	妾身長自憐(첩신장자련)

스승 증공曾鞏이 사망하자, 주인의 사랑을 독차지했던 여인이 주인의 사망을 슬퍼하는 악부시樂府詩 시제詩題인 〈첩박명妾薄命〉의 곡曲에 맞추어, 자신을 수제자首弟子로 인정해주었던 스승의 사망을 애도한 시이다.

---

27 妾薄命：악부樂府 잡곡가사雜曲歌辭의 하나로 미인의 박명薄命을 노래한 것이다. 한漢나라 허황후許皇后가 '내하첩박명奈何妾薄命'이라 한 말에서 곡명曲名을 따왔다.

28 一身當三千：백거이白居易의 〈장한가長恨歌〉에 "후궁에 아리따운 여인 삼천 인이 있었지만, 삼천 인이 받아야 할 총애를 한 몸이 독차지하였네.〔後宮佳麗三千人 三千寵愛在一身〕" 한 말을 용사用事하여, 많은 제자 가운데 자신이 스승의 사랑을 독차지했었음을 말한 것이다.

사방득謝枋得은 "이 시는 두보杜甫의 시에 비견할 만하고, 절묘한 구법句法은 시 전체의 의미를 포괄해 확정하는 결사結辭인 말구末句의 '장長'자에 있는데, 많은 사람들이 이를 모르고 있다." 하였다.

평성平聲 선운先韻으로 압운하였고, 운자韻字는 천千·년年·천阡·연姸·천泉·련憐이다.

2-20 다시 짓다〔又〕

진사도陳師道

잎은 지고 바람도 일지 않는데	엽락풍불기 葉落風不起
인적 없는 산엔 붉은 꽃만 피어있을 뿐입니다.	산공화자홍 山空花自紅
노년이 되도록 기다리지 않고 세상을 버리셔서	연세부대로 捐世不待老
사랑받던 저도 사랑을 끝까지 받지 못하게 되었나이다.	혜첩무기종 惠妾無其終
한 번 죽는 일이야 오히려 참을 수 있으나	일사상가인 一死尙可忍
평생을 어찌 끝까지 이렇게 견뎌야 하나요.	백세하당궁 百歲何當窮
천지가 어찌 넓지 않을까마는	천지기불관 天地豈不寬
이 몸은 어디에도 용납될 곳이 없나이다.	첩신자불용 妾身自不容
사망하신 분이 만약 앎이 있으시다면	사자여유지 死者如有知
이 몸이 죽어서라도 따르오리다.	살신이상종 殺身以相從
지난날 그대 앞에서 노래하고 춤추던 곳엔	향래가무지 向來歌舞地
밤 비 내리자 싸늘하게 귀뚜라미만 울 뿐입니다.	야우명한공 夜雨鳴寒蛩

제1·2구에서는 스승이 사망하자 나라의 동량棟樑이 없어졌고 소인들만 날뛰고 있음을 비유하였고, 제3~10구에서는 스승이 사망한 후 의지할 곳이 없어진 절대고독을 슬퍼하며 살신殺身하여 지하에서 따를 수 없음을 한하였고, 마지막 두 구에서는 스승이 사망한 후에 학문과 문학에 대하여 활발하게 토론했던 곳이 쓸쓸해졌음을 암유暗喩하여, 인사人事가 변한 후의 처참悽慘한 심경을 토로하였다.

전반부는 평성平聲 동운東韻인 홍紅·종終·궁窮으로 압운하고, 후반부는 평성 동운冬韻인 용容·종從·공蛩으로 압운한 통운시通韻詩이다.

2-21 푸르디푸른 물속의 부들〔青青水中蒲〕

한유韓愈

푸르디푸른 물속의 부들	青青水中蒲(청청수중포)
그 아래에 한 쌍의 고기가 놀고 있네.	下有一雙魚(하유일쌍어)
그대 이제 농산隴山으로 떠나시니	君今上隴去(금군상롱거)[29]
남아있는 저는 누구와 함께 살아야 하나요.	我在與誰居(아재여수거)
푸르디푸른 물속의 부들	青青水中蒲(청청수중포)
길이길이 물속에 그대로 있네.	長在水中居(장재수중거)
부평초에게 말하노니	寄語浮萍草(기어부평초)
나는 서로 함께 지내는 너희들만도 못하구나.	相隨我不如(상수아불여)
푸르디푸른 물속의 부들	青青水中蒲(청청수중포)
잎줄기가 짧아 물 밖으로 나오지 못하네.	葉短不出水(엽단불출수)
아내인 나도 당 아래로 내려가지 않을 것인데	婦人不下堂(부인불하당)
떠나신 님은 만리 밖에 계실 뿐이네.	行子在萬里(행자재만리)

수중포水中蒲라는 외물外物에 의탁해 농산隴山을 지나 국경을 지키러 가는 남편을 떠나보내는 아내의 처지를 읊은 시이다.

시를 3개 단락으로 나누고, 매 단락의 첫 구를 '청청수중포青青水中蒲'로 시작하였으며, 첫 단락에서는 남편을 떠나보내고 홀로 남게 된 아내의 처지가 함께 노니는 한 쌍의 물고기만도 못함을 그렸고, 둘째 단락에서는 홀로 지

---

29 君今上隴去 : 농隴은 섬서성陝西省에 있는 농산隴山을 말한다. 서북지방으로 수자리 가는 사람이 반드시 이곳을 거치게 되어있으므로, 농산 위를 지나게 되었다 한 것이다.

내는 자신의 처지가 언제나 서로 엉켜있는 부평초만도 못하다고 하였고, 셋째 단락에서는 잎줄기가 짧아 물 밖으로 나가지 못하는 부들처럼 자신도 아내의 자리에서 벗어나지 않고 언제나 만리 밖에 있는 남편만을 그리며 조강지처糟糠之妻의 자리를 지킬 것임을 말하고 있다. 이는 작자가 젊었을 때에 아내에게 지어준 시라 한다.

전반 8구의 운자韻字 어魚·거居·거居·여如는 평성平聲 어운魚韻으로 압운하고, 후반 4구의 운자 수水·리里는 상성上聲 지운紙韻으로 압운한 전운시轉韻詩이다.

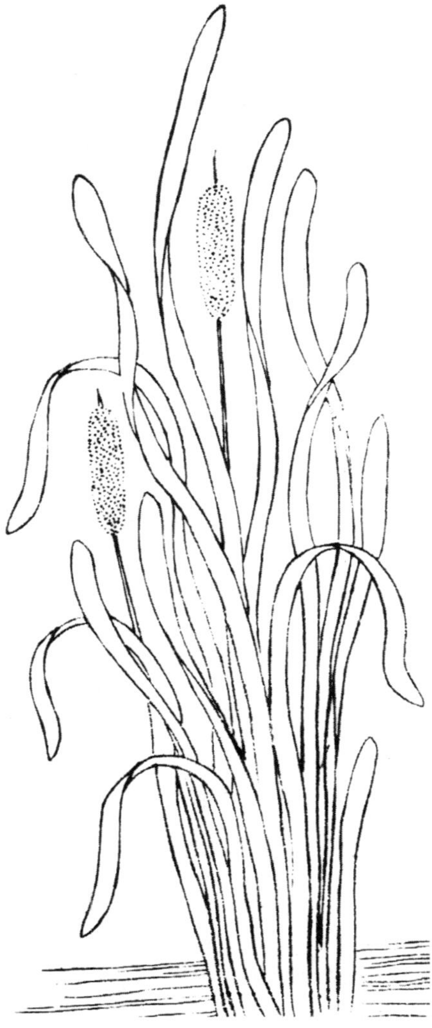

부들(蒲)

2-22 마음 깊이 품은 생각〔幽懷〕

한유韓愈

마음 깊이 품은 생각 풀 길이 없어	유회불가사 幽懷不可寫
이 봄에 강가를 거니노라.	행차춘강심 行此春江潯
때마침 좋은 계절 만나	적여가절회 適與佳節會
남녀들이 다투어 좋은 세월 즐기네.	사녀경광음 士女競光陰
화장 짙게 한 여인들이 물가에 비치고	응장요주저 凝妝耀洲渚
요란한 피리소리 사람 마음 일렁이게 하네.	번취탕인심 繁吹蕩人心
꽌꽌 우는 숲속의 새들	간관임중조 間關林中鳥
계절을 알아서 암수가 서로 부르고 화답하네.	지시위화음 知時爲和音
어찌 한 항아리 술이 없을 수 있으리오	기무일준주 豈無一樽酒
홀로 따라 마시고 또한 홀로 읊조리네.	자작환자음 自酌還自吟
다만 좋은 때는 잃기가 쉬워	단비시이실 但悲時易失
네 계절 서로 번갈아 바뀌게 됨이 슬프네.	사서송상침 四序迭相侵
내가 〈군자행〉 곡을 노래하며	아가군자행 我歌君子行[30]

---

30 我歌君子行 : 〈군자행君子行〉은 악부樂府 상화가사相和歌辭 평조곡平調曲의 하나로, 조식曹植의 작作인 그 시는 아래와 같다. "군자는 일이 생기기 이전에 미리 방비를 하나니 오해받을 만한 곳에는 머물지 않는다네. 오이 밭에서는 신을 고쳐 신지 않고 오얏나무 아래에서는 갓을 바로잡지 않는다네. 형수와 시동생 사이에는 직접 물건을 주고받지 않고 어른과 아이 사이에는 어깨를 나란히 하지 않는다네. 겸손에 힘쓰면 덕을 행할 능력을 얻게 되어 자신의 지덕智德을 감추려 해도 감추기가 매우 어렵게 된다네. 주공은 백옥지사白屋之士(서민庶民)에게도 겸손했고 씹던 음식 뱉고 손님을 응대하느라 제때에 식사를 못했다네. 한 번 머리를 감으면서 세 차례나 머리 잡은 채로 객을 맞이하자 후세에 성현聖賢이라 불리게 되었다네.〔君子防未然 不處嫌疑間 瓜田不納履 李下不正冠 嫂叔不親授 長幼不比肩 勞謙得其柄 和光甚獨難

옛 군자를 보니 지금의 군자와 다르지 않네. 視古猶視今(시고유시금)

화창한 봄날 봄나들이하며 즐기는 사람들을 보고 자신도 술 한 잔 마시고 시 한 수 읊으며, 좋은 계절이 쉽게 지나가듯이 인생의 성세盛世도 오래가지 못함을 슬퍼하고, 변함없이 군자답게 처신할 것을 다짐한 시이다.

평성平聲 침운侵韻으로 압운한 일운도저一韻到底의 시로, 운자는 심潯·음陰·심心·음音·음吟·침侵·금今이다.

周公下白屋 吐哺不及餐 一沐三握髮 後世稱聖賢〕"

2-23 공자公子의 연회〔公讌〕

조식曹植

공자께서 빈객을 아끼고 공경하여	公子愛敬客(공자애경객)
연회가 끝나도록 피곤한 줄을 모르시네.	終宴不知疲(종연부지피)
맑은 밤에 서쪽 동산에서 노니시니	清夜遊西園(청야유서원)[31]
화려한 수레를 몰며 뒤따르네.	飛蓋相追隨(비개상추수)
밝은 달 그림자도 맑은데	明月澄清影(명월징청영)
뭍 별들 바로 위에서 어지러이 빛나네.	列宿正參差(열수정참치)
가을 난초 긴 언덕에 퍼져있고	秋蘭被長坂(추란피장판)
붉은 연꽃 푸른 연못을 뒤덮었네.	朱華冒綠池(주화모록지)
물속의 고기들 맑은 물결 일으키며 뛰놀고	潛魚躍清波(잠어약청파)
아름다운 새들 높은 가지에서 지저귀네.	好鳥鳴高枝(호조명고지)
신묘한 바람 붉은 수레에 잇닿고	神飇接丹轂(신표접단곡)
가벼운 가마는 바람 타고 옮겨가네.	輕輦隨風移(경련수풍이)
나부끼는 바람처럼 뜻을 펼쳐내니	飄颻放志意(표요방지의)
오랜 세월 길이길이 이와 같았으면.	千秋長若斯(천추장약사)

작자의 형 조비曹丕가 아직 등위하지 않았을 때에 그가 베푼 연회에 참여하여 지은 시이다.

수많은 수종자隨從者들을 거느리고 화려한 잔치를 여는데, 성월星月이 빛

31 清夜遊西園 : 서원西園은 하남성河南省에 있던 원림으로, 조조曹操가 지은 것으로 전해진다.

나고 화초가 향기를 발산하며 새도 물고기도 즐긴다 하면서, 이를 통치자의 신묘한 교화教化에 비기고, 이런 태평성세泰平盛世가 천추千秋까지 지속되기를 기원하고 있다. 후대後代 관각체館閣體 시의 전범典範이 된 시이다.

평성平聲 지운支韻으로 압운한 일운도저一韻到底의 시로, 운자韻字는 피疲·수隨·치差·지池·지枝·이移·사斯이다.

2-24 홀로 술을 마시며〔獨酌〕[32]

이백李白

하늘이 만약 술을 소중하게 여기지 않았다면	천약불애주 天若不愛酒
하늘엔 주성酒星이 없었을 것이요,	주성부재천 酒星不在天[33]
땅이 만약 술을 소중하게 여기지 않았다면	지약불애주 地若不愛酒
땅엔 응당 주천酒泉이 없었으리라.	지응무주천 地應無酒泉[34]
하늘과 땅이 이미 술을 소중하게 여기니	천지기애주 天地旣愛酒
술을 좋아함은 하늘에 부끄러운 일이 아니네.	애주불괴천 愛酒不愧天
청주淸酒는 성인聖人에 비등하다는 말 이미 들었고	이문청비성 已聞淸比聖
탁주濁酒는 현인賢人과 같다고 또한 말하네.	부도탁여현 復道濁如賢[35]
성현聖賢이 될 수 있는 술 이미 마셨으니	현성기이음 賢聖旣已飮

---

32 獨酌 : 전술前述한 시제詩題 〈월하독작月下獨酌〉(2-13)의 제2수로 '월하月下'를 생략한 것이다.

33 酒星不在天 : 《진서晉書》〈천문지天文志〉에 "남방칠수南方七宿의 하나인 유성柳星 곁에 있는 세 별을 주기성酒旗星이라 하는데, 하늘에서 술을 주관하는 별이다." 하였다.

34 地應無酒泉 : 주천酒泉은 감숙성甘肅省 주천시酒泉市 동쪽에 있는 샘 이름이다. 주周나라 때에도 읍명邑名이 주천읍酒泉邑인 고을이 있었다.

35 已聞淸比聖 復道濁如賢 : 청주淸酒를 성인聖人, 탁주濁酒를 현인賢人이라 칭하는 것은 예부터 전해온 말이다. 《삼국지三國志》〈위지魏志 서막전徐邈傳〉에 "당시에 술을 금했는데, 서막徐邈이 몰래 마시고 몹시 취하였다. 조달趙達이 어인 일이냐고 물으니, '성인聖人과 어울려 놀았다.' 하였고, 조달이 이를 태조太祖(조조曹操)에게 아뢰니 태조가 몹시 화를 내었는데, 선우보鮮于輔가 앞으로 나와 말하기를 '평소에 취객들이 맑은 술을 성인聖人이라 하고 탁주를 현인賢人이라 합니다. 서막은 성품이 신중하므로 청주를 마시고 취했음을 우회적으로 말한 것일 뿐입니다.' 하여 마침내 형벌을 면했다." 한 고사故事를 인용한 것이다.

어찌 굳이 신선이 되기를 추구할 게 있으리오. 何必求神仙(하필구신선)
석 잔 술에 대도大道와 통하게 되고 三盃通大道(삼배통대도)
한 말 술에 자연自然과 하나가 되네. 一斗合自然(일두합자연)
다만 취중의 흥취만 얻으면 될 뿐이니 但得醉中趣(단득취중취)
이런 경지境地를 술 깨어있는 자들에겐 전하지 말라. 勿爲醒者傳(물위성자전)

호주가豪酒家인 이백李白이 하늘에는 주성酒星이 있고 땅에는 주천酒泉이 있다 하면서, 취향醉鄕에서 대도大道와 통하고 자연自然과 합일合一하는 오묘한 경지를 술이 깨어있는 자들에게는 설명해보았자 이해하지 못한다고, 술의 공덕功德을 찬양한 시이다.

평성平聲 선운先韻으로 압운한 일운도저一韻到底의 시로, 운자韻字는 천天·천泉·천天·현賢·선仙·연然·전傳이다.

취태백도醉太白圖

2-25 전원으로 돌아와서〔歸田園〕

도잠陶潛

동쪽 언덕에 곡식 새싹 심었는데　種苗在東皐(종묘재동고)
새싹이 자라 두둑 사이에 가득 찼네.　苗生滿阡陌(묘생만천맥)
비록 김매기에 피곤함은 있으나　雖有荷鋤倦(수유하서권)
막걸리를 즐기며 마음 내키는 대로 지낸다네.　濁酒聊自適(탁주요자적)
해 저물자 수레에 땔감을 묶어 싣고 돌아오는데　日暮巾柴車(일모건시거)
이미 저녁이 되어 길이 어두워졌네.　路暗光已夕(노암광이석)
밥 짓는 연기를 바라보며 돌아온 사람을　歸人望煙火(귀인망연화)
어린 자식들이 처마 밑에서 맞이하네.　稚子候簷隙(치자후첨극)
그대에게 묻노니 또한 무엇 하고 지내려 하는가?　問君亦何爲(문군역하위)
평생 동안 마땅히 할 일이 있다오.　百年會有役(백년회유역)
다만 바라는 것은 뽕과 삼이 잘 자라고　但願桑麻成(단원상마성)
누에 치는 달에 길쌈할 수 있게 되는 것뿐이네.　蠶月得紡績(잠월득방적)
평소에 품고 있는 생각이 바로 이와 같으므로　素心正如此(소심정여차)
길 열어놓고 삼익우三益友 찾아오길 바랄 뿐이네.　開逕望三益(개경망삼익)[36]

전반前半 8구에서는 전원생활의 평온함과 즐거움을 말하고, 후반 6구에서는 농상農桑의 본무本務에 힘쓰며 선행善行을 닦아 뜻을 같이할 삼익우三益友가 찾아오기를 바라는 것으로 종결하였다. 즉 농상에 종사하면서도 자신을

36 開逕望三益 : 삼익三益은 《논어論語》 〈계씨季氏〉에 "이롭게 하는 벗이 세 종류요 손해를 끼치는 벗이 세 종류이다. 벗이 곧고 벗이 진실하며 벗이 학식이 풍부하면 이롭다.〔益者三友 損者三友 友直 友諒 友多聞 益矣〕" 한 것을 이른다.

갈고 닦는 수양을 멈추지 않겠다는 의지를 밝힌 것이다.

입성入聲 맥운陌韻으로 압운한 일운도저一韻到底의 시로, 운자韻字는 맥陌·적適·석夕·극隙·역役·적績·익益이다.

2-26 도연명의 〈의고擬古〉 시에 화운하다〔和陶淵明擬古〕

소식蘇軾

어떤 손님이 내 집 문을 두드리고 　有客扣我門(유객고아문)
문 앞 버드나무에 말을 매놓았네. 　繫馬門前柳(계마문전류)
정원에 인적이 없어서 새들만 지저귀므로 　庭空鳥雀噪(정공조작조)
문 닫아놓아서 손님이 오랫동안 서있었네. 　門閉客立久(문폐객립구)
주인은 책을 베고 누워 잠들었다가 　主人枕書臥(주인침서와)
나의 평소에 친한 벗을 꿈에서 만났네. 　夢我平生友(몽아평생우)
갑자기 문을 두드리는 소리 들려와 　忽聞剝啄聲(홀문박탁성)
깜짝 놀라 일어나다가 한 잔 술을 엎질러버렸네. 　驚散一盃酒(경산일배주)
바지 거꾸로 입고 일어나 달려나가 객에게 사과하며 　倒裳起謝客(도상기사객)
꿈에서나 깨어서나 두 객에게 결례한 것 부끄럽네. 　夢覺兩愧負(몽교양괴부)
앉아서 고금의 일 뒤섞어 대화를 나누며 　坐談雜今古(좌담잡금고)
대답을 않아도 안색은 더욱 순후하였네. 　不答顔愈厚(부답안유후)
나에게 〈꿈에서〉 어디에 있다가 왔느냐 묻기에 　問我何處來(문아하처래)
내가 무하유지향無何有之鄉에 있다가 왔다 하였네. 　我來無何有(아래무하유)[37]

제목 그대로 《도정절집陶靖節集》 권4에 수록된 〈의고擬古〉 9수 가운데 첫째 수의 시운詩韻을 그대로 압운押韻하여 지은 차운시次韻詩이다.

안한安閒한 생활을 하면서 꿈에 찾아온 객과 생시에 찾아온 객을 동일시하

---

37 我來無何有 : 무하유無何有는 《장자莊子》 〈소요유逍遙遊〉에 수록된 '무하유지향無何有之鄉'의 준말로, 속세俗世의 어디에도 있지 않은 세속의 번잡함이 없는 허무자연虛無自然의 낙원 곧 이상향理想鄕을 말한다.

고, 객과 서로 전혀 부담이 없는 잡담을 나누면서 꿈에서도 무하유향無何有鄕에 있다가 왔으니, 깨어서도 허무자연虛無自然의 경지를 누리며 살겠다 하여, 소동파蘇東坡 자신이 도가적道家的 정신세계에서 노닐고 있음을 밝힌 시이다. 그가 유儒·불佛·도道 삼교三敎의 세계에 거리낌 없이 자유로이 왕래했던 정신세계의 일단一端이 드러난 시이다.

처음부터 끝까지 상성上聲 유운有韻으로 압운한 일운도저一韻到底의 시로, 운자韻字는 류柳·구久·우友·주酒·부負·후厚·유有이다.

2-27 자식들을 꾸짖다〔責子〕

도잠陶潛

양쪽 살쩍은 백발로 덮였고	백발피양빈 白髮被兩鬢
피부도 더는 실實하지 못하네.	기부불부실 肌膚不復實
비록 다섯 아들이 있기는 하나	수유오남아 雖有五男兒
모두가 종이와 붓을 좋아하지 않네.	총불호지필 總不好紙筆
서舒란 놈은 이미 열여섯이 되었지만	아서이이팔 阿舒已二八
본디 게으르기 짝이 없고,	나타고무필 懶惰故無匹
선宣이란 놈은 나이 열다섯이 되었으나	아선행지학 阿宣行志學[38]
학문 배우기를 좋아하지 않으며,	이불애문술 而不愛文術
옹雍과 단端은 열세 살이 되었으나	옹단연십삼 雍端年十三
여섯인지 일곱인지도 알지 못하고,	불식육여칠 不識六與七
통通이란 놈은 아홉 살에 들었지만	통자수구령 通子垂九齡
배와 밤만 찾아다닐 뿐이네.	단멱이여율 但覓梨與栗
천운天運이 진실로 이와 같으니	천운구여차 天運苟如此
또한 술이나 가까이할 수밖에.	차진배중물 且進盃中物

귀밑머리가 하얗게 세고 피부는 주름졌는데 노후를 의탁해야 할 다섯 자식들이 제구실을 하지 못함을 탄식하면서, 어버이로서의 실망감을 술로밖에 풀 수 없음을 드러낸 시이다.

입성入聲 질운質韻으로 압운한 일운도저一韻到底의 시로, 운자韻字는 실實·

---

38 阿宣行志學 : 행行은 행년行年의 뜻이고, 지학志學은 15세를 가리킨다.

필筆·필匹·술術·칠七·률栗·물物이다.

도연명시의도陶淵明詩意圖

2-28 농가〔田家〕

유종원柳宗元

옛 길엔 질려가 무성히 자라서	고도요질려 古道饒蒺藜
오래된 성 모퉁이에 에워싸듯 얽혀있네.	영회고성곡 縈廻古城曲
여뀌꽃은 제방을 뒤덮었고	요화피제안 蓼花被隄岸
방죽 물은 싸늘하게 더욱 푸르네.	피수한갱록 陂水寒更綠
이제는 추수도 이미 마쳤고	시시수확경 是時收穫竟
해 저물자 나무꾼도 목동도 모두 돌아오네.	낙일다초목 落日多樵牧
느릅나무와 버드나무 앙상해진 위로 높새바람 불고	풍고유류소 風高楡柳疎
무서리 맞으며 배와 대추가 익어가네.	상중이조숙 霜重梨棗熟
행인은 다니던 소로를 찾지 못하는데	행인미거경 行人迷去徑
들새들은 잠잘 둥지로 다투어 날아가네.	야조경서숙 野鳥競棲宿
늙은 농부들 서로 염려하고 웃으면서	전옹소상념 田翁笑相念
어두워졌으니 언덕길 조심해 가라 하네.	혼흑신원륙 昏黑愼原陸
금년에 다행히 약간 풍년이 들었으니	금년행소풍 今年幸少豐
묽은 죽이나 된 죽은 실컷 먹을 수 있겠네.	무오전여죽 無惡饘與粥

도연명陶淵明의 〈귀전원歸田園〉 시를 효방效倣하여 지은 시이다. 한적하고 소박한 농촌의 풍경을 읊으면서 시골 늙은이들이 서로를 염려해주고 죽粥이나마 굶지 않고 먹고 지냄을 다행으로 여기는 무욕無慾의 경지境地를 드러낸 시이다.

입성入聲 옥운沃韻과 옥운屋韻을 통압通押한 통운시通韻詩로, 운자韻字는 곡曲·록綠·목牧·숙熟·숙宿·륙陸·죽粥이다.

권3

오언고풍장편五言古風長篇

3-1 중서성에서 숙직을 하며〔直中書省〕[1]

사영운謝靈運

화려한 궁전 근엄하며 깊숙하고	자 전 숙 음 음 紫殿肅陰陰
궁궐의 뜰은 드넓게 트여있네.	동 정 혁 홍 창 彤庭赫弘敞
바람이 만년지를 흔들어대고	풍 동 만 년 지 風動萬年枝[2]
태양이 승로장을 밝게 비추네.	일 화 승 로 장 日華承露掌[3]
찬란한 창은 동전銅錢 문양 수놓은 비단으로 장식했고	영 롱 결 기 전 玲瓏結綺錢
채색 짙은 단청에는 붉은 망사가 어른거리네.	심 침 앙 주 망 深沈映朱網
붉은 작약은 뜰에서 하늘거리고	홍 약 당 계 번 紅藥當階翻
푸른 이끼는 섬돌 따라 올라오네.	창 태 의 체 상 蒼苔依砌上
이러한 봉황지鳳凰池(중서성中書省)에	자 언 상 봉 지 玆言翔鳳池
울리는 패옥소리 맑게 널리 퍼지네.	명 패 다 청 향 鳴珮多淸響
참으로 아름답기는 하나 내가 머물 집은 아니어서	신 미 비 오 실 信美非吾室

---

1 直中書省 : 사영운謝靈運은 중서성中書省에 근무한 일이 없으므로 이 시를 사조謝朓의 작으로 보기도 한다.

2 風動萬年枝 : 만년지萬年枝는 일명一名 당광나무 또는 감탕나무 또는 동청수冬青樹라고도 하는 상록수常綠樹로, 매우 오래 사는 나무이다.

3 日華承露掌 : 승로장承露掌은 한漢 무제武帝 때에 건장궁建章宮에 설치했던 신선神仙의 손바닥 모양으로 만들어 새벽에 내리는 이슬을 받았던 쟁반이다. 여기에 고인 감로甘露를 마시어 수명의 연장을 기도하였다.

고향의 전원에서 한가히 노닐기를 생각하네.	중원사언앙 中園思偃仰
벗을 그리워하는 정이 마음에 맺혀 궁금한데	붕정이울도 朋情以鬱陶
봄날의 풍물風物은 한창 널리 펼쳐져 있겠지.	춘물방태탕 春物方駘蕩
어찌하면 바람을 날개 삼아 자유로이 노닐며	안득능풍한 安得凌風翰
산림천석山林泉石을 마음껏 완상할 수 있으려나.	요자산천상 聊恣山泉賞

제목에서 밝힌 그대로 중서성中書省에서 숙직하며 지은 시이다. 전반부(1~10구)에서는 궁중宮中에 있는 중서성 및 그 주변의 화려함과 이곳에서 근무하는 고관들의 모습을 그리고, 후반부(11~말구)에서는 이곳이 자신의 취향에는 맞지 않아 고향 전원으로 돌아가 마음에 맞는 벗들과 산림천석山林泉石을 즐기고 싶다 하여, 이쪽에 있으면 저쪽이 좋아보이고 저쪽에 있으면 이쪽이 좋아보이는 양안감정兩岸感情을 드러낸 시이다.

상성上聲 양운養韻으로 압운한 일운도저一韻到底의 시로, 운자韻字는 창敞·장掌·망網·상上·향響·앙仰·탕蕩·상賞이다.

3-2 고시〔古詩〕

무명씨無名氏

이리저리 떠돌고 거듭 정처 없이 헤매니　行行重行行(행행중행행)
그대와 생이별을 하게 되었네.　與君生別離(여군생별리)
서로 만여 리나 떨어져서　相去萬餘里(상거만여리)
각기 하늘 한 끝에 있게 되었네.　各在天一涯(각재천일애)
길이 험하면서 또한 머니　道路阻且長(도로조차장)
만나서 얼굴 마주하기를 어찌 기약할 수 있으리오.　會面安可期(회면안가기)
북녘 오랑캐 땅에서 온 말은 북풍을 좋아하고　胡馬依北風(호마의북풍)
남녘 월 땅에서 온 새는 남쪽 가지에 둥지 튼다네.　越鳥巢南枝(월조소남지)
서로 떨어져있는 날이 이미 오래되자　相去日已遠(상거일이원)
허리띠는 날마다 헐렁해지네.　衣帶日已緩(의대일이완)
뜬구름이 밝은 태양을 가려서　浮雲蔽白日(부운폐백일)
떠도는 나그네 다시 돌아가지 못하네.　遊子不復返(유자불부반)
간절한 님 생각이 사람을 늙게 하고　思君令人老(사군영인로)
세월은 어느덧 저물어가네.　歲月忽已晚(세월홀이만)
버림받았음을 더는 말하지 말고　棄捐勿復道(기연물부도)
식사 많이 드시도록 힘쓰시라.　努力加餐飯(노력가찬반)

《문선文選》에 무제無題의 오언고시五言古詩를 모아놓은 〈고시십구수古詩十九首〉 중 첫째 수이다. 매승枚乘의 작으로 보기도 하나 이는 믿을 수가 없고, 이 〈고시십구수〉를 문학사상文學史上 오언시五言詩의 효시嚆矢로 보기도 한다.

여인이 멀리 떠난 님을 그리워하는 형식을 빌려서, 정도正道를 지키다 간신奸臣의 모함으로 쫓겨나 버림받은 충신忠臣을 노래한 시이다.

전반부前半部는 평성平聲 지운목支韻目에 속하는 리離·애涯·기期·지枝 등의 운자韻字로 압운하였고, 후반부는 상성上聲 완운목阮韻目에 속하는 완緩·반返·만晩·반飯 등의 운자로 압운한 전운시轉韻詩이다.

3-3 고시에 맞추어 짓다〔擬古〕

도잠陶潛

동방에 한 선비 있는데	東方有一士(동방유일사)
입고 있는 옷이 언제나 누더기이네.	被服常不完(피복상불완)
한 달에 밥은 겨우 아홉 번쯤 먹고	三旬九遇食[4](삼순구우식)
모자 하나를 십 년 동안 쓰고 지내네.	十年著一冠(십년착일관)
고생스러움 이와 비길 사람이 없는데도	辛苦無此比(신고무차비)
언제나 좋은 낯빛을 띠고 있네.	常有好容顔(상유호용안)
나는 그분을 보고싶어서	我欲觀其人(아욕관기인)
새벽에 떠나 하수河水의 나루를 건넜네.	晨去越河關(신거월하관)
푸른 솔이 길 양쪽에서 자라고	靑松夾路生(청송협로생)
흰 구름이 처마 끝에 머무네.	白雲宿簷端(백운숙첨단)
내가 일부러 찾아온 뜻을 알고는	知我故來意(지아고래의)
거문고 가져와 나를 위해 튕기네.	取琴爲我彈(취금위아탄)
상현上絃이 내는 소리로는 별학조別鶴操를 타고	上絃驚別鶴[5](상현경별학)

4 三旬九遇食 : 매끼 식사를 못할 정도로 가난함을 말한다. 유향劉向의 《설원說苑》 〈입절立節〉에 "자사子思가 위衛나라에 살 때에 따뜻한 옷을 입지 못하고 한 달에 겨우 아홉 번 식사할 뿐이었다.〔子思居於衛 縕袍無裏 三旬而九食〕" 하였다.

5 上絃驚別鶴 : 별학別鶴은 상商의 목릉자牧陵子가 지었다고 전해지는 악부樂府 금곡琴曲의 하나인 〈별학조別鶴操〉를 말한다. 목릉자가 아내를 맞은 지 5년이 되도록 자식을 낳지 못하자 그의 부형父兄이 새 여인을 얻어주려 하였다. 아내가 이를 듣고 한밤에 일어나 문에 기대어 슬피 우니 목릉자가 이를 듣고 매우 슬퍼서 거문고를 당겨 튕기며 노래한 것이 이 곡이라 한다.

하현下絃이 내는 소리로는 고란조孤鸞操를 타네.　하현조고란 下絃操孤鸞[6]

원하건대 그대 따라 여기에 머물며　원류취군주 願留就君住

이제부터 노년에 이르렀으면.　종금지세한 從今至歲寒[7]

도연명시의도
陶淵明詩意圖

6　下絃操孤鸞 : 고란孤鸞은 짝을 잃은 숫 난鸞새가 거울을 보게 되면 거울 속의 모습을 자기의 짝인 암 난새로 여기고 슬피 울며 춤을 추는데, 이를 노래한 악부樂府 금곡琴曲이 〈고란孤鸞〉이다.

7　從今至歲寒 : 도연명陶淵明의 지취志趣가 그와 부합하므로, 세파世波에 영향을 받지 않고 불변하는 친교를 노후에까지 지속하고 싶은 뜻을 말한 것이다.

세속을 벗어나 지조를 지키며 고매高邁하게 살고 있는 은자를 찾아가, 세파世波에 영향을 받지 않고 그와 변함없는 친교를 누리며 함께 살고 싶은 뜻을 읊은 시이다.

산섭山攝(한寒·산刪·선先)에 속한 평성平聲 한운寒韻과 산운刪韻의 운자韻字를 통압通押한 통운시通韻詩로, 압운자押韻字들인 완完·관冠·단端·탄彈·란鸞·한寒은 한운목寒韻目에 속한 자들이고, 안顔·관關은 산운목刪韻目에 속한 자들이다.

3-4 《산해경》을 읽고〔讀山海經〕[8]

도잠陶潛

첫 여름이 되니 초목이 자라나서	맹 하 초 목 장 孟夏草木長
집을 에워싼 숲도 무성하게 우거졌네.	요 옥 수 부 소 繞屋樹扶疏
뭇 새들도 의탁할 곳이 있음을 기뻐하고	중 조 흔 유 탁 衆鳥欣有托
나 또한 내 초가집을 좋아하네.	오 역 애 오 려 吾亦愛吾廬
밭 갈고 씨 뿌리기도 이미 끝났기에	기 경 역 이 종 旣耕亦已種
때때로 돌아와 내 책을 읽네.	시 환 독 아 서 時還讀我書
궁벽한 시골 골목이라 큰 거리와 떨어져 있어	궁 항 격 심 철 窮巷隔深轍
친구가 타고 온 수레 언제나 되돌려 보내네.	파 회 고 인 거 頗回故人車
즐겁게 봄에 빚은 술을 따라 마시고	흔 연 작 춘 주 欣然酌春酒
내 채소밭의 채소 뜯어 안주로 삼네.	적 아 원 중 소 摘我園中蔬
보슬비가 동쪽으로부터 오고	미 우 종 동 래 微雨從東來
따뜻한 바람도 함께 불어오네.	호 풍 여 지 구 好風與之俱
주왕전周王傳을 두루 열람하고	범 람 주 왕 전 汎覽周王傳[9]
《산해경山海經》 속의 그림도 두루 훑어보네.	유 관 산 해 도 流觀山海圖[10]

---

8 山海經 : 저자 미상의 중국 고대 지리서이다. 전국시대戰國時代에 간행된 듯하고 민간에 전해오는 전설傳說 가운데 지리에 관한 것을 모아 수록했는데, 매우 기이하고 신묘하고 황당한 기록들이 많다.

9 汎覽周王傳 : 주왕전周王傳은 주周나라 목왕穆王의 전기傳記를 말한다. 서쪽의 견융犬戎과 동쪽의 서융徐戎을 정벌하고, 팔준마八駿馬를 타고 사방을 순수하다가 여신선女神仙인 서왕모西王母를 만나 요지瑤池 가에서 함께 잔치를 벌였다는 신비神秘한 이야기가 전해오는 왕이다.

10 流觀山海圖 : 산해도山海圖는 《산해경山海經》 속의 그림이다. 장승요張僧繇가 그린

잠깐 사이에 우주를 끝까지 살펴보았으니　俛仰終宇宙(면앙종우주)
이를 즐기지 않고 다시 무엇을 하리오.　不樂復何如(불락부하여)

《산해경山海經》을 읽고 아울러 그 책에 첨부된 그림을 보고, 초하初夏의 계절을 즐기면서, 여신선女神仙 서왕모西王母와 주周나라 목천자穆天子의 고사故事를 생각하고, 상상 속에서 그러한 현묘玄妙의 경지를 즐긴 시이다. 시가 전혀 부착흔斧鑿痕이 없이 자연스럽게 유로流露되어 신묘神妙를 극極한 경지에 이르렀다.

평성平聲 어운魚韻과 우운虞韻을 통압通押한 통운시通韻詩이나, 도연명陶淵明이 활약한 육조시대六朝時代에는 아직 모두가 의무적으로 준수할 운서韻書가 나오기 전이고, 어운魚韻과 우운虞韻은 운목표상韻目表上 인접해있고 유사한 운이므로, 당시의 기준으로는 일운도저一韻到底의 시로도 볼 수 있다. 운자韻字는 소疏·려廬·서書·거車·소蔬·구俱·도圖·여如이다.

산해도山海圖도 있다 하나 장승요는 도연명陶淵明보다 후세의 인물이므로 그의 그림이 이 시에서 말한 산해도는 아니라고 본다.

3-5 이백을 꿈에 보고 2수〔夢李白 二首〕

두보杜甫

죽어서 이별하면 목메어 흐느끼고 그치지만	死別已呑聲(사별이탄성)
살아서 이별하면 늘 슬프고 슬프다네.	生別常惻惻(생별상측측)
강남은 풍토병이 있는 땅인데	江南瘴癘地(강남장려지)
귀양 간 나그네는 소식이 없네.	逐客無消息(축객무소식)
오랜 연고가 있는 분이 내 꿈속에 들어왔으니	故人入我夢(고인입아몽)
내가 오랫동안 그리워함을 분명히 아셔서이네.	明我長相憶(명아장상억)
아마도 평상시의 넋은 아닌 듯도 하나	恐非平生魂(공비평생혼)
먼 길 밖에 계시므로 헤아릴 수가 없네.	路遠不可測(노원불가측)
넋이 와서 그곳엔 단풍 숲이 푸르다 했는데	魂來楓林青(혼래풍림청)
넋이 돌아갈 때는 이곳 관산關山이 깜깜하네.	魂返關塞黑(혼반관새흑)
이제 그대는 법망에 걸려있는데	今君在羅網(금군재라망)
어떻게 날개가 달려 내 꿈속으로 들어오셨는가.	何以有羽翼(하이유우익)
지는 달이 들보를 가득 비추니	落月滿屋梁(낙월만옥량)
오히려 그대의 안색 보는 듯하네.	猶疑見顏色(유의견안색)
돌아가시는 곳의 물이 깊고 물결이 거칠 것이니	水深波浪闊(수심파랑활)
교룡에게 잡혀 먹히는 일이 없도록 조심하시라.	無使蛟龍得(무사교룡득)

이백李白이 안사安史의 난시亂時에 영왕永王 이린李璘이 모집한 반적叛賊 토벌군討伐軍에 참여했다가, 장안長安 수복 후 역적으로 몰려 야랑夜郎으로 유배되었고, 당시 두보杜甫는 진주秦州에서 실의失意한 채로 빈궁貧窮하게 지낼 때에 지은 시이다.

제1단 4구에는 이백이 야랑으로 유방流放된 일을 서술하고, 제2단 8구에는 꿈속에서 서로 만나기는 하였으나 혹시 이백이 옥중獄中에서 사망하지나 않았을까 두려워하는 마음을 드러내고, 말단末段 4구에는 꿈에서 깨어났을 때의 경상景象을 말하면서, 말末 2구에 돌아갈 강남江南의 뱃길이 험난한데 제발 무사히 돌아갔으면 하는 지극히 진지眞摯한 정을 드러내는 것으로 종결하였다.

시 속의 이백을 사망한 혼魂으로 보았다 살아있는 사람으로 보았다 함이 뒤섞여 있고, 꿈속과 깨어있을 때의 상황도 뒤섞여 있어서, 모두 흐릿하고 뚜렷하지 않도록 표현한 속에, 그를 그리는 친정親情과 근심하는 뜻이 지극하고 간절하게 드러나 있다.

입성入聲 직운職韻으로 압운한 일운도저一韻到底의 시로, 운자韻字는 측惻·식息·억憶·측測·흑黑·익翼·색色·득得이다.

3-6 다시 짓다〔又〕

두보杜甫

뜬구름이 종일토록 떠다니나	부운종일행 浮雲終日行
멀리 떠난 그대 오래도록 돌아오지 못하시네.	유자구부지 遊子久不至
사흘 밤을 연이어 그대 꿈을 꾸었으니	삼야빈몽군 三夜頻夢君
나를 가깝게 여기는 그대의 마음을 알겠네.	정친견군의 情親見君意
돌아가겠다고 말할 때엔 늘 위축되어서	고귀상국촉 告歸常局促
괴롭게 말하기를 "오기가 쉽지 않으니	고도내불이 苦道來不易
강호엔 풍파가 많아서	강호다풍파 江湖多風波
배가 실수로 침몰될까 두렵다." 하시네.	주집공실추 舟楫恐失墜
문을 나설 때에 흰 머리 긁적이며	출문소백수 出門搔白首
평생의 원대한 뜻 상실한 듯하셨네.	약부평생지 若負平生志
고관대작들 서울에 가득한데	관개만경화 冠蓋滿京華
이분만이 홀로 초췌하게 지내시네.	사인독초췌 斯人獨顦顇
누가 말했는가, 하늘의 그물 너르다고	숙운망회회 孰云網恢恢
늙어가며 몸이 도리어 모함에 걸려드셨네.	장로신반루 將老身反累
천추만세千秋萬歲에 전해질 명성名聲은	천추만세명 千秋萬歲名
쓸쓸하게 죽은 후의 일일 뿐이네.	적막신후사 寂寞身後事

제1단 4구에서는 당시의 세태世態와 둘 사이의 우정을 말하였다. 특히 수양구首兩句는 〈고시古詩〉에서 "뜬구름이 밝은 태양을 가리고 있어서, 떠도는 나그네 다시는 돌아가지 못하네.〔浮雲蔽白日 遊子不復返〕" 한 시구를 환골탈태換骨奪胎한 것으로, 군주의 총명이 소인배들에게 가려져서 군자가 조정에 참여

하지 못하고 귀양살이로 떠돎을 말한 것이다.

제2단 6구에서는 꿈에서 만났다가 돌아갈 때에 이백李白이 한 말과 정경情景을 표현하여 이백에 대한 연민憐愍의 정을 드러내었다.

제3단 6구에서는 이백이 처한 곤고困苦를 마음 아파하며 현인賢人을 내치는 현실을 비판하면서, 《노자老子》에서 "하늘의 그물 넓고 넓으나 성글어도 새지 않는다.〔天網恢恢 疏而不漏〕"라 하였지만 그 천도天道도 믿지 못하겠다 하고, 말양구末兩句에서 "천추만세명千秋萬歲名 적막신후사寂寞身後事"라 하여 죽은 후 천추만세에 명성을 떨친들 이것이 무슨 소용이 있는가 하며 처절悽絶하게 절규絶叫하고 있는데, 이 말은 자신의 처지도 이백과 동일함을 아울러 드러낸 것이다.

거성去聲 치운寘韻으로 압운한 일운도저一韻到底의 시로, 운자韻字는 지至·의意·이易·추墜·지志·췌顇·루累·사事이다.

3-7 동파께 보내드리다〔贈東坡〕

황정견黃庭堅

강매江梅에 아름다운 열매 달렸는데	강매유가실 江梅有佳實[11]
복숭아와 오얏이 있는 곳에 뿌리를 의탁하였네.	탁근도리장 託根桃李場
복숭아와 오얏이 끝내 천거하지 않았으나	도리종불언 桃李終不言
아침 이슬이 은혜로운 광채를 빌려주었네.	조로차은광 朝露借恩光[12]
홀로 향기 발하니 희고 깨끗함을 시기猜忌당하게 되었지만	고방기교결 孤芳忌皎潔
빙설氷雪같이 깨끗함이 스스로 향기를 발하네.	빙설공자향 氷雪空自香
옛날 이래로 솥 속의 음식 맛을 조화시켰으므로	고래화정실 古來和鼎實[13]
이 물건이 종묘의 제사에 오를 수 있었네.	차물승묘랑 此物升廟廊
세월이 마침내 저물어가니	세월좌성만 歲月坐成晩
안개와 비를 맞고 푸른 열매가 누렇게 익었네.	연우청이황 煙雨靑已黃
복숭아와 오얏 담던 쟁반에 오르게 되어	득승도리반 得升桃李盤
처음엔 멀리서 온 것이라고 맛을 보다가,	이원초견상 以遠初見嘗

---

11 江梅有佳實 : 강매江梅는 야생매野生梅로 꽃이 작고 향기로우며 열매도 작으나 단단하여, 매화梅花와 매실梅實 가운데 최상품으로 친다. 소동파蘇東坡를 바로 그 강매江梅에 비유한 것이다.

12 桃李終不言 朝露借恩光 : 이 두 구는 동파東坡가 당시 소인배들의 미움을 받았으나 군주가 그를 알아보았음을 말한 것이다.

13 古來和鼎實 : 《서경書經》〈열명說命 하下〉에, 은왕殷王 무정武丁이 부열傅說을 재상으로 임명하면서 "만약 국의 맛을 조화시키게 되면 그대가 소금과 매실이 되어라.〔若作和羹 爾爲鹽梅〕" 하였다. 이에 염매鹽梅가 국가를 경영할 때에 여러 의견을 잘 조화시켜 화합하게 하는 어진 재상을 뜻하게 되었다.

끝내 입맛에 맞지 않는다 하여	終然不可口 (종연불가구)
큰 길 가에 팽개쳐졌네.	擲置官道傍 (척치관도방)
오직 근본이 되는 뿌리만 남아있을 수 있다면	但使本根在 (단사본근생)
버려진들 마음 아파할 것이 무엇이 있겠는가.	棄捐果何傷 (기연과하상)

소동파蘇東坡가 왕안석王安石의 신법新法에 반대하다가 곤고困苦를 겪게 되자 그를 위로하고자 지은 시이다. 묘당廟堂에서 중직重職을 맡아야 할 동파東坡가 쫓겨난 것을 강매江梅가 도리桃李에 배척당함에 비유하면서, 본근本根(도심道心)만 그대로 지니고 있다면 아무리 버림을 받아도 마음을 상할 것이 없다고 위로한 시이다.

평성平聲 양운陽韻으로 압운한 일운도저一韻到底의 시로, 운자韻字는 장場·광光·향香·랑廊·황黃·상嘗·방傍·상傷이다.

3-8 다시 지어 보내드리다〔又〕

황정견黃庭堅

청송青松이 골짜기에 높이 솟구쳐 있으니	青松出澗壑(청송출간학)
십 리 밖에서도 바람 소리가 들려오네.	十里聞風聲(십리문풍성)
백 척 되는 나무 꼭대기엔 토사絲가 붙어 살고	上有百尺絲(상유백척사)
지하의 뿌리에는 천 년 묵은 복령茯苓이 있네.	下有千歲苓(하유천세령)[14]
자연스런 천성 지켜 오래도록 변치 않아	自性得久要(자성득구요)
사람들 위해 노쇠한 수명을 연장해주네.	爲人制頹齡(위인제퇴령)
작은 풀이지만 원대한 뜻 지녀서	小草有遠志(소초유원지)
청송에만 의지하며 평생을 함께 지내네.	相依在平生(상의재평생)[15]
의화醫和 같은 명의는 속인俗人들과 어울릴 수 없듯이	醫和不竝世(의화불병세)[16]
뿌리를 깊게 박거나 꼭지를 단단히 하고 때를 기다린다네.	深根且固蔕(심근차고체)
사람들 말하기를 병든 나라도 치료할 수 있다 하였으니	人言可醫國(인언가의국)
어찌 원대한 계책을 서둘러 쓰려 할 것이 있으리오.	何用大早計(하용대조계)
작고 큼이 재질材質은 서로 다르나	小大材則殊(소대재즉수)
기상氣象과 취향趣向은 본시 서로 같답니다.	氣味固相似(기미고상사)

---

14 上有百尺絲 下有千歲苓 : 양구兩句의 말자末字 사絲와 령苓 가운데 사絲는 토사兎絲를 령苓은 복령茯苓을 말한다. 모두 약재로 쓰인다.

15 自性得久要……相依在平生 : 이 4구 가운데 상 2구는 복령茯苓의 약효를, 하 2구는 토사兎絲가 아무 나무에나 붙어 살지 않고 오직 소나무에만 의지해 삶을 말한 것이다.

16 醫和不竝世 : 의화醫和는 춘추시대春秋時代 진晉 평공平公을 치료하기 위하여 진秦에서 파견했던 명의名醫로, 뒤에 명의를 의화라 칭하게 되었다.

소동파蘇東坡를 간학澗壑에 높이 솟아있는 청송青松에 비유하고, 그 바람 소리를 멀리서도 들을 수 있듯이, 동파東坡를 낮은 지위에 팽개쳐두어도 그의 명성을 가릴 수가 없음을 밝혔다. 그런 소나무 밑에서만 나는 천 년 묵은 복령茯苓으로 동파 문하門下의 어진 선비들을 비유하고, 그런 소나무의 백척尺 높이에 붙어 사는 토사兎絲를 필자 자신에 비유한 시이다.

한편 의화가 명의로 환자를 잘 치료했듯이, 동파도 나라의 병을 치유할 뛰어난 경륜經綸을 지녔지만, 이렇게 곤고困苦를 겪는 것은 자신이 깨달은 도道를 지키며 때를 기다리는 것이라 하면서, 자신도 기상氣象과 취향趣向이 동파와 같음을 말한 시이다.

전반 4개 연聯은 평성平聲 경운목庚韻目의 성聲·생生과 청운목青韻目의 령苓·령齡을 통압通押하고, 후반 3개 연은 거성去聲 제운목霽韻目의 세世·체蔕·계計와 상성上聲 지운목紙韻目의 사似를 통압한 전운시轉韻詩이다.

3-9 효성스러운 까마귀가 밤에 울다〔慈烏夜啼〕

백거이白居易

효성스러운 까마귀가 그 어미를 잃고	자 오 실 기 모 慈烏失其母
까악 까악 슬픈 소리로 울고 있네.	아 아 토 애 음 啞啞吐哀音
밤이나 낮이나 날아가지 않고	주 야 불 비 거 晝夜不飛去
일 년이 지나도록 옛 숲을 지키네.	경 년 수 고 림 經年守故林
밤마다 밤마다 한밤에 울어대니	야 야 야 반 제 夜夜夜半啼
듣는 사람들이 눈물로 옷깃을 적시네.	문 자 위 첨 금 聞者爲沾襟
울음소리 속에 마치	성 중 여 고 소 聲中如告訴
되먹이기를 다하지 못한 마음 호소하는 듯하네.	미 진 반 포 심 未盡反哺心
모든 새들이 어찌 어미가 없을까마는	백 조 기 무 모 百鳥豈無母
너만이 유독 서러운 한恨이 깊구나.	이 독 애 원 심 爾獨哀怨深
이는 응당 어미의 사랑을 깊이 받아서	응 시 모 자 중 應是母慈重
네가 슬픔을 감내하지 못하게 하는 것이리라.	사 이 비 불 임 使爾悲不任
옛날 오기吳起라는 자가 있었는데	석 유 오 기 자 昔有吳起者[17]
모친이 사망했지만 상례에 달려가지 않았다 하네.	모 몰 상 불 림 母歿喪不臨
슬프도다! 이와 같은 무리는	애 재 약 차 배 哀哉若此輩

17 昔有吳起者 : 오기吳起는 춘추시대春秋時代 위衛나라 사람으로 용병用兵에 능하였고 《오자병법吳子兵法》을 지었다고 전해지며, 노魯와 위魏와 초楚에서 전공戰功을 세웠던 인물이다. 위衛를 떠날 때에 "경상卿相에 오르지 않으면 다시는 위에 돌아오지 않겠다." 하고 노魯나라로 들어가 증삼曾參의 제자가 되었을 때에 모친이 사망했으나, 돌아가 상주喪主 노릇을 하지 않았다. 이 시에서는 이를 지적하며 부모를 섬기는 마음이 까마귀만도 못하다고 비판하였다.

그 마음이 새만도 못하도다!	기심불여금 其心不如禽
효성스런 까마귀여, 저 효성스런 까마귀여	자오피자오 慈烏彼慈烏
새들 가운데 증삼曾參 같은 효자로다.	조중지증삼 鳥中之曾參[18]

이 시는 필자가 모상중母喪中에 지은 것이라 한다. 효조孝鳥인 까마귀에 가탁假託하여 서거逝去한 모친을 그리워하고, 효심이 까마귀만도 못한 사람도 있음을 개탄慨嘆한 시이다.

평성平聲 침운侵韻으로 압운한 일운도저一韻到底의 시로, 운자韻字는 음音·림林·금襟·심心·심深·임任·림臨·금禽·삼參이다.

18 鳥中之曾參 : 증삼曾參은 공자孔子의 수제자首弟子로 효성이 지극했고, 공자의 학통學統을 계승하였으며, 《대학大學》과 《효경孝經》을 지었다고 전해진다.

3-10 농가〔田家〕

유종원柳宗元

울타리 사이로 연기와 불빛이 보이는 것은 — 이락격연화 籬落隔煙火

저녁에 사방 이웃들이 모여 농사 이야기하는 것이네. — 농담사린석 農談四隣夕

뜰 가에선 가을 귀뚜라미가 울고 — 정제추공명 庭際秋蛩鳴

성긴 삼대가 쓸쓸해 보이네. — 소마방적력 疎麻方寂歷

누에 길러 뽑은 명주실을 모두 세금으로 바쳤으므로 — 잠사진수세 蠶絲盡輸稅

텅 빈 베틀을 벽에 기대놓았네. — 기저공의벽 機杼空倚壁

마을의 관리가 밤에 돌아다니니 — 이서야경과 里胥夜經過

닭 잡고 기장밥 짓고 술자리 열어 모시네. — 계서사연석 鷄黍事筵席

각기 말하기를 관장이 준엄하여 — 각언관장준 各言官長峻

공문 돌리며 독촉하고 책망함이 많다 하네. — 문자다독책 文字多督責

동쪽 마을은 조세의 기한을 어겼다가 — 동향후조기 東鄕後租期

수레바퀴가 진흙에 빠진 듯이 곤고困苦 겪는다 하네. — 거곡함니택 車轂陷泥澤

관청에서는 형편을 살펴 용서해주는 일이 드물어 — 공문소추서 公門少推恕

사정없이 닥치는 대로 어지러이 매질을 해대네. — 편복자낭자 鞭朴恣狼籍

조심해 조세납부에 노력해야 하나니 — 노력신경영 努力愼經營

진정 살갗은 아까운 것이라네. — 기부진가석 肌膚眞可惜[19]

금년에 새 사또 맞이하게 되어있는데 — 영신재차세 迎新在此歲

오직 전 사또의 행적을 따를까 두려울 뿐이네. — 유공종전적 惟恐踵前跡

---

19 肌膚眞可惜 : 살갗은 아깝고 소중한 것이니, 일찍 조세를 납부하여 매를 맞는 일이 없도록 하라는 의미이다.

《전당시全唐詩》 353권에 수록된 유종원柳宗元의 〈전가田家〉 시 3수 가운데 제2수이다. 제3수는 본서本書(2-28)에 수록되었다. 이 시는 농가의 평화를 위협하고 파괴하는 관청의 가렴주구苛斂誅求와 관리의 횡포橫暴에 고통을 받는 농가의 현실을 개탄한 시사詩史이다.

입성入聲 맥운陌韻과 석운錫韻을 통압通押한 통운시通韻詩로, 맥운자陌韻字가 석夕·석席·책責·택澤·자籍·석惜·적跡 등 7자이고, 석운자錫韻字가 력歷·벽壁 등 두 자여서, 맥운陌韻이 주主가 되고 석운錫韻이 종從이 된 주종통운主從通韻 형식의 시이다.

3-11 악부 상上〔樂府 上〕[20]

무명씨無名氏

푸르디푸른 하수河水 가의 풀들이	청청하반초 青青河畔草
끊임없이 이어진 멀리 갈 길을 생각하게 하네.	면면사원도 綿綿思遠道
먼 길 떠난 님 생각할 수도 없는데	원도불가사 遠道不可思
지난밤 꿈에서 그분을 뵈었네.	숙석몽견지 夙昔夢見之
꿈에서 볼 때엔 내 곁에 계셨는데	몽견재아방 夢見在我傍
홀연히 깨어보니 타향에 계시네.	홀각재타향 忽覺在他鄉
각기 다른 고을 타향에 떨어져 있어서	타향각이현 他鄉各異縣
엎치락뒤치락하며 그리워해도 만날 수가 없네.	전전불가견 輾轉不可見
마른 뽕나무도 찬바람 알고	고상지천풍 枯桑知天風
청해青海 물도 추운 날씨 안다네.	해수지천한 海水知天寒[21]
문으로 들어오는 사람들 각기 아름다운 태도 지어 보이지만	입문각자미 入門各自媚
누가 나를 위해 소식을 말해줄 수 있으리오.	수긍상위언 誰肯相爲言
객이 원방에서 찾아와서	객종원방래 客從遠方來

---

20 樂府 上 : 《문선文選》 27권에 수록된 〈고악부古樂府〉 3수 가운데 첫째 수이므로 시제詩題를 〈악부樂府 상上〉이라 한 것이다. 본래의 제목은 〈음마장성굴행飮馬長城窟行〉이다.

21 枯桑知天風 海水知天寒 : 고상枯桑과 해수海水라는 자연물도 자연의 변화를 느낀다는 뜻으로 보기도 하고, 고상과 해수를 부인婦人에 비유하여 수자리하러 멀리 떠난 남편의 고통을 안다는 뜻으로 보기도 한다. 이곳의 해수는 《후한서後漢書》 〈서역전西域傳〉에 "서역西域의 조지국條支國이 서해西海에 둘러 쌓여있는데 그 성城의 동남북東南北을 그 서해가 에워싸고 있어서 오직 북쪽 모퉁이로만 육지와 연결되어 있다." 한 바로 그 서해를 지칭한 것이다.

나에게 한 쌍의 잉어를 주었네.	遺我雙鯉魚(유아쌍리어)
아이 불러 잉어를 삶으라 했는데	呼童烹鯉魚(호동팽리어)
배 속에서 한 자 되는 흰 비단에 쓴 편지가 나왔네.	中有尺素書(중유척소서)
오랫동안 꿇어앉아 흰 비단에 쓴 편지 읽었으니	長跪讀素書(장궤독소서)
편지 속에 쓴 말 어떻게 끝맺었는가.	書中竟何如(서중경하여)
위에는 식사 열심히 하여 건강을 지키라 쓰여있고	上有加餐食(상유가찬식)
아래에는 길이길이 서로 잊지 말자고 쓰여있네.	下有長相憶(하유장상억)

한없이 먼 서역西域으로 수戍자리하러 떠난 남편의 노고와 부부간의 상사지념相思之念을 노래한 시이다.

첫 두 구는 상성上聲 호운자皓韻字인 초草·도道로, 3~4구는 평성平聲 지운자支韻字인 사思·지之로, 5~6구는 평성 양운자陽韻字인 방仿·향鄉으로, 7~12구는 평성 한운자寒韻字와 원운자元韻字인 현縣·견見·한寒·언言으로, 13~18구는 평성 어운자魚韻字인 래來·어魚·어魚·서書·서書·여如로, 마지막 두 구는 입성入聲 직운자職韻字인 식食·억憶으로 압운하여, 매구유운每句有韻과 격구유운隔句有韻 형식을 혼용하기도 하고, 같은 운자를 연속하여 두 구에 넣기도 한, 특이한 형식의 전운시轉韻詩이다.

3-12 7월 밤 강릉으로 돌아가는 도중에 짓다

〔七月夜行江陵途中作〕

도잠陶潛

한가하게 살아온 지 삼십 년이 되자 　한거삼십재 閑居三十載
드디어 속세의 일에서 멀어지게 되었네. 　수여진사명 遂與塵事冥
시서詩書는 예부터 진심으로 좋아했고 　시서돈숙호 詩書敦宿好
숲속 동산이 속된 마음을 없애주었네. 　임원무속정 林園無俗情
어이하여 이런 생활을 버리고 떠나 　여하사차거 如何捨此去
멀고 먼 남쪽 형주荊州에 이르렀는가. 　요요지남형 遙遙至南荊
뱃전을 두드리며 새로 뜬 달을 맞이하고 　고예신추월 叩枻新秋月
강에 이르러 벗과 작별하였네. 　임류별우생 臨流別友生
서늘한 바람 저물녘에 일어나더니 　양풍기장석 涼風起將夕
밤경치가 맑고 조용하게 밝아오네. 　야경담허명 夜景湛虛明
밝고 밝은 하늘은 드넓으며 　소소천우활 昭昭天宇闊
맑고 맑은 강물은 잔잔하네. 　효효천상평 皛皛川上平
할 일에 대한 번민으로 허둥대며 잠 못 이루고 　회역불황매 懷役不遑寐
한밤에 오히려 외로이 길을 떠나네. 　중소상고정 中宵尙孤征
자천自薦의 노래는 내가 일삼을 일이 아니고 　상가비오사 商歌非吾事[22]
그리워함은 밭 갈고 지내는 농촌에 있네. 　의의재우경 依依在耦耕

---

22 商歌非吾事 : 상가商歌는 본래 궁상각치우宮商角徵羽 등 오성五聲 가운데 상성商聲으로 부르는 비통한 곡조의 노래를 말한다. 영척甯戚이 소에게 여물을 먹이며 상가를 부르자 제齊 환공桓公이 이를 듣고 등용하도록 한 고사故事로 인하여, 후에는 '상가'가 자천自薦의 노래라는 뜻을 지니게 되었다.

갓을 벗어던지고 옛 마을로 돌아가려 할 뿐	投冠旋舊墟(투관선구허)
벼슬에 얽매이는 일 좋아하지 않네.	不爲好爵縈(불위호작영)
초가집 속에서 천진한 본심을 기르며	養眞衡茅下(양진형모하)[23]
행여 착한 선비로 이름 남게 되기만 바랄 뿐이네.	庶以善自名(서이선자명)

도연명陶淵明이 37세 때에 형주자사荊州刺史 환현桓玄의 속리屬吏가 되어 휴가를 얻어 가주假州에 갔다가 휴가가 끝나 7월에 옛 남형南荊 땅인 강릉江陵으로 돌아가며 지은 것으로, 벼슬살이를 하며 영리榮利를 탐하는 생활을 싫어하고, 전원으로 돌아가 자양천진自養天眞하는 선사善士로 남고 싶은 소망을 읊은 시이다.

평성平聲 경운庚韻으로 압운한 일운도저一韻到底의 시이다.

---

23 養眞衡茅下 : 형모衡茅는 형문모옥衡門茅屋의 약칭略稱이다. 형문衡門은 나무를 가로질러놓은 문이고, 모옥茅屋은 풀로 지붕을 이은 집으로, 빈사貧士나 은자隱者의 거처를 뜻한다.

3-13 술을 마시며〔飮酒〕

도잠陶潛

복희伏羲와 신농神農 시대는 우리들의 오랜 옛날이라	羲農去我久(희농거아구)
지금은 온 세상에 참된 본성을 회복한 사람 드무네.	擧世少復眞(거세소복진)
분주히 노력했던 노나라의 노인(공자孔子)이	汲汲魯中叟(급급노중수)
그릇된 풍조를 보완하여 인정人情을 도탑게 하였으므로,	彌縫使其淳(미봉사기순)
봉황은 비록 이르지 않았으나	鳳鳥雖不至(봉조수부지)
예악禮樂은 잠시나마 새로워질 수 있었네.	禮樂暫得新(예악잠득신)[24]
수사洙泗로부터 이어지던 희미한 도통道統마저 그치고	洙泗輟微響(수사철미향)[25]
이리저리 떠돌다가 포악한 진秦나라에 이르렀네.	漂流逮狂秦(표류체광진)
시서詩書가 또한 무슨 죄가 있다고	詩書亦何罪(시서역하죄)
모두 불태워 하루아침에 잿더미로 만들었던가.	一朝成灰塵(일조성회진)
여러 노인들이 부지런히 힘쓰면서	區區諸老翁(구구제로옹)
도道를 복원하고자 일삼음이 진실로 정성스러웠는데도,	爲事誠慇懃(위사성은근)[26]
어이하여 세대가 지나며 이마저 끊겨서	如何絶世下(여하절세하)

---

24 鳳鳥雖不至 禮樂暫得新 : 《논어論語》 〈자한子罕〉에 공자孔子께서 "봉황鳳凰이 오지 않고 하수河水에서 하도河圖가 나오지 않으니, 내가 전하고자 하는 도道는 끝났도다!" 하였다. 봉조鳳鳥와 하도河圖는 성왕聖王이 도道에 맞게 다스릴 때에 나타나는 상서祥瑞인데, 비록 이런 상서가 나타나지는 않았으나 공자가 육경六經을 닦아서 예악禮樂이 새로워졌음을 말한 것이다.

25 洙泗輟微響 : 공자가 수수洙水와 사수泗水 사이에 거처하였으므로, 공자의 도道나 학통學統을 수사洙泗라 칭하게 되었다.

26 區區諸老翁 爲事誠慇懃 : 한대漢代 복생伏生을 비롯한 학자들이 불타 없어진 육경六經의 회복에 힘쓰기는 하였으나 훈고訓詁에 치우쳤음을 말한 것이다.

육경六經을 가까이하는 사람 하나도 없게 되었는가.	육적무일친 六籍無一親
종일토록 수레를 몰고 달리며 찾아보아도	종일치거주 終日馳車走
나루(도道)를 찾고자 묻는 사람 볼 수 없게 되었네.	불견소문진 不見所問津
이런 때에 만약 술마저 통음하지 않는다면	약부불쾌음 若復不快飮
머리 위의 두건 역할마저 헛되이 저버리는 것이네.	공부두상건 空負頭上巾[27]
다만 한스럽게도 세속의 기준엔 맞지 않는 일 많긴 하나	단한다류오 但恨多謬誤
그대들 마땅히 취한 이 사람 너그럽게 봐주시라.	군당서취인 君當恕醉人

도연명陶淵明의 〈음주飮酒〉 시 20수 가운데 마지막 수이다. 풍속이 경박해지고 지켜야 할 도道가 막혀버렸음을 마음 아파하며 통음痛飮하지 않고는 그 천진天眞을 도야陶冶할 수 없음을 밝힌 시이다.

첫 6구에서는 희미해가던 고래古來의 도道가 공자의 노력으로 새롭게 밝아졌음을 밝히고, 다음 4구에서는 진황秦皇의 분서焚書로 공자의 도가 어두워졌음을 말하고, 다음 6구에서는 한대漢代의 학자들이 훈고訓詁에만 치우쳐서 도의 근본을 탐구하는 데는 소홀했음을 개탄하고, 마지막 4구에서는 이렇게 도가 전해지지 않는 말세末世에는 술을 통해 순일무잡純一無雜의 취향醉鄕으로 돌아갈 수밖에 없는데, 속인들이 이를 이해하지 못한다고 탄식하였다.

평성平聲 진운眞韻으로 압운한 일운도저一韻到底의 시이다.

---

27 若復不快飮 空負頭上巾 : 도연명陶淵明이 평소에 두상頭上에 쓰고 있던 건巾으로 항아리의 술을 걸러 마셨으므로 이렇게 말한 것이다.

3-14 전원으로 돌아와 지내며〔歸田園居〕

도잠陶潛

젊어서부터 속인들의 취향과는 맞지 않았고	少無適俗韻(소무적속운)
천성이 본래 조용한 산림山林을 좋아하였네.	性本愛丘山(성본애구산)
잘못 세속의 그물 속으로 떨어져	誤落塵網中(오락진망중)
어느덧 삼십 년이 지나갔네.	一去三十年(일거삼십년)
새장 속의 새는 옛 숲을 그리워하고	羈鳥戀舊林(기조연구림)
연못 속의 고기는 옛 노닐던 물을 생각한다네.	池魚思故淵(지어사고연)
남녘 들판의 거친 땅을 개간하고	開荒南野際(개황남야제)
천성을 지키고자 전원으로 돌아왔네.	守拙歸園田(수졸귀원전)
네모진 집터는 십여 묘畝쯤 되고	方宅十餘畝(방택십여묘)
초가집은 팔구 칸쯤 되네.	草屋八九間(초옥팔구간)
느릅나무와 버드나무는 집 뒤 처마에 그늘을 드리우고	楡柳蔭後簷(유류음후첨)
복숭아와 오얏나무는 집 앞에 늘어서있네.	桃李羅堂前(도리나당전)
어슴푸레 인가人家가 멀리 보이는데	曖曖遠人村(애애원인촌)
아스라이 마을에서 연기가 피어오르네.	依依墟里煙(의의허리연)
으슥한 골목 사이에서 개들이 짖고	狗吠深巷中(구폐심항중)
뽕나무 위에선 닭이 우네.	鷄鳴桑樹顚(계명상수전)
문과 뜰엔 속된 잡객의 출입이 없어	戶庭無塵雜(호정무진잡)
빈 방에서 한가로움을 즐기기에 넉넉하네.	虛室有餘閑(허실유여한)
오랫동안 조롱 속에 갇혀 지내다가	久在樊籠裏(구재번롱리)
다시 자연으로 돌아올 수 있게 된 것이네.	復得反自然(부득반자연)

〈귀전원거歸田園居〉 6수 가운데 첫째 수이다. 번거로운 관직을 사퇴하고 전원으로 돌아와 수졸守拙할 수 있게 된 즐거움을 노래한 시이다. 특히 전원의 안한安閒함을 '구폐심항중狗吠深巷中 계명상수전鷄鳴桑樹顚'이라 표현한 것은 전원의 상象을 통하여 의意를 드러낸 것으로, 진잡塵雜이 없는 전원의 안한함을 절묘하게 드러낸 시구詩句로 찬양을 받는다.

평성平聲 산운刪韻과 선운先韻을 통압通押한 통운시通韻詩로, 산山·간間·한閑이 산운목刪韻目에 속한 운자韻字들이고, 년年·연淵·전田·전前·연煙·전顚·연然이 선운목先韻目에 속한 운자들이다.

도연명시의도
陶淵明詩意圖

3-15 여름날 이공의 방문을 받고〔夏日李公見訪〕

두보杜甫

멀리 떨어진 숲속이라 더위가 덜한 이곳으로	遠林暑氣薄(원림서기박)
귀한 분께서 나를 찾아오셨네.	公子過我遊(공자과아유)
가난한 거처는 시골 언덕과 같고	貧居類村塢(빈거유촌오)
성 남쪽 누대에 가까운 외진 곳이네.	僻近城南樓(벽근성남루)
집 주변 사람들 매우 순박하여	傍舍頗淳朴(방사파순박)
원하는 것도 쉽게 얻을 수 있네.	所願亦易求(소원역이구)
집 건너편 서쪽 집을 방문하여	隔屋問西家(격옥문서가)
술이 좀 있는가 물으니,	借問有酒不(차문유주부)
담 너머로 빽빽한 탁주 보내주어	牆頭過濁醪(장두과탁료)
자리를 깔고 길게 흐르는 물 굽어보며 마셨네.	展席俯長流(전석부장류)
맑은 바람이 좌우로 오락가락하니	淸風左右至(청풍좌우지)
손님은 이미 가을이 왔는가 놀라네.	客意已驚秋(객의이경추)
여러 둥지에서 뭇 새들이 다투고	巢多衆鳥鬪(소다중조투)
빽빽한 잎 깊은 곳에서 매미가 시끄럽게 우네.	葉密鳴蟬稠(엽밀명선조)
이런 동물들이 시끄럽게 함을 만났는데	苦遭此物聒(고조차물괄)
누가 내 집이 으슥하고 고요한 곳에 있다고 이르는가.	孰謂吾廬幽(숙위오려유)
연꽃에 저녁 햇빛이 고요히 비치니	水花晚色靜(수화만색정)
손님 오래 머물러있게 하기에 넉넉하네.	庶足充淹留(서족충엄류)
술 항아리가 빌까 미리부터 걱정되어	預恐樽中盡(예공준중진)
다시 일어나 그대 위해 알아보았네.	更起爲君謀(갱기위군모)

태자가령太子家令으로 있는 황족皇族 이염李炎의 방문을 받고, 한편으로는 찾아준 것을 반가워하고, 한편으로는 가난하게 외진 곳에 살고 있어서 대접할 술도 변변치 않음을 미안해하면서, 또 다른 한편으로는 담박淡泊하고 순후淳厚한 농민들 사이에 사는 안빈낙도安貧樂道의 경지를 드러내었다.

평성平聲 우운尤韻으로 압운한 일운도저一韻到底의 시이다.

3-16 위팔처사에게 지어 주다〔贈衛八處士〕

두보杜甫

사람이 살아가며 서로 만나지 못함이	인생불상견 人生不相見
걸핏하면 삼성參星과 상성商星처럼 멀어지는데,	동여삼여상 動如參與商[28]
오늘밤이 또한 어떤 밤이기에	금석부하석 今夕復何夕
이 등불 아래에서 함께 지내게 되었는가.	공차등촉광 共此燈燭光
사람의 젊은 시절이 얼마나 되겠는가.	소장능기시 少壯能幾時
살쩍과 두발이 이미 각기 희끗희끗해졌네.	빈발각이창 鬢髮各已蒼
옛 친구들 소식 묻자 반은 죽었다 하여	방구반위귀 訪舊半爲鬼
놀라 외치며 속마음이 타들어가네.	경호열중장 驚呼熱中腸
그러니 어찌 이십 년 만에	언지이십재 焉知二十載
그대의 집에 다시 오게 될 줄을 알았겠는가.	중상군자당 重上君子堂
지난날 작별할 때엔 그대 미혼이었는데	석별군미혼 昔別君未婚
자녀들이 어느새 줄을 이루었네.	아녀홀성행 兒女忽成行
반갑게 부친의 벗에게 예를 표하며	이연경부집 怡然敬父執
나에게 “어디서 오셨는지요?” 하고 묻네.	문아내하방 問我來何方
문답이 미처 끝나기도 전에	문답미급이 問答未及已
자녀들이 술상을 차려놓았네.	아녀나주장 兒女羅酒漿
비 내리는 밤 봄에 자란 부추를 뜯어오고	야우전춘구 夜雨剪春韭

28 動如參與商 : 삼성參星은 하늘의 서쪽 끝에, 상성商星은 동쪽 끝에 있으면서, 한쪽 별이 뜨면 다른 쪽 별이 사라져 영원히 서로 보지 못한다. 이에 ‘삼상參商’이 절친한 친구가 서로 멀리 떨어져있어 만날 수 없음을 비유하는 말로 쓰이게 되었다.

어느 사이에 기장밥을 새로 지어오네.	新炊間黃粱(신취간황량)
주인은 서로 얼굴 보기 어렵다고 말하며	主稱會面難(주칭회면난)
단번에 열 잔을 연이어 마시라 하네.	一擧累十觴(일거누십상)
열 잔을 마셔도 취하지 않는 것은	十觴亦不醉(십상역불취)
그대의 옛 정이 오래도록 그대로임에 감동해서이네.	感子故意長(감자고의장)
내일 헤어져 산악을 사이에 두고 멀리 떨어지게 되면	明日隔山岳(명일격산악)
세상일이 그대나 나나 어찌될지 막막할 뿐이네.	世事兩茫茫(세사양망망)

오랫동안 헤어졌다 다시 만난 위처사衛處士에 대한 친숙감과 그의 환대歡待에 대한 고마움을 드러내고, 아울러 이렇게 잠시 만났다가 다시 헤어지게 되면 그것이 바로 끝일 것 같아 희비가 교체함을 박실朴實하고 심절深切하게 드러낸, 난세亂世를 살아가는 곤고困苦가 배어있는 시이다.

평성平聲 양운陽韻으로 압운한 일운도저一韻到底의 시이다.

3-17 석호촌에서 본 관리〔石壕吏〕

두보杜甫

저녁에 석호촌에 투숙했는데	모투석호촌 暮投石壕村[29]
관리가 밤중에 사람들을 잡으러 왔네.	유리야착인 有吏夜捉人
늙은 할아범은 담을 넘어 달아나고	노옹유장주 老翁踰墻走
늙은 할멈은 문밖에 나와 바라보네.	노부출문간 老婦出門看
관리의 호통은 어찌 그리도 기세등등하며	이호일하노 吏呼一何怒
여인네들 울음소리는 어찌 그리도 괴로운가.	부제일하고 婦啼一何苦
할멈이 관리 앞에서 하는 말을 들어보니	청부전치사 聽婦前致詞
세 아들이 업성에 수자리하러 갔다 하네.	삼남업성수 三男鄴城戍
한 아들이 부친 편지가 왔는데	일남부서지 一男附書至
두 아들이 최근의 전투에서 전사했다 하네.	이남신전사 二男新戰死
살아남은 사람이야 어떻게든 살아가겠지만	존자차투생 存者且偸生
죽은 사람은 영영 끝난 것이라 하네.	사자장이의 死者長已矣
집안에 더는 징발해 갈 사람이 없고	실중갱무인 室中更無人
젖먹이 손자만 있을 뿐이라 하네.	소유유하손 所有乳下孫
손자가 있어 어미는 따라갈 수 없고	손유모미거 孫有母未去
출입할 때 입을 온전한 치마도 없다 하네.	출입무완군 出入無完裙

---

29 暮投石壕村 : 민澠 땅에 효산崤山 두 봉우리가 있는데, 동쪽 봉우리는 토산土山이고 서쪽 봉우리는 석산石山이다. 그 석산 밑에 있는 마을이 바로 석효촌石崤村(일명 석호촌石壕村)이다. 이 시는 두보가 이 마을에 투숙했을 때에 겪은 일을 시화詩化한 것이다.

이 늙은 할미가 기력이 쇠하기는 하였으나　老嫗力雖衰(노구역수쇠)
청컨대 제가 이 밤에 나리를 따라가겠습니다 하네.　請從吏夜歸(청종리야귀)
하양의 전투로 급히 징발하는 데 따라가게 되면　急應河陽役(급응하양역)
그래도 새벽밥 짓는 일은 할 수 있을 것이라 하네.　猶得備晨炊(유득비신취)
밤이 오래되자 대화 소리 끊기고　夜久語聲絶(야구어성절)
울며 남몰래 흐느끼는 소리만 들리는 듯하였는데,　如聞泣幽咽(여문읍유열)
날이 밝아 가야 할 길로 나서려 할 때에　天明登前途(천명등전도)
단지 늙은 할아범과만 작별인사를 하였을 뿐이네.　獨與老翁別(독여노옹별)

작자 두보杜甫가 안사安史의 난시亂時에 석호촌石壕村에 투숙했다가 목도目睹한 비참한 상황을 시화詩化한 것이다. 본래의 법에는 한 가구에서 한 사람만 병사로 뽑아가게 되어있는데 난亂이 위급해지자 아들 셋을 모조리 뽑아가서 그 가운데 두 아들은 이미 전사했는데도, 관리가 마을에 다시 찾아와 가구家口마다 한 사람씩 사람을 더 뽑아가려 하여, 어쩔 수 없이 늙은 할멈이 뽑혀가게 된 기막힌 사연을 읊은 시이다.

두시杜詩를 현실을 그대로 기록한 시사詩史라 칭하는 이유를 이 시를 통해서도 알 수 있으며, 본시本詩를 비롯하여 〈신안리新安吏〉·〈동관리潼關吏〉 등 삼리三吏와, 〈신혼별新婚別〉·〈수로별垂老別〉·〈무가별無家別〉 등 삼별三別을 두보의 사회시社會詩의 대표작으로 꼽는다.

매 4구마다 환운換韻한 전운시轉韻詩로, 첫 4구는 평성平聲 원元·진眞·한운寒韻을 통압通押하였고, 다음 4구는 거성去聲 우운遇韻과 상성上聲 우운麌韻을 통압通押하였으며, 다음 4구는 상성 지운紙韻으로 압운하고, 다음 4구는 평성 지운支韻과 미운微韻을 통압하였고, 마지막 4구는 입성入聲 설운屑韻으로 압운하였다.

3-18 아리따운 여인〔佳人〕

두보杜甫

절세絶世의 가인佳人이 있는데	絶代有佳人 (절대유가인)
인적 없는 골짜기에 숨어 사네.	幽居在空谷 (유거재공곡)
스스로 말하기를 양가집 딸이었는데	自云良家子 (자운양가자)
지금은 몰락하여 초목에 의지하고 산다 하네.	零落依草木 (영락의초목)
관중關中 일대가 옛날 전란으로 죽고 패배했을 때에	關中昔喪敗[30] (관중석상패)
형제들이 살육을 당했다 하네.	兄弟遭殺戮 (형제조살륙)
벼슬이 높았던 일 말해 무엇하리요	官高何足論 (관고하족론)
골육을 거두어 매장할 수도 없었다 하네.	不得收骨肉 (부득수골육)
세상 인심이 쇠락한 집안에 매정하여	世情惡衰歇 (세정오쇠헐)
성쇠에 따라 뒤바뀌는 온갖 일을 겪었다 하네.	萬事隨轉燭[31] (만사수전촉)
남편조차도 경박한 사람이어서	夫婿輕薄兒 (부서경박아)
새로 얻은 여인만을 옥처럼 어여쁘게 여긴다 하네.	新人美如玉 (신인미여옥)
합혼초合婚草도 오히려 합할 때를 알고	合婚尙知時[32] (합혼상지시)
원앙새도 홀로 자지 않는데,	鴛鴦不獨宿 (원앙부독숙)
다만 새 여인이 웃는 모습만 볼 뿐이니	但見新人笑 (단견신인소)

---

30 關中昔喪敗 : '상패喪敗'가 '상란喪亂'으로 쓰인 판본版本도 있다. 수도 장안長安 일대가 안녹산安祿山의 반군反軍에 점령당했던 것을 말한다.

31 萬事隨轉燭 : 촛불이 옮기는 곳에 따라 비추는 곳이 다르듯이, 성쇠盛衰에 따라 세상 인심이 빠르게 뒤바뀌는 세태世態를 말한 것이다.

32 合昏尙知時 : 합혼合昏은 풀이름으로, 함환合歡이라고도 하는데, 곧 야합화夜合花이다. 그 잎이 밤이 되면 서로 합친다.

본처本妻의 울음소리가 어찌 들리겠는가.	那聞舊人哭(나문구인곡)
산에 있는 샘물은 맑지만	在山泉水淸(재산천수청)
산을 벗어난 샘물은 흐려진다오.	出山泉水濁(출산천수탁)[33]
시비가 구슬을 팔아가지고 돌아와	侍婢賣珠廻(시비매주회)
새삼덩굴을 당겨서 초가지붕을 고치네.	牽蘿補茅屋(견라보모옥)
꽃을 땄으되 머리에 꽂지 않고	摘花不揷髮(적화불삽발)[34]
측백나무 잎을 따서 늘 손에 가득 쥐고 있네.	采柏動盈掬(채백동영국)
날씨 추워지는데 푸른 옷소매 얇으니	天寒翠袖薄(천한취수박)
해 저물자 긴 대숲에 의지할 뿐이네.	日暮倚脩竹(일모의수죽)

두보杜甫가 안사安史의 난亂이 일어났을 때에 습유拾遺로 있다가 해직解職당하여 진주秦州로 피란 갔을 때에 지은 시이다. 가인佳人이 난리를 만나 가문이 몰락하고 남편에게 버림을 받았으나 굳은 정조情操를 지키고 있음에 가탁假託하여 충언忠言을 다하다가 쫓겨난 자신의 불운을 탄식한 시이다. 즉 충성을 다하다가 쫓겨난 신하가 된 자신을 가인에 비유한 것이다.

첫 4구에는 불행을 만나 공산空山에 유거幽居하며 초목草木에 몸을 의탁하고 있는 처지를 그렸고, 다음 4구에는 친정 집안이 참혹한 변고를 당해 몰락했음을 그렸고, 다음 4구에는 친정이 몰락하자 남편이 새 여인을 얻었음을 말하고, 다음 4구에는 풀도 새도 암수가 서로 의지하는데 남편은 조강지처糟糠之妻를 버리고 새 여인을 들여서 자신이 홀로 지내게 되었음을 탄식하고, 다음 4구에는 천수泉水가 재산在山한 것으로 가인의 정결淨潔을 비유하고 매주보옥賣珠補屋으로 가인이 안빈낙도安貧樂道함을 말하였으며, 마지막

33 在山泉水淸 出山泉水濁 : 샘물이 만난 환경에 따라 맑아졌다 흐려졌다 하듯이 남편의 사랑의 정情도 옮겨갔음을 말한 것으로, 가인佳人이 남편을 원망하는 말이다.

34 摘花不揷髮 : 꽃을 따서 머리에 꽂는 것이 여인들의 풍습이지만, 삽발揷髮해 보았자 보여줄 사람이 없어 단장을 포기했음을 말한 것이다.

4구에는 가인이 버림을 받았으나 자신의 정절貞節을 지키고 있음을 수죽脩竹에 비유하였다.

입성入聲 옥운屋韻을 위주로 옥운沃韻(촉燭·옥玉)과 각운覺韻(탁濁)을 일부 통압通押한 주종통운主從通韻 형식의 통운시通韻詩이다.

천한취수도天寒翠袖圖

3-19 수주로 독서하러 가는 제갈각을 전송하며

〔送諸葛覺往隨州讀書〕

한유韓愈

업후鄴侯의 댁에는 책이 많아서	업 후 가 다 서	鄴侯家多書[35]
서가에 3만 질을 꽂아놓았다네.	가 삽 삼 만 축	架插三萬軸
한 권 한 권에 상아 찌를 달아놓아	일 일 현 아 첨	一一懸牙籤
새롭기가 손도 대지 않은 듯하다네.	신 약 수 미 촉	新若手未觸
그대는 사람됨이 열람한 것을 잘 기억하여	위 인 강 기 람	爲人强記覽
한 번 본 것은 다시 읽지 않는다네.	과 안 부 재 독	過眼不再讀
위대하도다! 여러 성인의 글을	위 재 군 성 서	偉哉群聖書
두루 드넓게 그 뱃속에 품고 있음이여!	뇌 락 재 기 복	磊落載其腹
살아온 나이 오십이 넘도록	행 년 유 오 십	行年逾五十
지방 태수로 나간 것이 이미 여섯 번이네.	출 수 수 이 륙	出守數已六
서울에 예부터 살던 집이 있으나	경 읍 유 구 려	京邑有舊廬
오래도록 머물며 지낼 수 없었네.	불 용 구 식 숙	不容久食宿
대각臺閣에 관원들이 많지만	대 각 다 관 원	臺閣多官員
그대가 발 하나 붙일 자리는 없네.	무 지 기 일 족	無地寄一足
내가 비록 조정에서 벼슬을 하고 있지만	아 수 관 재 조	我雖官在朝
영향력이 날로 위축되어서,	기 세 일 국 축	氣勢日局縮

35 鄴侯家多書 : 당唐의 재상宰相 이필李泌이 업후鄴侯로 봉해졌고, 그의 아들 이번李繁이 수주자사隨州刺史가 되었으므로, 그를 따라 수주隨州로 떠나는 제갈각諸葛覺에게 지어준 이 시에 이를 언급한 것이다.

여러 차례 승상께 진언하기를　　누위승상언 屢爲丞相言
비록 간절하게 했지만 임용되지 못했다네.　　수간불견록 雖懇不見錄
떠나는 그대 전송하려 산수滻水를 찾아가　　송행과산수 送行過滻水[36]
동쪽만 바라보며 눈을 돌리지 못하네.　　동망부전목 東望不轉目
이제 그대도 그(이필李泌)를 따라 노닐게 되었으니　　금자종지유 今子從之遊
학문을 원하는 대로 이룰 수 있으리라.　　학문득소욕 學問得所欲
해도海島로 들어가면 어룡魚龍을 관찰하고　　입해관룡어 入海觀龍魚
날개를 펼쳐서 황곡黃鵠을 쫓겠지.　　교핵축황곡 矯翮逐黃鵠[37]
새로이 시와 문장 짓기에 힘써서　　면위신시장 勉爲新詩章
다달이 서너 편씩 부쳐주게나.　　월기삼사폭 月寄三四幅

관계官界에 있다가 실의失意하고 떠나는 제갈각諸葛覺을 위로하며 지어준 시로, 그가 능력 있는 사람이어서 여러 차례 추천하였으나 받아들여 쓰이지 못함을 개탄하면서, 가는 곳에 업후鄴侯가 소장한 책이 많다니 학문연구와 시문창작에 힘쓰라고 권면한 시이다.

입성入聲 옥운屋韻과 옥운沃韻을 통압通押한 통운시通韻詩로, 압운자押韻字들 가운데 옥운목屋韻目에 속하는 것이 9자이고 옥운목沃韻目에 속하는 것이 4자로, 옥운屋韻이 주主를 이루고 옥운沃韻이 종從을 이룬 주종통운主從通韻 형식의 통운시이다.

---

36 送行過滻水 : 산수滻水는 경조京兆 남전藍田 골짜기에 있는 시내의 이름으로, 흔히 멀리 떠나는 사람을 이곳에서 전별餞別하였다.

37 入海觀龍魚 矯翮逐黃鵠 : 상구上句는 학문이 심오深奧해짐을 비유한 것이고, 하구下句는 조예造詣가 고원高遠해짐을 비유한 것이다.

3-20 사마온공의 독락원〔司馬溫公獨樂園〕

소식 蘇軾

집 위로는 청산이 보이고	청산재옥상 青山在屋上
집 아래로는 강물이 흐르네.	유수재옥하 流水在屋下
그 가운데의 5묘畝쯤 되는 정원엔	중유오묘원 中有五畝園
꽃과 대나무가 돋보이면서도 자연스럽네.	화죽수이야 花竹秀而野
꽃향기는 지팡이와 신으로 스며들고	화향습장구 花香襲杖屨
대나무 빛이 옥 술잔에 비치네.	죽색침잔가 竹色侵盞斝
항아리의 술로 남은 봄을 즐기고	준주낙여춘 樽酒樂餘春
바둑으로 긴 여름 심심함을 푸네.	기국소장하 棋局消長夏
낙양엔 예부터 선비들이 많아	낙양고다사 洛陽古多士
풍속이 지금까지 바르고 아름답네.	풍속유이아 風俗猶爾雅
선생이 독락원獨樂園에 숨어 나오지 않으니	선생와불출 先生臥不出
낙사洛社의 귀인들이 마음을 기울여 사모하네.	관개경락사 冠盖傾洛社[38]
비록 백성과 함께 즐겨야 한다 하나	수운여중락 雖云與衆樂
그 가운데 홀로 즐기는 사람이 있네.	중유독락자 中有獨樂者
온전한 재능을 지녔지만 덕을 드러내지 않으며	재전덕불형 才全德不形
귀하게 여기는 것은 나를 아는 이를 적게 하는 것이네.	소귀지아과 所貴知我寡

---

38 先生臥不出 冠盖傾洛社 : 고관高官으로 있다가 노퇴老退한 70세 이상의 낙양洛陽의 귀인貴人들이 조직한 기영회耆英會를 낙사洛社라 하였다. 왕안석王安石의 신법新法을 반대하여 벼슬에서 물러나 낙양에 유거幽居하고 있는 50대에 불과한 사마광司馬光을 낙사의 회원會員들이 숭앙崇仰하여 특별히 회원으로 초빙했음을 말한 것이다.

선생께서 유독 무엇을 일삼기에	先生獨何事(선생독하사)
온 천하가 선생이 도야한 경지를 우러러보는가.	四海望陶冶(사해망도야)
어린이들도 군실君實을 말하고	兒童誦君實(아동송군실)
심부름 다니는 하인들도 사마씨司馬氏를 아네.	走卒知司馬(주졸지사마)
이런 명성을 지니고 어디로 돌아가 숨으려 하시는가?	持此欲安歸(지차욕안귀)
조물주가 이런 우리 님을 놓아주지 않을 터인데.	造物不我捨(조물불아사)
선생의 이런 명성이 우리를 쫓아다니니	名聲逐我輩(명성축아배)
이런 병은 하늘이 선생에게 내린 벌이네.	此病天所赭(차병천소자)
손뼉 치며 선생을 비웃는 것은	撫掌笑先生(무장소선생)
근년 이래로 벙어리 흉내를 내고 있어서이네.	年來效喑啞(연래효음아)

사마광司馬光(자는 군실君實)이 낙양洛陽에 유거幽居하며 자신을 숨기고 홀로 성정性情을 수양하고자 자호自號를 '독락獨樂'이라 하였지만, 천하에 널리 펼쳐진 명성을 아동과 주졸走卒들도 모두 알고 있는데, 스스로 입을 다물고 벙어리 흉내를 내며 세사世事에 관여하려 않고자 한다 해도 조물주造物主가 가만두지 않고 반드시 불러내어 큰일을 맡기게 될 것이라고 찬양한 시이다.

상성上聲 마운馬韻으로 압운한 일운도저一韻到底의 시이다.

독락원도
獨樂園圖

3-21 위좌상께 올린 이십 운 시〔上韋左相二十韻〕

두보杜甫

헌원씨가 만든 예부터 전해오는 월력月曆으로 　봉력헌원기 鳳曆軒轅紀[39]
황상(현종玄宗)께서 제위帝位에 오르신 지 사십 년 되었네. 　용비사십춘 龍飛四十春
팔방 끝까지 인수仁壽의 세상을 펼치시니 　팔황개수역 八荒開壽域
우주의 원기에 맞추어 천자의 덕화가 펼쳐진 것이네. 　일기전홍균 一氣轉洪鈞[40]
어질게 보좌할 부열傅說 같은 명재상을 생각하시고 　임우사현좌 霖雨思賢佐[41]
능연각凌煙閣에 그려놓은 노신老臣을 기억하셨네. 　단청억노신 丹青憶老臣[42]
백락伯樂이 마도馬圖에 의거해 명마를 구했듯이 　응도구준마 應圖求駿馬
한 시대를 놀라게 할 기린 같은 인물들을 얻게 되었네. 　경대득기린 驚代得麒麟
강하江河의 혼탁함 정화하듯 악인들 골라 내치시고 　사태강하탁 沙汰江河濁
큰 솥의 음식 맛 새롭게 조화하듯 조화롭게 정사 펼치셨네. 　조화정내신 調和鼎鼐新

---

39 鳳曆軒轅紀 : 봉황鳳凰은 천시天時를 아는 새이므로 역曆을 봉력鳳曆이라 한다. 헌원軒轅은 상고上古시대의 통치자였던 황제黃帝를 말하며, 그때에 일력日曆이 처음 만들어졌다 한다. 즉 이 구는 황제가 만든 달력을 말한 것이다.

40 一氣轉洪鈞 : 도자기陶磁器를 만들 때에 물레를 돌림을 균鈞이라 한다. 이를 통하여 온갖 그릇을 만들 듯이, 우주의 원기元氣가 만물을 생성하므로 이를 대균大鈞이라는 뜻으로 홍균洪鈞이라 한 것이고, 황제皇帝는 천도天道에 맞추어 만기萬機를 총람總攬하므로 천자天子가 하는 일도 홍균이라 칭한다.

41 霖雨思賢佐 : 3일 이상 충분히 내리는 비가 임우霖雨이다. 《서경書經》〈상서商書 열명說命〉에 "고종高宗이 부열傅說에게 말하기를 '만약 날씨가 크게 가물면 그대로 임우霖雨를 삼으리라.〔若歲大旱 用汝作霖雨〕' 하였다."고 하였다. 이에 어진 재상을 '임우霖雨'라 하게 되었고, 여기서는 좌상左相 위현소韋見素를 지칭한 것이다.

42 丹青憶老臣 : 당唐 태종太宗이 능연각凌煙閣을 세우고 그곳에 공신功臣들의 초상화를 그려놓았다.

위현韋賢이 처음 한漢나라의 재상 되었을 때처럼 하시고	위 현 초 상 한	韋賢初相漢[43]
범숙范叔이 진秦에 귀의해 공을 세우듯이 하셨네.	범 숙 이 귀 진	范叔已歸秦[44]
성대한 업적이 이제 이와 같아서	성 업 금 여 차	盛業今如此
경서經書를 전함이 진실로 무리 가운데 으뜸이시네.	전 경 고 절 륜	傳經固絶倫
예장나무가 깊은 땅에서 솟구친 것 같고	예 장 심 출 지	豫樟深出地
푸른 바다 드넓어서 물가를 알 수 없는 것 같도다.	창 해 활 무 진	滄海闊無津
상서尙書가 되어 황제를 대변하는 일을 맡으시고	북 두 사 후 설	北斗司喉舌[45]
승상이 되어 동방의 고관들을 거느리셨네.	동 방 영 진 신	東方領搢紳
인사권을 가지고 인재를 밝게 감별해 적소에 배치하고	지 형 유 조 감	持衡留藻監
짚신 끄는 소리는 별자리 위까지 들리셨네.	청 리 상 성 신	聽履上星辰[46]
독보적인 재능은 옛 현신賢臣을 능가하고	독 보 재 초 고	獨步才超古
파급된 은택은 그 덕화가 이웃나라까지 비추었네.	여 파 덕 조 린	餘波德照隣
총명하심은 관로管輅를 능가하고	총 명 과 관 로	聰明過管輅[47]
문사文辭에 능통함은 진준陳遵을 압도하시네.	척 독 도 진 준	尺牘倒陳遵[48]

---

43 韋賢初相漢 : 위현韋賢은 한대漢代의 학자로 시詩·예禮·서書에 정통했고, 학덕學德으로 부자父子가 모두 재상에 올랐던 인물인데, 그가 위현소韋見素와 성姓이 같으므로 이를 든 것이다.

44 范叔已歸秦 : 범숙范叔은 전국시대 위魏나라 사람이었던 범수范睢를 말한다. 위魏에서 곤욕을 겪고 진秦으로 망명하여 큰 업적을 세우고 재상이 되었던 인물이다.

45 北斗司喉舌 : 하늘의 북두성北斗星이 천제天帝의 후설喉舌(대변인)이 되는데, 황제皇帝의 상서尙書가 바로 이런 역할을 하므로 이렇게 말한 것이다.

46 聽履上星辰 : 당唐 애제哀帝 때에 정숭鄭崇이 상서복야尙書僕射가 되었는데 항상 짚신을 끌고 다니자 황제가 웃으며 "나는 정상서鄭尙書가 짚신 끄는 소리를 안다." 하였다. 위현소韋見素의 치적治績이 황제에게 인정받았음을 말한 것이다.

47 聰明過管輅 : 관로管輅는 위魏나라 사람으로 천문지리天文地理에 밝았던 인물이다. 위현소韋見素가 천문을 관측하고 안녹산安祿山이 죽을 것을 예측하여 맞혔으므로 이렇게 말한 것이다.

48 尺牘倒陳遵 : 진준陳遵은 한대漢代의 인물로 문사文辭에 능하고 편지를 잘 써서 사

어찌 못 속에 숨어만 있는 교룡으로 마치시랴?	豈是池中物(기시지중물)
옛날 이래로 좌상座上의 뛰어난 인물이셨네.	由來席上珍(유래석상진)
조정에서 지치至治의 원리를 알아 행하시니	廟堂知至理(묘당지지리)
풍속은 모두 순박함으로 돌아갔네.	風俗盡還淳(풍속진환순)
재능이 뛰어난 사람들 모두 등용되었고	才傑俱登用(재걸구등용)
어리석고 몽매한 나만이 묻혀있을 뿐이네.	愚蒙但隱淪(우몽단은륜)
사마상여司馬相如처럼 오래도록 병이 많았고	長卿多病久(장경다병구)
자하子夏처럼 쓸쓸하고 가난하게 살고 있네.	子夏索居貧(자하삭거빈)[49]
머리 돌려 회고해보니 속인들 틈에 내몰려서	回首驅流俗(회수구류속)
한평생을 범인凡人들처럼 지냈네.	生涯似衆人(생애사중인)
무함巫咸에게도 나의 운명을 물을 수 없었고	巫咸不可問(무함불가문)[50]
공자 맹자처럼 떠돌며 몸을 용납할 곳 없었네.	鄒魯莫容身(추로막용신)
나이가 노쇠해짐에 비감悲感이 격동하여	感激時將晚(감격시장만)
정신이 아득해져 불가사의不可思議해지네.	蒼茫興有神(창망흥유신)
공을 위해 이 시를 읊조리니	爲公歌此曲(위공가차곡)
눈물이 흘러 옷과 수건을 적시네.	涕淚在衣巾(체루재의건)

두보杜甫가 자신의 시재詩才와 광범한 학식學識을 보여주며 벼슬을 내려주기를 청한 구환시求宦詩이다. 위좌상韋左相을 극찬極讚하고, 자신의 문재文才는 한대漢代의 사마상여司馬相如나 공문십철孔門十哲 가운데 문학文學으로 유

람들이 이 편지를 간직하게 됨을 영예로 여겼다.

49 子夏索居貧 : 《예기禮記》 〈단궁檀弓〉에 의하면, 자하子夏가 "내가 벗들을 떠나 쓸쓸히 홀로 지낸 지도 오래되었다.〔吾離群而索居 亦已久矣〕"라고 하였다.

50 巫咸不可問 : 무함巫咸은 사생死生·존망存亡·화복禍福·수요壽夭를 알아맞히었던 고대의 무巫로 이름이 함咸이다.

명했던 자하子夏에 비견比肩할 만한데도, 공맹孔孟처럼 정착定着하지 못하고 떠돌고 있음을 호소하면서 벼슬을 청한 시이다.

수련首聯과 말련末聯을 제외한 제련諸聯의 출구出句와 대구對句가 대장對仗을 이룬 배율시排律詩이며, 평성平聲 진운眞韻으로 압운한 일운도저一韻到底의 시이다.

3-22 이백에게 지어 보내다〔寄李白〕

두보杜甫

전에 사명광객四明狂客(하지장 賀知章)이라는 분 있어서	석년유광객 昔年有狂客
그대를 적선인謫仙人이라 불렀네.	호이적선인 號爾謫仙人
붓을 내려 글을 지으면 풍우를 놀라게 하고	필락경풍우 筆落驚風雨
시가 이루어지면 귀신도 감동해 흐느꼈네.	시성읍귀신 詩成泣鬼神
명성이 이로부터 널리 퍼지니	성명종차대 聲名從此大
아무도 몰랐던 사람이 하루아침에 유명해졌네.	골몰일조신 汨沒一朝伸
문장의 화려함으로 황상의 특별한 총애를 받았고	문채승수악 文彩承殊渥
전해진 작품은 반드시 무리 가운데 으뜸이었네.	유전필절륜 流傳必絶倫
천자의 배는 그를 위해 노를 천천히 저었고	용주이도만 龍舟移棹晩
짐승 무늬를 아로새긴 비단 도포를 새로이 하사하였네.	수금탈포신 獸錦奪袍新
한낮에 깊숙한 궁전으로 오면	백일내심전 白日來深殿
청운에 오른 그대를 뒤따르는 무리의 먼지 가득하였네.	청운만후진 靑雲滿後塵
사직하고 돌아가길 청하자 황제께서 은혜롭게 허락하였고	걸귀우조허 乞歸優詔許
나를 만나자 변함없는 마음으로 가까이 대해주었네.	우아숙심친 遇我宿心親
은둔해 지내려는 뜻 저버리지 않고	미부유서지 未負幽棲志
총애받을 때나 벼슬에서 물러났을 때나 몸가짐 한결같았네.	겸전총욕신 兼全寵辱身
유쾌한 담소로 한적한 생활 사랑했고	극담연야일 劇談憐野逸
술을 즐기면서 천진함을 드러내었네.	기주현천진 嗜酒見天眞

양원梁園의 밤 연회에서 함께 취해 춤을 추었고	취무양원야 醉舞梁園夜[51]
사수泗水에서 봄을 맞아 함께 다니며 노래를 불렀었지.	행가사수춘 行歌泗水春
재능이 드높되 뜻을 펼칠 수 없었고	재고심부전 才高心不展
도道가 굽어진 시대라서 선善한데도 돕는 이 없네.	도굴선무린 道屈善無隣
처사處士로서 예형禰衡처럼 빼어났고	처사예형준 處士禰衡俊[52]
공자의 여러 제자들 가운데 원헌原憲처럼 가난하네.	제생원헌빈 諸生原憲貧[53]
쌀밥과 기장밥 구하기도 충분하지 못했는데	도량구미족 稻粱求未足
율무로 비방을 받음이 어찌 그리도 빈번했던가.	의이방하빈 薏苡謗何頻[54]
오령五嶺 남쪽 무덥고 습기 많은 땅의	오령염증지 五嶺炎蒸地
삼위산三危山으로 쫓겨난 신하 되었네.	삼위방축신 三危放逐臣[55]
올빼미를 만난 지 몇 년이런가	기년조복조 幾年遭鵩鳥
홀로 기린을 향해 흐느끼네.	독읍향기린 獨泣向麒麟[56]

---

51 醉舞梁園夜 : 양원梁園은 한漢 양효왕梁孝王이 지은 정원으로 변경汴京에 있다.

52 處士禰衡俊 : 예형禰衡은 후한말後漢末의 처사處士로, 성품이 강직剛直하고 오만傲慢하여 조조曹操가 임용하려다가 유표劉表에게로 보냈고, 유표도 임용하지 못하고 황조黃祖에게 보냈는데, 황조가 그를 살해하였다.

53 諸生原憲貧 : 원헌原憲은 공자의 제자로 지극히 청렴하고 가난하게 지냈던 인물이다.

54 薏苡謗何頻 : 후한後漢의 마원馬援이 교지交趾를 정벌하고 율무의 맛을 좋아하여 이를 싣고 돌아왔는데, 그가 재욕財慾이 있어서 명주明珠를 싣고 왔다고 비방한 사람이 있어서 청백한 마원이 곤경에 처했었는데, 청백한 이백이 비방을 받음을 이에 비유한 것이다.

55 五嶺炎蒸地 三危放逐臣 : 오령五嶺은 대유大庾·시안始安·임하臨賀·계양桂陽·게양揭陽 등으로, 중국의 온대와 아열대의 경계가 되는 산맥에 있는 고개들이고, 삼위三危는 그곳의 지명으로, 모두 이백이 유배당한 야랑夜郎의 접경지이다.

56 幾年遭鵩鳥 獨泣向麒麟 : 복조鵩鳥는 산올빼미로 이것이 사람의 집에 둥지를 틀면 불길하다 한다. 가의賈誼가 장사왕長沙王 태부太傅로 있을 때에 복조가 그의 집에 둥지를 틀자 자신이 일찍 죽을 것을 예감하고 〈복조부鵩鳥賦〉를 지었다. 기린麒麟은 성군聖君이 나올 때에 나타나는 서수瑞獸로, 때가 아닌데도 기린이 나타났다가 사냥꾼에게 죽임을 당한 것을 보고 공자孔子가 오도吾道가 궁窮하게 되었다고 흐느낀 일이 있다.

소무蘇武가 한漢으로 돌아온 것보다는 빨랐지만	소무선환한 蘇武先還漢
하황공夏黃公이 어찌 무도한 진秦을 섬길 수 있었겠는가.	황공기사진 黃公豈事秦[57]
초楚 땅의 잔치에서 단술을 이유로 사직하던 날과 같았고	초연사례일 楚筵辭醴日[58]
양효왕梁孝王의 옥중에서 간하는 글 올리던 때와 같았네.	양옥상서신 梁獄上書辰[59]
이미 이 시대의 법을 적용하였으니	이용당시법 已用當時法
누가 이 뜻을 진술해주겠는가.	수장차의진 誰將此義陳
노인이 된 이백은 가을 달 아래에서 읊조리는데	노음추월하 老吟秋月下
나는 병든 몸으로 일어나 저녁 강가를 서성이네.	병기모강빈 病起暮江濱
황제의 은택이 가려졌음을 괴이하게 여기지 마시라	막괴은파격 莫怪恩波隔
내가 떼배 타고 은하銀河에 올라 하늘의 뜻 물어보리라.	승사여문진 乘槎與問津[60]

이백李白이 먼 변방인 야랑夜郎으로 유배되었을 때에 이 시를 지어 보내준 듯하다. 이백의 뛰어난 시재詩才를 극찬하며, 자신과의 인연을 회고하고, 이백을 예형禰衡·원헌原憲·마원馬援·가의賈誼·소무蘇武·하황공夏黃公·신공申

---

57 蘇武先還漢 黃公豈事秦 : 한대漢代의 충신忠臣 소무蘇武가 흉노匈奴에 사신으로 갔다가 19년 만에야 귀국할 수 있었으니, 충신 이백李白의 귀양살이가 그보다는 짧게 되기를 기대한 것이고, 황공黃公은 진말秦末 한초漢初의 상산사호商山四皓 중의 한 사람인 하황공夏黃公으로, 이들이 무도無道한 진秦을 섬기지 않았듯이, 이백도 무도한 영왕永王이 내린 벼슬을 거절했음을 말한 것이다.

58 楚筵辭醴日 : 초왕楚王이 무도無道한 짓을 하자 신공申公이 초왕이 잔치에 단술을 주지 않은 것을 핑계로 그에게서 떠났듯이, 이백李白도 황명皇命을 거역한 영왕永王의 벼슬을 받지 않고 떠났음을 밝힌 것이다.

59 梁獄上書辰 : 이백李白이 심양潯陽의 감옥에 갇혔다 풀려난 일을 한대漢代 추양鄒陽이 양효왕梁孝王을 섬기기 위해 찾아갔다가 모함을 당해 옥에 갇히자 상서上書하여 풀려난 고사에 비유한 것이다.

60 乘槎與問津 : 송지문宋之問의 〈명하편明河篇〉에, "은하수를 볼 수는 있으나 가까이 할 수가 없으니, 원컨대 떼배를 얻어 타고 건널 수 있는 나루를 물어보리라.〔明河可望不可親 願得乘槎一問津〕" 하였는데, 이를 원용援用한 시구詩句로, 천도天道의 귀착점歸着點이 어디에 있기에, 뛰어난 학식과 경륜을 지닌 사람이 이런 곤고를 겪는지 따져보겠다는 것이다.

公·추양鄒陽 등에 비유하면서, 천도天道의 귀착점歸着點이 어디이기에 이렇게 뛰어난 시재와 학식과 경륜을 지닌 사람이 이런 참혹한 곤고를 겪는지 따져보겠다고 절규絶叫한 시이다.

특히 제2련聯의 '필락경풍우筆落驚風雨 시성읍귀신詩成泣鬼神'은 이백의 뛰어난 시재를 절묘絶妙하게 표현한 경책警策으로 찬양받고 있다.

평성平聲 진운眞韻으로 압운한 일운도저一韻到底의 시이다.

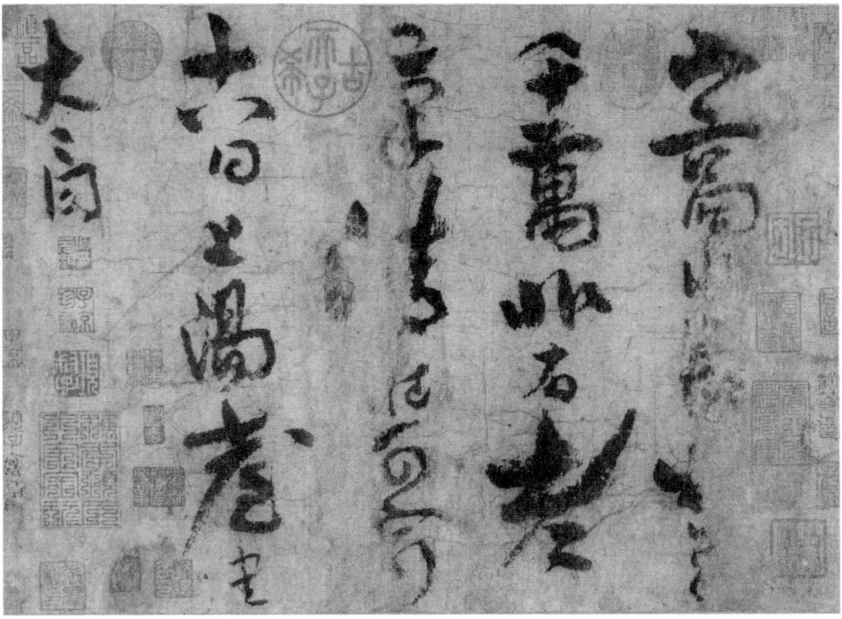

이백李白의 초서 상양대첩上陽臺帖

3-23 가서개부께 보내드린 이십 운 시〔投贈哥舒開府[61]二十韻〕

두보杜甫

이 시대의 기린각에 그릴 공신으로　금대기린각 今代麒麟閣
으뜸가는 공을 세운 이는 누구인가.　하인제일공 何人第一功
군왕(현종玄宗)께서 스스로 신묘한 무덕武德 지니셔서　군왕자신무 君王自神武
등용해 쓰는 사람이 반드시 영웅들이네.　가어필영웅 駕馭必英雄
가서개부께서는 이 조정의 걸출한 인물이어서　개부당조걸 開府當朝傑
전략을 논하심이 옛사람의 풍도를 뛰어넘었네.　논병매고풍 論兵邁古風
선봉이 되어 백전백승하였고　선봉백승재 先鋒百勝在
땅을 공략하여 북쪽과 서쪽 변방에 적군이 없게 되었네.　약지양우공 略地兩隅空[62]
이제 청해靑海 땅은 전투신호로 쓰는 화살이 필요 없고　청해무전전 靑海無傳箭
천산天山에서도 일찍이 활을 걸어놓고 지내게 되었네.　천산조괘궁 天山早掛弓[63]
염파廉頗처럼 적을 달아나게 하였고　염파잉주적 廉頗仍走敵
위강魏絳처럼 오랑캐에게 강화조약 맺고 복속케 하였네.　위강이화융 魏絳已和戎[64]

---

61 哥舒開府 : 가서哥舒는 가서한哥舒翰이다. 오랑캐 출신으로 당唐나라의 장수가 되어 변경 개척에 공을 세웠고, 천보天寶 연간에 하서河西와 농우隴右의 절도사節度使가 되어 서평군왕西平郡王에 봉해졌다가 병마부원수兵馬副元帥가 되어 안녹산安祿山 반군反軍을 토벌하다가 패전敗戰하고 안녹산에게 항복했던 인물이다. 개부開府는 삼공三公을 위해 설치했던 관부官府이다.

62 略地兩隅空 : 가서한哥舒翰이 북으로 돌궐突厥을 정벌하고 서로 토번吐藩을 공략하여 그 땅을 빼앗았으므로, 북쪽과 서쪽 변경에 적이 없게 되었음을 말한다.

63 靑海無傳箭 天山早掛弓 : 가서한이 청해靑海에 성을 쌓아 토번이 접근하지 못하게 하였다. 천산天山은 기련산祈連山이라고도 하는데, 서역西域의 변경요지이다. 이곳도 점거하여 흉노匈奴와 서융西戎이 접근하지 못하게 하였음을 말한다.

64 廉頗仍走敵 魏絳已和戎 : 염파廉頗는 전국시대戰國時代 조趙나라 장군으로 진秦·

늘 하황河湟 지방을 포기한 것을 애석히 여겨	매석하황기 每惜河湟棄[65]
새로 두 지방 절도사 겸하자 이를 제압하고 길을 터놓았네.	신겸절제통 新兼節制通
밝으신 천자의 뜻 받들어 지혜로운 계책을 세우니	지모수예상 智謀垂睿想
조정을 출입함에 여러 고관들의 앞에 서게 되었네.	출입관제공 出入冠諸公
일월이 관중關中의 수목에 낮게 드리우게 하고	일월저진수 日月低秦樹
건곤이 한나라 궁궐을 감싸게 하였네.	건곤요한궁 乾坤繞漢宮[66]
오랑캐들은 패배해 쫓겨남을 근심하고	호인수축배 胡人愁逐北
대완 땅의 명마들을 다시 동쪽 중국에 조공하게 되었네.	완마우종동 宛馬又從東
변경 사막 멀리 있다가 입조하라는 명을 받고	수명변사원 受命邊沙遠
조정으로 돌아와 연석에서 황상皇上과 자리를 함께하였네.	귀래어석동 歸來御席同
일찍이 총애받던 학처럼 대궐 뜰에 올랐으니	헌지증총학 軒墀曾寵鶴[67]
황제께서 사냥 나가 얻은 것이 옛날처럼 곰이 아니었네.	전렵구비웅 畋獵舊非熊[68]
봉지封地엔 백성의 수를 더 늘려 받았고	모토가명수 茅土加名數

위魏와 싸워 승리하였고, 위강魏絳은 진晉 도공悼公에게 서융西戎과의 화친和親을 권고하여 이를 복속시켰는데, 가서한의 공로가 그들과 같다는 것이다.

65 每惜河湟棄 : 하황河湟은 황하黃河 상류로 당唐과 토번吐藩이 쟁탈전을 벌였던 곳이다.

66 日月低秦樹 乾坤繞漢宮 : 이는 안사安史의 난에 잃었던 땅을 다시 수복하였음을 말한 것이다. 일월日月이 특별히 관중關中 땅을 가까이하고 건곤乾坤이 황실을 옹호한다는 것으로, 당唐의 통치력이 일월과 건곤의 도움으로 크게 확대되었다는 것이다.

67 軒墀曾寵鶴 : 《춘추좌씨전春秋左氏傳》에 "위衛나라 의공懿公이 학鶴을 좋아하여 학 가운데 초헌軺軒을 탄 것도 있었다." 하였는데, 이를 인용하여 가서한이 군주의 특별한 총애를 받았음을 말한 것이다.

68 畋獵舊非熊 : 주周 문왕文王이 사냥을 나가며 태복太卜에게 점을 치게 하니, "오늘 얻을 것은 곰도 범도 아니고 패왕覇王이 되도록 도울 인물입니다." 하였는데, 위수渭水 가에서 낚시질하는 강태공姜太公을 만났다. 가서한이 바로 그 강태공 같은 인물이라는 것이다.

태산 황하와 시종始終을 함께할 것을 맹세하였네.	산하서시종 山河誓始終[69]
계책이 행해져 전벌戰伐이 필요 없게 되었으니	책행유전벌 策行遺戰伐
군신간의 뜻이 맞아 성명聖明하신 군주를 감동시키네.	계합동소융 契合動昭融
공훈을 세운 업적은 푸른 하늘에 드높고	훈업청명상 勳業青冥上
가까이 사귀는 분들은 기개 있는 명사들이네.	교친기개중 交親氣槪中
나는 구슬로 장식한 신을 신은 객이 되지 못하고	미위주리객 未爲珠履客[70]
이미 흰 머리 드러낸 늙은이가 되었네.	이견백두옹 已見白頭翁
웅장한 포부를 처음엔 기둥에 써놓았었는데	장절초제주 壯節初題柱[71]
생애가 굴러다니는 쑥대처럼 떠돌게 되었네.	생애사전봉 生涯似轉蓬
몇 해나 새로 돋았던 봄풀이 시들었던가.	기년춘초헐 幾年春草歇
오늘날엔 해 저물어도 묵을 곳 없는 곤궁한 신세일세.	금일모도궁 今日暮途窮
손초孫楚는 군사軍事로 머물 수 있었고	군사유손초 軍事留孫楚
여몽呂蒙은 항오行伍 사이에서 알려져 발탁되었네.	항간식여몽 行間識呂蒙[72]

---

69 山河誓始終 : 산하山河는 태산泰山과 황하黃河를 말한다. 한漢 고조高祖가 즉위하여 공신功臣들에게 맹세하기를 "황하가 말라 띠 같은 실개천이 되고 태산이 갈려 숫돌만 하게 될 때까지 나라를 길이 보존하며 그대들의 먼 후손에게까지 복록福祿을 누리게 할 것이다." 한 말을 인용하여 가서한의 공로를 통해 누리는 복록이 먼 후대까지 미치리라고 찬양한 것이다.

70 未爲珠履客 : 전국시대 초楚나라 춘신군春申君의 삼천三千 문객門客 가운데 상객上客들은 신발을 진주珍珠로 꾸몄다는 고사故事를 인용하여, 두보杜甫가 아직 가서한의 문객이 되지 못했음을 말하면서, 문객이 되기를 원한 것이다.

71 壯節初題柱 : 한대漢代의 사마상여司馬相如가 처음 성도成都의 승선교昇仙橋를 지날 때에 그 기둥에 써놓기를 "사마駟馬가 끄는 수레를 탈 정도로 출세하지 못한다면 다시는 이 다리를 건너 돌아오지 않겠다." 하였던 고사를 인용하여, 자신도 젊을 때에 이런 웅장한 포부를 지니고 있었으나, 뜻을 이루지 못했음을 밝힌 것이다.

72 軍事留孫楚 行間識呂蒙 : 진晉의 손초孫楚는 재능이 뛰어났으나 오랫동안 발탁되지 못하다가 40여 세에 이르러 비로소 진동군사鎭東軍事에 참여하였고, 오吳의 여몽呂蒙은 16세 때에 졸병으로 항오行伍 사이에 있다가 칼을 빼어 못된 관리를 죽이자 손책孫策에게 알려져서 임용되었던 고사故事를 인용하여, 자신도 손초와 여몽처럼 임용되기를 청원한 것이다.

보신保身할 한 자루 긴 칼을 차고	防身一長劍 (방신일장검)
장차 그대 계신 공동崆峒에 의탁하고 싶네.	將欲倚崆峒[73] (장욕의공동)

당시 군권軍權을 장악하고 있던 가서한哥舒翰에게 임용해주기를 청한 구환시求宦詩이다. 가서한의 군공軍功을 크게 찬양하며 그의 업적을 옛 염파廉頗와 위강魏絳과 강태공姜太公에 비기고, 자신의 문재文才를 사마상여司馬相如에 비기면서, 궁곤窮困한 현실에서 벗어나 손초孫楚와 여몽呂蒙처럼 발탁되어 자신이 지닌 포부를 실현하고 싶은 간절한 소망을 드러내었다.

평성平聲 동운東韻으로 압운한 일운도저一韻到底의 근체近體 오언五言 배율시排律詩이다.

---

73 將欲倚崆峒 : 공동崆峒은 토번吐藩과의 경계에 있는 산 이름이다. 그곳으로 가서 가서한을 모시고 싶다는 뜻을 드러낸 것이다.

3-24 위좌승께 드리다〔贈韋左丞〕

두보杜甫

비단옷 입은 귀족 자제들은 굶어 죽는 일이 없으나	紈袴不餓死 (환고불아사)
선비의 갓 쓴 사람은 몸을 그르치는 이가 많습니다.	儒冠多誤身 (유관다오신)
어르신께서 시험삼아 조용히 들어보십시오.	丈人試靜聽 (장인시정청)
천賤한 이 사람이 자세히 말씀드리겠습니다.	賤子請具陳 (천자청구진)
제가 과거 젊었을 때에	甫昔少年日 (보석소년일)
일찍이 국자감國子監 학생으로 충원되었습니다.	早充觀國賓 (조충관국빈)
책 일만 권을 독파하니	讀書破萬卷 (독서파만권)
붓을 내려 글을 지으면 신명神明이 돕는 듯하였습니다.	下筆如有神 (하필여유신)
부賦를 헤아려보면 양웅揚雄과 맞설 만하게 지었고	賦料揚雄敵 (부료양웅적)
시詩를 살펴보면 자건子建에 근접하게 지었습니다.	詩看子建親[74] (시간자건친)
이옹李邕이 친교 맺기를 청하였고	李邕求識面 (이옹구식면)
왕한王翰이 이웃에 살기를 원했습니다.	王翰願卜隣[75] (왕한원복린)
이에 스스로 남달리 매우 뛰어나다고 여기며	自謂頗挺出 (자위파정출)
곧 중요한 벼슬자리에 오르리라 생각했습니다.	立登要路津 (입등요로진)

---

74 賦料揚雄敵 詩看子建親 : 양웅揚雄은 한대漢代 사람으로 사부辭賦에 능하였고 박학博學하여, 저서로 《태현경太玄經》, 《양자법언揚子法言》, 《방언方言》 등을 남겼다. 자건子建은 조조曹操의 아들 조식曹植의 자字이다. 조식은 문재文才가 뛰어났고, 유명한 〈칠보시七步詩〉를 남긴 사람이다. 두보杜甫 자신이 지은 부賦가 이 양웅에 필적匹敵하고 시詩는 조식에 근접近接한다고 자신의 문재를 과시誇示한 것이다.

75 李邕求識面 王翰願卜隣 : 이옹李邕은 당시에 글씨와 문장으로 명성을 날렸던 인물이고, 왕한王翰은 시에 능했던 인물이다. 이런 유명인사들이 두보 자신의 능력을 인정하여 사귀기를 바라고 있다는 것이다.

군주를 요순堯舜 이상의 경지에 이르게 하고	致君堯舜上(치군요순상)
다시 풍속을 순후하게 하려 하였습니다.	再使風俗淳(재사풍속순)
이러한 포부가 끝내 불가능해지자	此意竟蕭條(차의경소조)
떠돌며 시나 읊조렸지만 은둔하려 하지는 않았습니다.	行歌非隱淪(행가비은륜)
나귀 타고 떠돈 삼십 년 동안에	騎驢三十載(기려삼십재)
장안에서 객지 밥 먹으며 세월을 보냈습니다.	旅食京華春(여식경화춘)
아침엔 부잣집 문을 두드리고	朝扣富兒門(조구부아문)
저녁엔 살찐 말을 탄 사람의 뒤를 따랐습니다.	暮隨肥馬塵(모수비마진)
먹다 남은 술과 싸늘하게 식은 불고기나 얻어먹으며	殘盃與冷炙(잔배여냉자)
어디를 가나 남몰래 고난을 슬퍼했습니다.	到處潛悲辛(도처잠비신)
주상主上께서 지난번에 불러 등용하려 하신다기에	主上頃見徵(주상경견징)
마침내 뜻을 펼치고자 하였습니다.	欻然欲求伸(훌연욕구신)
그러나 푸른 하늘에 오르려다 문득 날개를 떨군 듯하고	靑冥却垂翅(청명각수시)
큰물에 풀어놓은 물고기가 되지 못해 허둥대고 있습니다.	蹭蹬無縱鱗(층등무종린)[76]
어르신의 후의에 매우 부끄러웠고	甚愧丈人厚(심괴장인후)
어르신의 참된 마음을 잘 알게 되었습니다.	甚知丈人眞(심지장인진)
번번이 여러 관료들이 있는 자리에서	每於百寮上(매어백료상)

---

76 主上頃見徵……蹭蹬無縱鱗 : 천보天寶 6년에 조서詔書를 내려 한 가지 재능이라도 있는 사람이면 모두 시험을 보여 등용하도록 명하였다. 이에 두보杜甫와 원결元結 등도 뜻을 펼 기회가 왔다고 여겨 응시하였으나, 이들의 임용을 바라지 않았던 재상 이임보李林甫가 상서성尙書省에 명하여 낙방시켰으므로 실의에 빠지게 되었음을 말한 것이다. '구신求伸'은 《주역周易》 〈계사繫辭 하下〉에 "자벌레가 웅크리고 있는 것은 이로써 몸을 펴기 위해서이다.〔尺蠖之屈 以求伸也〕"라 한 말을 용사用事한 것이다. '종린縱鱗'은 대어大魚를 강물에 풀어놓아 물고기가 큰 물을 만나게 되었다는 것으로, 군신君臣이 함께 도道를 크게 행할 수 있게 되었음을 뜻하는데, 이를 이루지 못하게 되어 실의에 빠졌다는 것이다.

분에 넘치게도 제가 새로 지은 가구佳句를 암송하셨습니다. 猥誦佳句新(외송가구신)

삼가 공공貢公이 기뻐했던 일을 본받으려 하나 竊效貢公喜(절효공공희)

원헌原憲처럼 가난함을 달게 여기며 지내기 어렵습니다. 難甘原憲貧(난감원헌빈)[77]

어찌 마음으로 야속히 여기며 원망할 수 있겠습니까 焉能心怏怏(언능심앙앙)

다만 여기저기 분주히 돌아다닐 뿐입니다. 秖是走踆踆(지시주준준)

이제는 어쩔 수 없이 동쪽 해도海島로 들어가고자 今欲東入海(금욕동입해)

곧 서쪽 장안에서 떠나려 합니다. 卽將西去秦(즉장서거진)

그러나 아직도 종남산終南山에 미련이 남아서 尙憐終南山(상련종남산)

머리 돌려 맑은 위수渭水 가를 바라봅니다. 回首清渭濱(회수청위빈)[78]

언제나 밥 한 끼의 은혜도 갚으려 하였는데 常擬報一飯(상의보일반)[79]

더구나 대신과 하직하려니 마음이 어떻겠습니까. 況懷辭大臣(황회사대신)

흰 갈매기처럼 너른 물결에서 노닐게 되면 白鷗波浩蕩(백구파호탕)

만리 밖에 있는 저를 누가 길들일 수 있겠습니까. 萬里誰能馴(만리수능순)

---

77 竊效貢公喜 難甘原憲貧 : 공공貢公은 한대漢代의 공우貢禹를 말한다. 친구 왕길王吉이 벼슬에 나간 것을 보고 기뻐하며 자신도 갓을 털어 쓰고 벼슬에 나아가 그와 출처出處를 같이하려 했다는 고사故事를 인용하여, 위좌승韋左丞과 출처를 같이하고 싶은 뜻을 드러내고, 공자의 제자 원헌原憲이 몹시 가난하게 살면서도 도道를 고수했음은 달게 따르기 어렵다 하여, 관직에 임용되기를 바라는 뜻을 드러내었다.

78 回首清渭濱 : 맑은 위수渭水 가는 곧 주周 문왕文王이 낚시하던 태공망太公望 여상呂尙을 찾아내어 발탁拔擢한 곳이다. 고개 돌려 이를 바라본다는 것은, 옛날에는 훌륭한 경륜을 가진 인물을 발탁했는데, 지금 자신은 불러주는 사람이 없음을 개탄한 것이다.

79 常擬報一飯 : 《사기史記》 〈범수전范雎傳〉에 범수范雎가 위魏에서 곤고困苦를 겪다가 진秦으로 망명하여 재상이 된 후, "과거에 밥 한 끼 얻어먹었던 은혜도 반드시 보답했다.〔一飯之恩必報〕" 한 말을 인용하여, 위좌승韋左丞의 은혜를 반드시 갚고 싶기는 하나 그럴 수가 없게 된 곤경困境을 말한 것이다.

원제原題는 〈봉증위좌승장이십이운奉贈韋左丞丈二十二韻〉이다. 제목에서 밝힌 위좌승韋左丞은 좌승左丞의 지위에 있던 위제韋濟를 지칭한 것이다. 자신의 어려운 처지를 그에게 밝히며 자신의 능력과 그동안 겪어온 고난 및 자신의 포부를 대화 나누듯이 서술하면서, 만약 임용해주지 않는다면 장안을 떠나 동해에 은거하겠다는 뜻을 밝힌 시이다.

특히 제4련聯의 "독서파만권讀書破萬卷 하필여유신下筆如有神" 두 구가 이 시의 경책警策으로, 광범한 독서를 통해 이루어진 자신의 학식 덕분에 시상詩想에 맞는 고사故事나 비유比喩나 대장對仗을 자유자재로 구사할 수 있게 되었음을 과시하였다.

평성平聲 진운眞韻으로 압운한 일운도저一韻到底의 배율시排律詩이다. 배율시는 시제詩題에 운수韻數를 표시함이 일반적이어서, 본 시의 원제原題에도 22운韻이라고 운수를 밝힌 것이다.

3-25 취하여 장비서에게 지어주다〔醉贈張秘書〕

한유韓愈

사람들 모두가 내게 술을 권해도	인개권아주 人皆勸我酒
나는 못 들은 체했었는데,	아약이불문 我若耳不聞
오늘 그대의 집에 이르러서는	금일도군가 今日到君家
술을 가져오라 하여 그대에게 권하고 있으니,	호주지권군 呼酒持勸君
이 자리에 있는 손님들과	위차좌상객 爲此座上客
내가 각기 문장에 능한 사람들이기 때문이네.	급여각능문 及余各能文
그대의 시는 기품이 뛰어나서	군시다태도 君詩多態度
자욱한 봄 하늘의 구름 같네.	애애춘공운 藹藹春空雲
동야(맹교孟郊)는 걸핏하면 속인들을 놀라게 하여	동야동경속 東野動驚俗
자연스럽게 핀 꽃봉오리가 기이한 향기 내뿜듯 하고,	천파토기분 天葩吐奇芬
장적張籍은 시를 예스럽고 담박하게 짓도록 배워서	장적학고담 張籍學古淡
드높이 나는 학鶴이 닭 무리 피하듯 하네.	헌학피계군 軒鶴避鷄群
내 조카 매買가 학식은 부족하지만	아매불식자 阿買不識字
제법 팔분서八分書(해서楷書)는 쓸 줄 알아서,	파지서팔분 頗知書八分
시가 이루어지면 그 아이에게 쓰게 하니	시성사지사 詩成使之寫
우리의 위풍을 펼치기에 또한 충분하네.	역족장오군 亦足張吾軍[80]
술을 마시고자 하는 까닭은	소이욕득주 所以欲得酒
얼큰해지기를 기다려 시를 짓고자 해서인데,	위문사기훈 爲文俟其醺

---

80 亦足張吾軍 : '장오군張吾軍'은 《춘추좌씨전春秋左氏傳》 환공桓公 6년조에 나오는 말로, 자기의 위풍과 기세를 장대하게 한다는 뜻으로 쓰인다.

술맛이 이미 속을 시원하고 맑게 하며	주미기냉렬 酒味旣冷冽
술기운 또한 부드럽게 퍼지네.	주기우인온 酒氣又氤氳
마음이 차츰 호탕해져서	성정점호호 性情漸浩浩
농담하고 웃는 소리가 떠들썩해지네.	해소방운운 諧笑方云云
이렇게 되는 것이 진실로 술을 마시고자 하는 뜻이었으니	차성득주의 此誠得酒意
이 밖의 나머지는 다만 골치 아프고 어수선한 것뿐이네.	여외도빈분 餘外徒繽紛
장안의 여러 부자 녀석들이	장안중부아 長安衆富兒
술상에 늘어놓은 음식은 노린내 나는 고기와 마늘뿐이고,	반손나전훈 盤饌羅羶葷
시詩 짓고자 술 마시는 일을 이해하지 못하여	불해문자음 不解文字飮
오직 여인들과 어울려 취하는 일만 잘할 뿐이어서,	유능취홍군 惟能醉紅裙
비록 잠깐 마시고 노는 즐거움은 있으나	수득일향락 雖得一餉樂
날아다니는 모기떼가 모여있는 것과 같네.	유여취비문 有如聚飛蚊
지금 나와 그대들 몇 사람은	금아급수자 今我及數子
본시 악취 나는 풀은 없고 향초와 함께하고 있어서,	고무유여훈 故無蕕與薰
기이한 시어詩語는 귀신의 간담을 놀라게 하고	험어파귀담 險語破鬼膽
고아한 문사文詞는 삼황三皇시대의 삼분三墳에 필적하네.	고사비황분 高詞媲皇墳[81]
지극한 보배는 아로새기고 다듬어야 되는 게 아니고	지보불조탁 至寶不雕琢
신묘한 공효는 호미와 쟁기를 사양한다네.	신공사서운 神功謝鋤耘
바로 지금은 크게 화평한 시대로 향해 가고 있으니	방금향태평 方今向泰平
팔원八元과 팔개八凱가 요순堯舜을 받드는 것과 같네.	원개승화훈 元凱承華勛[82]

---

81 高詞媲皇墳 : 황분皇墳은 삼황三皇(수인씨燧人氏·복희씨伏戱氏·신농씨神農氏) 시대의 전적典籍, 즉 태고시대의 전적으로, 대도大道가 함유된 삼분三墳을 말한다.

82 元凱承華勛 : 원개元凱는 팔원八元과 팔개八凱이고, 화훈華勛은 중화重華(순舜)와 방훈放勛(요堯)이다. 팔원은 상고시대上古時代 고신씨高辛氏(제곡帝嚳)가 거느렸던

	오 도 행 무 사
그래서 우리들 다행히 큰 탈 없이 지내고 있으니	吾徒幸無事
	서 이 궁 조 훈
이로써 천수天壽를 끝까지 누리길 바라네.	庶以窮朝曛

장비서張秘書(미상未詳) 집에서 마음에 맞는 시우詩友들과 술 마시고 시를 지으며, 모인 사람들을 극찬極讚하면서, 이런 고상高尙한 취향趣向을 모르고 향락이나 즐기는 귀공자貴公子들을 멸시蔑視하고, 아울러 자신들은 옛 성군聖君을 훌륭하게 보필輔弼했던 팔원팔개八元八凱와 같은 인물들이라고 자부自負한 시이다.

마지막 4구는 당시의 상황과 자신들의 처지를 역설적으로 표현한 것으로, 자신들은 요순堯舜이 성군이 되도록 보필했던 팔원팔개와 같은 학덕學德과 경륜經綸을 지니고 있는데도, 태평한 시대가 아니어서 경륜을 펼치지 못하고, 탈없이 천수天壽나 누리기를 바랄 뿐이라 한 것이다.

평성平聲 문운文韻 22운韻으로 압운한 일운도저一韻到底의 배율시排律詩이다.

재능이 뛰어났던 여덟 사람을 말하고, 팔개는 고양씨高陽氏(전욱顓頊)가 거느렸던 재능이 뛰어났던 여덟 사람을 말한다. 이들이 모두 재덕才德이 뛰어났고, 함께 협력하여 군주를 훌륭히 보필하였으므로, 시문詩文에 능하고 재덕才德이 뛰어난 자신들이 옛 팔원팔개들처럼 성군聖君을 보필하고 있음을 말한 것이다.

3-26 쩨쩨한 무리들〔齪齪〕

한유韓愈

쩨쩨하게 사소한 걱정이나 하는 이 시대의 벼슬아치들　齪齪當世士(착착당세사)
근심하는 것이 굶주림과 추위에 있을 뿐이네.　所憂在飢寒(소우재기한)
천박한 자들의 슬픔만 드러낼 뿐　但見賤者悲(단현천자비)
고귀한 사람들의 탄식은 들으려 하지 않네.　不聞貴者歎(불문귀자탄)
크게 어진 분이 일삼는 것은 이와 달라서　大賢事業異(대현사업이)
원대한 포부가 속물들의 관점과는 다르네.　遠抱非俗觀(원포비속관)
국은에 보답하려는 마음이 밝고 깨끗하며　報國心皎潔(보국심교결)
시세의 그릇됨을 염려하여 줄줄 눈물 흘리네.　念時涕汍瀾(염시체환란)
아양 떠는 여인들이 좌우에서 모시고　妖姬在左右(요희재좌우)
부드러운 손가락으로 슬픈 곡조를 타며,　柔指發哀彈(유지발애탄)
비록 날마다 술과 안주를 늘어놓았으나　酒肴雖日陳(주효수일진)
슬픈 감정이 격동하니 어찌 이를 즐길 수 있겠는가.　感激寧爲歡(감격영위환)
가을 구름이 밝은 태양을 가리고　秋陰欺白日(추음기백일)
장마 뒤의 진흙길이 조금도 마르지 않네.　泥潦不少乾(니료불소간)
황하의 제방이 동쪽 고을에서 터져서　河堤決東郡(하제결동군)
노약자들이 사나운 여울물에 휩쓸려 떠내려갔네.　老弱隨驚湍(노약수경단)
이런 재해 내린 하늘의 뜻에 진실로 이유가 있으리니　天意固有屬(천의고유속)
그 단서를 따져 밝힐 수 있는 사람이 누구일까.　誰能詰其端(수능힐기단)
부끄럽지만 태수의 천거를 받아　願辱太守薦(원욕태수천)
간쟁을 담당한 관원에 충원될 수 있기를 바라네.　得充諫諍官(득충간쟁관)

가리고 있는 구름 헤치고 대궐 문 앞에서 큰 소리로	排雲叫閶闔 (배운규창합)
속에 품은 세상 구할 미옥美玉 같은 계책을 펼치고 싶네.	披腹呈琅玕 (피복정랑간)
군주를 요순堯舜에 이르게 할 경륜經綸 어찌 없을까마는	致君豈無術 (치군기무술)
직접 자신을 천거하기는 진실로 어렵도다.	自進誠獨難 (자진성독난)

제1구의 첫 두 글자 착착齪齪을 따서 시제詩題로 삼았다. 첫 4구에서는 당시 재조지사在朝之士들이 모두 쩨쩨한 무리들이어서 먹고 입는 데에만 관심이 있을 뿐 보국우시報國憂時할 줄은 모름을 비판하였다. 제5~12구에서는 당시 서주절도사徐州節度使로 있으면서 자신을 절도추관節度推官에 임명해준 장건봉張建封을 극찬極讚하고, 13구 이하에서는 천재天災가 연잇고 어진 관원官員이 버림받는 당시의 세태世態를 개탄慨歎하면서, 이를 천도天道에 맞게 해결할 경륜經綸이 자신에게 있으니, 간관諫官으로 천거薦擧해달라고 장건봉에게 청원請願하고 있다.

이 시가 비록 자천시自薦詩이기는 하나 자신을 낮추거나 애걸哀乞하지 않고 당당하게 포부를 밝힌 점이 특히 돋보인다.

평성平聲 한운寒韻으로 압운한 일운도저一韻到底의 시이다.

3-27 양강공이 가지고 있는 돌 모양이 술 취한 도사와 같기에 그를 위해 이 시를 짓다〔楊康功有石狀如醉道士爲賦此詩〕

소식蘇軾

초 땅의 산에는 본시 원숭이가 많은데	楚山固多猿(초산고다원)
그 가운데 푸른 놈이 영리하고 오래 산다네.	靑者黠而壽(청자힐이수)
그놈이 변하여 멋대로 날뛰는 도사道士가 되어서	化爲狂道士(화위광도사)[83]
산골짜기를 제멋대로 휘젓고 뛰어다니다가,	山谷恣騰蹂(산곡자등유)
실수로 화양동으로 들어와서는	誤入華陽洞(오입화양동)
모군茅君의 술을 훔쳐 마셨네.	竊飮茅君酒(절음모군주)[84]
모군이 바위 사이에 가두라 명하여	君命囚巖間(군명수암간)
바윗돌로 손에 수갑을 채우고	巖石爲械杻(암석위계추)
솔뿌리로 발에 차꼬를 채우고	松根絡其足(송근낙기족)
칡덩굴로 그 팔뚝을 묶고	藤蔓縛其肘(등만박기주)
푸른 이끼로 그 눈을 가리고	蒼苔眯其目(창태미기목)
가시덤불로 그 입을 막았네.	叢棘哽其口(총극경기구)
삼 년이 되자 돌로 변했는데	三年化爲石(삼년화위석)
단단하고 깡마른 것이 경구옥瓊玖玉과 같네.	堅瘦敵瓊玖(견수적경구)

---

83 化爲狂道士 : 《포박자抱朴子》에 "원숭이가 500살을 살면 변하여 확玃이 되고, 1,000살을 살면 변하여 노인老人이 된다." 하였으니, 1,000년 이상 장수하여 취도사醉道士가 되었다는 것이다.

84 誤入華陽洞 竊飮茅君酒 : 《선경仙經》에 "구곡산九曲山 36골짜기 가운데 여덟 번째 골짜기가 화양동華陽洞인데, 이곳은 모군茅君이 다스리는 곳이다." 하였다. 모군은 구곡산에서 도를 닦아 신선이 되었다고 전해지는 모씨茅氏 삼형제三兄弟를 말한다.

다시는 구름 향해 소리를 지르지 못하고	無復號雲聲 (무부호운성)
술잔 들고 춤추는 도사의 모습만 남았네.	空餘舞杯手 (공여무배수)
나무꾼이 이를 발견하고 우스워서	樵夫見之笑 (초부견지소)
가져다가 헐값에 팔았네.	抱賣易升斗 (포매역승두)
양공楊公은 해도海島 속에 사는 신선이니	楊公海中仙 (양공해중선)
세속에서 어찌 벗을 얻을 수 있으리오.	世俗焉得友 (세속언득우)
해변에서 막고야藐姑射의 신선을 만나	海邊逢姑射[85] (해변봉고야)
한 번 웃으며 고개 약간 숙여 인사를 하였네.	一笑微俛首 (일소미면수)
이를 실어 돌려보내지 않고	胡不載之歸 (호불재지귀)
이 완악하고 추하게 생긴 것을 어찌 가져왔는가.	用此頑且醜 (용차완차추)
시를 지어 그 기이함을 기록해달라 청하기에	求詩紀其異 (구시기기이)
그 본말을 상세하게 파헤치게 되었네.	本末得細剖 (본말득세부)
지금까지 한 내 말이 어찌 함부로 한 말이겠는가	吾言豈妄云 (오언기망운)
무시수亡是叟에게서 얻어들은 것이네.	得之亡是叟[86] (득지무시수)

양강공楊康功이 자신이 가지고 있는 술 취한 도사道士처럼 생긴 돌을 보여주며 이에 대한 시를 지어주기를 청하자, 이에 응하여 지어준 것으로, 노장적老莊的 취향趣向을 드러낸 시이다.

---

85 海邊逢姑射 : 고야姑射는 막고야藐姑射를 말한다. 《장자莊子》에 "막고야藐姑射의 산에 신인神人이 살고 있는데, 피부는 빙설氷雪과 같고 아리땁기는 처자處子와 같다." 하였는데, 원숭이가 변하여 손오공孫悟空이 되고, 손오공이 돌로 변하여 취도사醉道士가 된 것을 막고야의 신선神仙에게서 얻어왔다는 것이다.

86 得之亡是叟 : 한漢 사마상여司馬相如가 지은 〈자허부子虛賦〉에 가설假設의 인물들인 자허子虛와 오유선생烏有先生과 무시공亡是公이 나오는데, 이들은 모두 실재實在하지 않는 허설虛設의 인물이다. 원숭이가 도사道士로 변한 것이나, 선주仙酒를 훔쳐 마시고 돌로 변한 것이나 모두가 진실이 아닌 허사虛事이므로, 이 말을 해주었다 하는 무시수亡是叟도 허설의 인물로 그려놓은 것이다.

총 28구 가운데 26구가 사실이 아닌 설화說話를 사실처럼 꾸민 가설假說이고, 그 가운데 20구가 《서유기西遊記》의 원본이 되는 《대당삼장취경시화大唐三藏取經詩話》와 일치하며, 오직 마지막 2구만으로 이를 거두어 정리하면서 이 이야기를 무시수亡是叟에게서 들었다 하였으니, 이런 작시作詩 수법手法이야말로 천고千古에 뛰어난 절조絶調라 하겠다.

상성上聲 유운有韻으로 압운한 일운도저一韻到底의 시이다.

손오공孫悟空

권4

칠언고풍단편七言古風短篇

4-1 아미산에 뜬 달을 노래하다〔峨眉山月歌〕[1]

이백李白

아미산의 달이 반만 보이는 가을	아 미 산 월 반 륜 추 峨眉山月半輪秋
그림자가 평강강 물에 잠겨 흐르네.	영 입 평 강 강 수 류 影入平羌江水流
밤에 삼계를 출발하여 삼협으로 향하면서	야 발 삼 계 향 삼 협 夜發三溪向三峽[2]
그대 생각하면서도 만나지 못한 채 유주로 내려왔네.	사 군 불 견 하 유 주 思君不見下渝州[3]

이 시는 이백李白이 대망大望을 품고 배를 타고 고향을 떠나 동쪽으로 내려오며 아미산峨眉山에 뜬 달을 보고 지은 것이다. 아미산峨眉山·평강강平羌江·삼

---

1 峨眉山月歌 : 아미산峨眉山은 서촉西蜀 가정부嘉定府(現 사천성四川省)에 있는 산으로, 두 봉우리가 마주한 것이 여인의 눈썹과 같으므로 산명山名을 아미산이라 한 것이다. 절경絶景의 이 산이 바로 이백李白의 고향에 있어서, 이백에게 문학적文學的 영감靈感을 불어넣어준 산이므로, 고향을 떠난 후에도 아미산을 언급한 시가 보인다. 이 시를 이백이 백제성白帝城으로 유배流配되었다가 해배解配되어 돌아오면서 지은 것으로 보기도 하나, 25~26세경에 처음으로 촉蜀 땅에서 나와 동유東遊할 때에 지은 것으로 봄이 타당하다.

2 夜發三溪向三峽 : 삼계三溪는 장강長江의 삼협三峽보다 상류에 있는 현縣의 지명으로, 극계棘溪·동계東溪·갈계葛溪가 합류하는 곳이다. 삼협은 장강의 상류인 기주夔州에 있는 서릉협西陵峽·무협巫峽·귀향협歸鄕峽으로, 물의 흐름이 빠르고 경치가 좋은 곳들이다.

3 思君不見下渝州 : 제목題目으로 보아 군君을 달로 보기도 하고, 달에 가탁假託한 벗이나 연인으로 보기도 한다.

계三溪·삼협三峽·유주渝州 등 칠언七言 사구四句의 시 28자 가운데 지명이 12자를 점하고 있으면서도 문장이 유려流麗하여 난삽難澁한 느낌을 갖지 않게 하는 명시名詩이다.

이 시를 야랑夜郞으로 유배流配되었다가 사면赦免을 받고 돌아가는 도중에 지은 것으로 보기도 하고, 25세 시에 고향을 떠나면서 지은 것으로 보기도 한다. 고향의 하늘·달·땅·강·산 등이 나와 하나가 되고, 그런 고향을 떠나면서 그대가 생각나나 만나지 못하고 떠나게 되어 아쉽다는 뜻을 드러낸 시이다.

평성平聲 우운尤韻으로 압운하였고, 운자韻字가 추秋·류流·주州인 수구입운시首句入韻詩이다.

아미산월가시의도
峨眉山月歌詩意圖

4-2 산중에서 속인의 물음에 답하다〔山中答俗人〕

이백李白

나에게 어인 일로 푸른 산속에 사는가 묻기에	문여하사서벽산 問余何事栖碧山
웃기만 하고 대답을 않았지만 마음 절로 한가롭네.	소이부답심자한 笑而不答心自閑
복사꽃 그림자를 품은 물이 아득히 흘러가니	도화유수묘연거 桃花流水窅然去
별도의 세계가 있는 것으로 인간 속세와는 다르다네.	별유천지비인간 別有天地非人間

제목이 〈산중문답山中問答〉으로 되어있는 판본도 있다. 문자問者인 속인俗人을 가설假設하여 자문자답自問自答한 시이다. 이백李白이 30대 후반에 공소보孔巢父 등과 함께 조래산徂徠山 죽계竹溪에 은둔隱遁하여 시주詩酒로 소일消日한 일이 있는데, 이때에 지은 것으로 보인다.

속기俗氣가 없는 이상향理想鄕인 무릉도원武陵桃源을 읊은 시로, 소이부답笑而不答했다 하나 전轉·결結 두 구의 '홍진紅塵이 이르지 않는 세사世事와 절연絶緣한 경지'가 바로 속인의 질문에 대한 답이며, 이는 도연명陶淵明의 '차간유진의此間有眞意 욕변이망언欲辨已忘言'의 탈태奪胎라 할 수 있다. 세상에서 이백을 적선謫仙 또는 시선詩仙이라 칭하는 이유가 바로 이런 선취仙趣의 시를 즐겨 지었기 때문이기도 하다.

평성平聲 산운刪韻으로 압운하였고, 운자韻字가 산山·한閑·간間인 수구입운首句入韻의 고시古詩이다.

4-3 산중에서 마주 앉아 술을 마시며〔山中對酌〕

이백李白

둘이 마주 앉아 술을 마시는데 산에는 꽃이 피어있어	양 인 대 작 산 화 개 兩人對酌山花開
한 잔 한 잔 또 한 잔 연이어 마셨네.	일 배 일 배 부 일 배 一盃一盃復一盃
내가 취해서 자고 싶으니 그대 잠깐 돌아갔다가	아 취 욕 면 군 차 거 我醉欲眠君且去
내일 아침 생각나거든 거문고 안고 오게나.	명 조 유 의 포 금 래 明朝有意抱琴來

원제原題는 〈산중여유인대작山中與幽人對酌〉이다. 꽃 피고 새 우는 산 속에서 유인幽人(은자隱者)과 대작對酌하며 세욕世慾에서 초탈超脫하여 자연과 하나가 된 경지에 이르러 취향醉鄕에서 노닐고자 하면서, 상대에 대한 예절禮節이나 배려配慮조차 필요 없는 진솔眞率하고 고아高雅하고 담백淡白한 우정을 통하여 유인의 진면목眞面目을 드러낸 시이다.

평성平聲 회운灰韻으로 압운하였고, 운자韻字가 개開·배盃·래來인 수구입운시首句入韻詩이다.

4-4 봄밤의 꿈〔春夢〕

잠삼岑參

어젯밤 규방閨房에 스며든 봄바람으로 춘정春情이 일어	동방작야춘풍기 洞房昨夜春風起
멀리 상강 가에 있는 고운 님이 생각났네.	요억미인상강수 遙憶美人湘江水
베갯머리 잠깐 사이의 덧없는 꿈속에서	침상편시춘몽중 枕上片時春夢中
강남땅 수천 리를 다 돌아다녔네.	행진강남수천리 行盡江南數千里

동방洞房의 여인이 님을 그리워하는 연가戀歌 형식으로, 멀리 떨어져 있어 꿈에서밖에 만날 수 없는 님에 대한 그리움을 읊은 노래이다.

상성上聲 지운紙韻으로 압운하였고, 운자韻字가 기起·수水·리里인 수구입운시首句入韻詩이다.

4-5 소년행〔少年行〕

왕유王維

신풍新豐에서 빚은 맛있는 술 한 말에 만 전錢인데	신 풍 미 주 두 십 천 新豐美酒斗十千[4]
장안에는 이를 즐기는 젊은 협객이 많다네.	함 양 유 협 다 소 년 咸陽遊俠多少年
의기가 맞는 그대 만나 술 마시고자	상 봉 의 기 위 군 음 相逢意氣爲君飮
높은 누각 곁 수양버들에 말을 매어놓았네.	계 마 고 루 수 류 변 繫馬高樓垂柳邊

시제詩題 〈소년행少年行〉은 악부시樂府詩의 제목으로, 많은 시인들이 같은 제목으로 시를 지었는데, 본 시는 왕유가 지은 〈소년행〉 4수 가운데 첫 번째 시이다.

국운이 융성했던 성당시대盛唐時代의 호방豪放한 분위기를 느끼게 하는 시이다. 표면상으로는 위복威福을 누리며 기세등등氣勢等等한 유협遊俠들의 호방豪放함을 찬양하는 듯하나, 내면적으로는 이들을 완곡婉曲하게 매도罵倒하는 뜻이 함유된 시이다.

평성平聲 선운先韻으로 압운하였고, 운자韻字가 천千·년年·변邊인 수구입운시首句入韻詩이다.

---

4 新豐美酒斗十千 : 신풍新豐은 현재의 강소성江蘇省 단도현丹徒縣에 있던 지명으로, 좋은 술의 생산지였다.

4-6 은자를 찾아갔다 만나지 못하고〔尋隱者不遇〕

위야魏野

진인眞人을 찾아갔다 실수로 선경仙境으로 들어왔는데	심진오입봉래도 尋眞悞入蓬萊島
향기로운 바람 불지 않는데도 송화松花가 시들어 지네.	향풍부동송화로 香風不動松花老
어느 곳으로 지초芝草 캐러 갔기에 돌아오지 않으시는가?	채지하처미귀래 採芝何處未歸來
땅에 가득한 흰 구름 쓸고 맞이하는 사람 없네.	백운만지무인소 白雲滿地無人掃

같은 시제詩題로 된 가도賈島의 시와 시상詩想이 유사類似하다. 은자隱者가 기거하는 산중의 진세塵世를 벗어난 한적閑寂한 경지境地를 그린 시이다.

우리나라 이달李達이 지은 시인 〈산사山寺〉의 "절이 흰 구름 속에 있건만, 스님은 흰 구름 쓸지 않네. 손님 오자 비로소 문을 여는데, 골짜기 가득 송화가 시들어지네.〔寺在白雲中 白雲僧不掃 客來門始開 萬壑松花老〕"가 바로 이 시를 용운用韻한 시이다.

상성上聲 호운皓韻으로 압운하였고, 운자韻字가 도島·로老·소掃인 수구입운시首句入韻詩이다.

4-7 보허사〔步虛詞〕

고변高駢

사람들이 알아볼 수 없는 청계도사淸溪道士의 경지	청 계 도 사 인 불 식 淸溪道士人不識
하늘을 오르내리는 한 마리의 학이로다.	상 천 하 천 학 일 척 上天下天鶴一隻
마을 어귀의 문 굳게 잠겨있고 푸른 창문 차가운데	동 문 심 쇄 벽 창 한 洞門深鎖碧窓寒
이슬방울로 주사 갈아 《주역》에 관주점貫珠點 찍으시네.	적 로 연 주 점 주 역 滴露硏朱點周易[5]

시제詩題 〈보허사步虛詞〉는 조식曹植이 천상악天上樂을 듣고 묘사했다는 악부체樂府體의 선악仙樂으로, '보허步虛'는 하늘을 활보闊步한다는 뜻이다. 속인들이 알아보지 못하는 높은 득도得道의 경지에 이른 도사가 속세와 절연絶緣하고 심오深奧한 도道를 닦고 있는 모습을 시화詩化한 것으로, 시어詩語로 쓰인 청계淸溪·도사道士·상천上天·학일척鶴一隻·벽창碧窓·적로滴露·연주硏朱·주역周易 등이 고결高潔함, 초속超俗함, 신묘神妙함, 심오深奧함 등을 상징하는 어휘語彙들이다. 이를 작자 자신이 신선술神仙術을 탐닉耽溺하여 도달하게 된 심오한 경지를 드러낸 것으로 보기도 한다.

승구承句와 결구結句에 입성入聲 맥운陌韻의 척隻과 역易으로 압운押韻하면서 수구首句는 직운자職韻字인 직識으로 압운한 츤운수구입운시襯韻首句入韻詩이다.

---

5 滴露硏朱點周易 : 연주硏朱는 주사朱砂를 간다는 뜻이다. 주사는 붉은 빛이 나는 광물질鑛物質로, 방사方士들이 불로장생不老長生의 영약靈藥인 단사丹砂의 원료로 썼던 것이며, 일명 단사 또는 진사辰砂라고도 한다. 점주역點周易은 《주역周易》을 읽으며 그 핵심이 되는 부분에 주사로 관주점貫珠點을 찍어 표시한다는 것으로, 《주역》의 오묘奧妙한 핵심核心을 탐구探究함을 말한다.

4-8 열 그루의 대나무〔十竹〕

승僧 청순淸順

성 안 한 치의 땅이 금 한 덩이 값처럼 비싸니	城中寸土如寸金(성중촌토여촌금)
그윽한 집 뜰에 심은 대나무는 열 그루에 불과하네.	幽軒種竹只十箇(유헌종죽지십개)
봄바람아! 죽순이 자라는 것을 신중하게 조절해서	春風愼勿長兒孫(춘풍신물장아손)
내 집 뜰 앞의 푸른 이끼 헤치고 나오지는 않도록 하라.	穿我階前綠苔破(천아계전녹태파)

땅 값이 비싸서 정원이 좁을 수밖에 없고, 그 정원에 겨우 열 그루의 대나무만 심은 것이니, 새 봄에 죽순竹筍이 너무 많이 올라와 계단 앞의 녹태綠苔를 헤치고 나오지는 말라 하여, 사람들이 하찮게 보는 녹태도 생명을 지닌 식물이니, 대나무는 네 자리만 지키고 이끼의 영역은 침범하지 말라 한 것이다.

하루라도 보지 않으면 속기俗氣를 떨쳐버릴 수 없다는 귀한 차군此君(죽竹)과, 있어도 그만 없어도 그만인 천한 이끼의 귀천貴賤을 따지지 않고, 만유萬有의 생명을 동일시한 불가佛家의 관점觀點을 드러낸 것이고, 한편으로는 차군의 운치를 즐김은 차군의 다과多寡와는 무관無關함도 밝힌 시이다.

거성去聲 개운箇韻으로 압운하여 운자韻字로 개箇와 파破를 넣은 수구불입운首句不入韻의 측운시仄韻詩이다.

4-9 삼유동에서 노닐며〔遊三遊洞〕

소식蘇軾

진눈깨비 부슬부슬 내리며 비가 반 눈이 반을 이루니　凍雨霏霏半成雪(동우비비반성설)
나다니는 사람들 신발 얼고 이끼 푸른 비탈 미끄럽네.　遊人屨冷蒼崖滑(유인구랭창애활)
이불 가지고 바위 아래에서 자는 것도 마다하지 않는데　不辭携被巖底眠(불사휴피암저면)
골짜기 어귀에 구름이 깊어 밤에도 달이 보이지 않네.　洞口雲深夜無月(동구운심야무월)

형주荊州의 삼유동三遊洞은 경치가 좋아, 당대唐代의 문인文人들인 백거이白居易와 그의 아우 백행간白行簡 및 원진元稹 등 3인이 이곳에서 노닐면서 각기 20운韻의 고시古詩를 짓고, 아울러 〈삼유동기三遊洞記〉를 지어 석벽石壁에 새겨놓았으므로, 그곳을 '삼유동'이라 부르게 되었다.

송대宋代의 소식蘇軾도 그의 아우 소철蘇轍 및 황정견黃庭堅과 3인이 함께 이곳에서 노닐면서 이 시를 짓게 된 것이다. 아름다운 골짜기인 선계仙界에서 노닐려는 뜻과, 가혹한 기후가 이를 방해하는, 즉 이상과 현실의 대립을 읊은 시이다.

기구起句는 입성入聲 설운屑韻의 설雪로, 승구承句는 입성 힐운黠韻의 활滑로, 결구結句는 입성 월운月韻의 월月로 입운入韻한 측운통운시仄韻通韻詩이다.

4-10 양양 가는 길에서 한식날을 만나다〔襄陽路逢寒食〕

장열張說

	거 년 한 식 동 정 파
지난해의 한식은 동정호의 물결 보며 맞았는데	去年寒食洞庭波
	금 년 한 식 양 양 로
금년의 한식은 양양 가는 길에서 맞았네.	今年寒食襄陽路
	불 사 착 처 심 산 수
이르는 곳마다 산수 찾기를 마다하지 않으나	不辭著處尋山水
	지 외 환 가 낙 춘 모
집에 돌아갔을 때 봄이 지나 꽃이 졌을까 두려울 뿐이네.	祗畏還家落春暮

유배당해 객지를 전전할 때에 지은 시이다. 가는 곳마다 완상玩賞할 아름다운 산수가 있다는 것으로 자위하면서도, 봄날의 명절인 한식절寒食節을 연이어 객지에서 맞으며 쉽게 환가還家하지 못하는 아쉬운 마음을 드러내었다.

수구불입운시首句不入韻詩로, 거성去聲 우운遇韻으로 압운하였고 운자韻字는 로路와 모暮이다.

4-11 고기잡이 늙은이〔漁翁〕

유종원柳宗元

고기잡이 늙은이 서쪽 바위 곁에서 밤을 보내고　어옹야방서암숙 漁翁夜傍西巖宿
새벽에 맑은 상강 물 긷고 초 땅 대나무 태워 밥을 짓네.　효급청상연초죽 曉汲淸湘燃楚竹
안개 걷히고 해 돋았는데도 사람 보이지 않고　연소일출불견인 煙消日出不見人
산과 물이 푸른 곳에 노 젓는 한 소리만 들릴 뿐이네.　애내일성산수록 欸乃一聲山水綠[6]
물길 따라 내려가며 하늘가를 돌아보니　회간천제하중류 回看天際下中流
무심한 구름만 바위 위에 오락가락.　암상무심운상축 巖上無心雲相逐

이 시 속의 어옹漁翁도 전술前述한 〈강설江雪〉(1-3)에서처럼 유종원柳宗元 자신으로 보아야 한다. 유배생활을 하면서도 유연悠然함과 안연晏然함과 의연毅然함을 잃지 않는 자신의 모습을 드러낸 시이다.

엄우嚴羽의 《창랑시화滄浪詩話》에 "이 시의 미련尾聯 두 구를 소동파蘇東坡가 삭제削除하였는데, 만일 유자후柳子厚가 다시 살아난다 해도 이에 승복할 것이다." 하여 본래는 8구로 이루어진 칠언율시七言律詩였는데 마지막 두 구를 삭제하여 6구의 시가 된 것이라 하였다. 《전당시全唐詩》 권353에도 6구로 되어있으므로 애초부터 6구의 시로 지은 것으로 봄이 타당하다.

입성入聲 옥운屋韻으로 압운하였고, 운자韻字가 숙宿·죽竹·록綠·축逐인 수구입운首句入韻의 측운시仄韻詩이다.

---

6 欸乃一聲山水綠 : 애내欸乃는 노를 저으며 부르는 노랫소리로 보기도 하나, 노를 젓는 소리의 의성어擬聲語로 봄이 타당하다.

4-12 금릉의 술집에서 전송하는 사람들과 작별하며

〔金陵酒肆留別〕

이백李白

버들 꽃에 바람이 불어 주점 가득 향기가 어렸는데	風吹柳花滿店香(풍취유화만점향)
오吳 땅의 미희美姬가 술을 거르며 나를 불러 맛보라 하네.	吳姬壓酒喚客嘗(오희압주환객상)
금릉의 귀공자들이 찾아와 전송회를 열어주니	金陵子弟來相送(금릉자제내상송)
떠나려다 떠나지 못하고 각기 술잔 다 비우네.	欲行不行各盡觴(욕행불행각진상)
그대들에게 청하노니, 동으로 흐르는 장강長江 물에 물어보시라!	請君試問東流水(청군시문동류수)
이별을 아쉬워하는 내 마음과 어느 쪽이 더 길고 더 짧은가를.	別意與之誰短長(별의여지수단장)

이 시의 안자眼字는 2구의 '압壓'이다. 버들 꽃이 흩날리는 오吳 땅 봄날의 아름다운 경치와, 오 땅 주점의 미희美姬와, 오 땅의 미주美酒와, 금릉金陵의 귀공자貴公子들이 모두 나를 떠나지 못하게 눌러 앉히려(압壓하려) 한다는 것이다. 전송객들의 정의情誼에 감사하면서 작별의 아쉬움이 끊임없이 흐르는 장강長江의 물보다도 더욱 끊임없이 일어난다는 뜻을 드러낸 시이다.

평성平聲 양운陽韻으로 압운하였고, 운자韻字가 향香·상嘗·상觴·장長인 수구입운시首句入韻詩이다.

4-13 변방에 계신 님을 그리워하며〔思邊〕

이백李白

지난해 님께서 저와 이별할 때가 어느 계절이었던가요.	去歲何時君別妾(거세하시군별첩)
남쪽 동산 푸른 풀밭에 호랑나비 날았었지요.	南園綠草飛蝴蝶(남원녹초비호접)
금년 제가 님을 그리워하는 지금은 어느 계절인가요.	今歲何時妾憶君(금세하시첩억군)
서산에 백설 내리고 장안이 먹구름으로 어두워졌네요.	西山白雪暗秦雲(서산백설암진운)
옥문관이 이곳에서 삼천 리나 떨어져 있으니,	玉關此去三千里(옥관차거삼천리)
편지를 부치려 한들 어찌 전할 수 있겠나이까.	欲寄音書那得聞(욕기음서나득문)

시제詩題가 〈춘원春怨〉으로 된 판본版本도 있다. 멀리 수자리하러 간 남편을 그리는 여인의 규정閨情이 절절切切하게 드러난 시이다. 상 4구가 격구대隔句對로 이루어진 것이 독특하며, 민가民歌를 한시화漢詩化한 것으로 보인다.

상 2구는 입성入聲 엽운葉韻의 첩妾·접蝶으로, 하 4구는 평성平聲 문운文韻의 군君·운雲·문聞으로 압운한 전운시轉韻詩이다.

4-14 까마귀 밤에 울다〔烏夜啼〕[7]

이백李白

황혼의 구름 어린 성城 가에 까마귀가 깃들고자	黃雲城邊烏欲棲(황운성변오욕서)
날아와 가지 위에서 까악까악 울고 있네.	歸飛啞啞枝上啼(귀비아아지상제)
베틀에서 비단을 짜는 진천秦川의 여인	機中織錦秦川女(기중직금진천녀)[8]
흐릿하게 가려진 벽사창 밖을 향해 독백獨白을 하네.	碧紗如煙隔窓語(벽사여연격창어)
북을 멈추고 비탄悲歎에 잠겨 멀리 떠난 님을 그리워하며	停梭悵然憶遠人(정사창연억원인)
빈 방에서 외로이 홀로 자려 하니 비 오듯 눈물이 흐르네.	獨宿孤房淚如雨(독숙고방누여우)

〈오야제烏夜啼〉 악곡樂曲에 맞추어 지은 악부시樂府詩이다. 현숙賢淑하고 문장에 능한 진천녀秦川女가 님을 멀리 떠나보내고 독숙공방獨宿空房하는 고독孤獨과 애수哀愁를 그린 시로, 제2구의 '귀비歸飛'와 제5구의 '원인遠人'으로, 정情과 경景이 쌍관雙關을 이루도록 한 것이 절묘絶妙하다.

상 2구는 평성平聲 제운齊韻의 서棲와 제啼로, 하 4구는 상성上聲 어운語韻의 녀女·어語와 같은 상성 우운자麌韻字인 우雨를 통압通押한 전운시轉韻詩이다.

---

7 烏夜啼 : 악부樂府의 곡명曲名이다.

8 機中織錦秦川女 : 진천녀秦川女는 전진대前秦代에 진주자사秦州刺史를 지낸 두도竇滔의 처妻 소혜蘇惠를 말한다. 그의 고향이 진천秦川이었으므로 진천녀라 부른 것이다. 그의 남편 두도가 첩에 빠져 자신을 저버리자, 남편을 그리워하는 시를 지어 비단에 짜서 보냈는데, 바로 읽으나 거꾸로 읽으나 문장이 이루어지는 회문체廻文體의 시였다. 회문시廻文詩가 이에서 시작되었다.

4-15 새소리에 장난삼아 화답하다〔戱和答禽語〕

황정견黃庭堅

남촌과 북촌에 쟁기질할 만큼 봄비가 내리자 　남촌북촌우일리 南村北村雨一犁[9]
신부는 시어미께 밥 드리고 시아비는 아이에게 밥 먹이네. 　신부향고옹포아 新婦餉姑翁哺兒
밭 가운데서 우는 새도 자연스레 계절을 알아서 　전중제조자사시 田中啼鳥自四時
겨울바지 벗고 새 옷으로 갈아입으라고 사람에게 재촉하네. 　최인탈고착신의 催人脫袴著新衣[10]
헌 옷과 바꾸어 새 옷 입는 것 싫어서가 아니라 　착신체구역불악 著新替舊亦不惡
지난해 세금이 무거워서 갈아입을 바지 없단다. 　거년조중무고착 去年租重無袴著

빼꾸기 울음소리에 화답하는 형식으로 농민을 괴롭히는 가렴주구苛斂誅求를 비판한 시이다. 새로 시집온 신부新婦마저 계절에 맞추어 갈아입을 옷이 없다면 다른 가족의 형편은 불문가지不問可知이다.

상 4구는 평성平聲 지운支韻과 미운微韻에 속한 리犁·아兒·시時·의衣로, 하 2구는 입성入聲 약운藥韻인 악惡·착著으로 압운한 매구유운每句有韻의 전운시轉韻詩이다. 하 2구가 금어禽語에 화답和答한 말로, 새 옷으로 갈아입을 수 없는 슬픔과 원망을 부르짖듯이 외치려면, 단촉短促하게 끝나는 입성운入聲韻이 적합하므로, 그 부분을 입성으로 압운한 것이다.

---

9 南村北村雨一犁 : '우일리雨一犁'는 '일리우一犁雨'를 가리키며, '봄비'를 뜻한다. 비의 양이 쟁기질하여 파종하기에 충분하여 붙여진 명칭이다.

10 催人脫袴著新衣 : 탈고脫袴는 봄이 되면 날아와 우는 빼꾸기(포곡조布穀鳥)의 울음소리가 '탈각포고脫却布袴'로 들려서, "봄이 되었으니 헌 솜바지 벗고 새 옷으로 갈아입어라."라고 말하는 듯하다는 것이다.

4-16 우림 도장군을 전송하며〔送羽林陶將軍〕[11]

이백李白

장군께서 누선의 옹위를 받으며 사신으로 떠나시는데	將軍出使擁樓船(장군출사옹루선)
강 위의 깃발들이 붉은 노을 아래에서 나부끼네.	江上旌旗拂紫煙(강상정기불자연)
호랑이 굴 탐색하려 창 비껴들고 만리 밖으로 나가면서	萬里橫戈探虎穴(만리횡과탐호혈)
술잔이 서너 순배 돌자 용천검龍泉劍 빼어들고 검무劍舞를 추네.	三盃拔劍舞龍泉(삼배발검무용천)[12]
문인文人은 담력이 없다고 말하지 말라	莫道詞人無膽氣(막도사인무담기)
출발하실 때에 요조繞朝의 채찍을 드리려 하노라.	臨行將贈繞朝鞭(임행장증요조편)[13]

호혈虎穴을 탐색探索하러 가듯이 멀리 남방의 적국敵國에 사신으로 가는 도장군陶將軍을 전송하면서 전前 4구에서 그의 장엄한 행렬行列을 찬양하고,

---

11 羽林陶將軍 : 우림羽林은 궁성宮城을 호위하는 군대이다. 도장군陶將軍의 명名과 행적行蹟은 미상未詳이다.

12 三盃拔劍舞龍泉 : 초楚나라에 두 자루의 명검名劍이 있었으니, 용천龍泉과 태아太阿였다.

13 臨行將贈繞朝鞭 : 요조繞朝는 춘추시대 진秦나라 대부大夫이다. 진晉의 지용智勇을 겸비했던 사회士會가 진秦으로 망명하자 진晉에서는 위수여魏壽餘를 시켜 그를 귀환歸還시키려 하였다. 진군秦軍과 진군晉軍이 황하黃河에서 대립할 때에 진秦에서 사회를 진晉에 사신使臣으로 보내려 하니, 그가 사신으로 가면 돌아오지 않을 것이므로 사신으로 보내는 것이 불가하다고 요조가 반대하였으나 왕이 듣지 않고 그를 사신으로 보냈다. 이에 요조가 사회에게 채찍을 주면서 "그대는 우리 진秦나라에 인물이 없다고 생각하지 말라. 다만 나의 계책이 채택되지 않았을 뿐이다." 하였다.

후後 2구에서 진秦나라 요조繞朝의 고사故事를 인용하여, 이백李白이 자신도 진秦의 요조처럼 훌륭한 계책을 떠나는 사행使行에게 줄 수 있음을 과시誇示한 시이다.

평성平聲 선운先韻으로 압운한 수구입운시로, 운자韻字는 선船·연煙·천泉·편鞭이다.

4-17 연밥 따는 노래〔採蓮曲〕

이백李白

약야계若耶溪 가에서 연밥 따는 아가씨들	약 야 계 방 채 련 녀	若耶溪傍採蓮女[14]
연꽃으로 가려진 저쪽에 모여 웃으며 재잘거리네.	소 격 하 화 공 인 어	笑隔荷花共人語
새로 단장한 모습 햇볕 비친 물 밑에 밝게 어리고	일 조 신 장 수 저 명	日照新粧水底明
바람에 나부끼는 향기로운 소매가 공중에 펄럭이네.	풍 표 향 수 공 중 거	風飄香袖空中擧
언덕 위의 젊은 멋쟁이들 뉘 집 자제들인가	안 상 수 가 유 야 랑	岸上誰家遊冶郎[15]
삼삼오오 노니는 모습 수양버들 사이로 어른거리네.	삼 삼 오 오 영 수 양	三三五五映垂楊
그들이 탄 월따말이 힝힝거리며 지는 꽃 사이로 지나가니	자 류 시 입 낙 화 거	紫騮嘶入落花去[16]
이를 본 아가씨들 머뭇거리며 부질없이 애간장 태우네.	견 차 주 저 공 단 장	見此躊躇空斷腸

〈채련곡採蓮曲〉은 악부시樂府詩의 시제詩題이며, 지방의 민가民歌로 남녀의 연정戀情을 노래한 죽지사竹枝詞이다. 약야계若耶溪에서 연밥 따는 서시西施 같은 미녀들이 월따말 타고 놀러 나온 귀공자들을 보고 마음이 설레는 모습을 그린 시이다.

상 4구는 상성上聲 어운語韻의 운자韻字 녀女·어語·거擧로, 하 4구는 평성平聲 양운陽韻의 운자 랑郎·양楊·장腸으로 압운한 전운시轉韻詩이다.

---

14 若耶溪傍採蓮女 : 약야계若耶溪는 회계會稽의 산음山陰에 있는 수명水名으로, 월越의 미녀 서시西施가 빨래하고 연밥 따던 곳이다. 완사계浣紗溪라고도 한다.

15 岸上誰家遊冶郎 : 유야랑遊冶郎은 곱게 차려 입고 놀러 다니는 젊은 남자들이다.

16 紫騮嘶入落花去 : 자류紫騮는 몸이 붉고 갈기가 검은 명마名馬인 월따말이다.

4-18 청강곡〔淸江曲〕

이백李白

촉옥새 짝 지어 날고 연못에 물 가득한데 屬玉雙飛水滿塘(촉옥쌍비수만당)
줄풀 우거진 곳에서 암수 원앙이 자맥질하네. 菰蒲深處浴鴛鴦(고포심처욕원앙)
흰 마름꽃이 노에 가득하여 돌아옴이 늦어지는데 白蘋滿棹歸來晚(백빈만도귀래만)
가을에 핀 갈대꽃으로 양쪽 언덕은 서리 내린 듯하네. 秋著蘆花兩岸霜(추착노화양안상)
조각배 언덕에 매어놓고 나무 그늘에 의지해 쉬는데 扁舟繫岸依林樾(편주계안의림월)
쓸쓸하게 양 살쩍엔 흰 머리가 흩날리네. 蕭蕭兩鬢吹華髮(소소양빈취화발)
온갖 일 해결하지 못하고 취했다 깨었다 하고 지내며 萬事不理醉復醒(만사불리취부성)
오래도록 안개 이는 물가에서 명월이나 희롱할 뿐이네. 長占煙波弄明月(장점연파농명월)

이 시는 이백李白의 작作이 아닌 북송北宋 소상蘇庠의 작으로 보기도 한다. 전반 4구에서는 청강淸江의 맑고 그윽한 풍취風趣를 말하고, 후반 4구에서는 이루어놓은 일이 없이 늙어가는 쓸쓸한 정회情懷를 드러내었다.

상 4구는 평성平聲 양운陽韻의 당塘·앙鴦·상霜으로, 하 4구는 입성入聲 월운月韻의 월樾·발髮·월月로 압운한 전운시轉韻詩이다.

촉옥屬玉

4-19 금릉의 봉황대에 올라서〔登金陵鳳凰臺〕

이백李白

봉황대 위에서 봉황이 노닐다가	봉황대상봉황유 鳳凰臺上鳳凰遊
봉황이 떠나 누대는 비었고 강물만 변함없이 흐르네.	봉거대공강자류 鳳去臺空江自流
오吳나라 궁궐의 화초들은 황폐한 길에 묻혀있고	오궁화초매유경 吳宮花草埋幽徑
진晉나라 때의 고관들은 옛 무덤을 이루었네.	진대의관성고구 晉代衣冠成古丘
세 산봉우리는 푸른 하늘 멀리 운무雲霧 중에 반만 보이고	삼산반락청천외 三山半落靑天外
두 갈래 물은 백로주白鷺洲를 가운데 두고 갈라져 흐르네.	이수중분백로주 二水中分白鷺洲
온통 뜬 구름이 태양을 가리고 있어	총위부운능폐일 總爲浮雲能蔽日
장안이 보이지 않아 나그네를 시름겹게 하네.	장안불견사인수 長安不見使人愁

최호崔顥의 〈황학루黃鶴樓〉시와 쌍벽雙璧을 이루는 명시名詩이다. 봉황대鳳凰臺는 금릉金陵의 보령사保寧寺 뒤에 있는데, 남조南朝 송宋 원가元嘉 연간에 왕개王顗가 산에 오색五色을 띤 기이한 새가 모여있고, 그 주변에 뭇 새들이 따르는 것을 보고, 이 새를 우충지장羽蟲之長인 봉황鳳凰으로 알고, 그곳에 세운 누대樓臺이다.

이 시에서 봉황대에 대해 읊은 것은 수련首聯뿐이고, 함련頷聯에서는 금릉에 얽힌 역사의 영고성쇠榮枯盛衰를 회고하면서 허무감을 드러내었으며, 경련頸聯에서는 봉황대에서 보이는 원경遠景과 근경近景을 읊었고, 미련尾聯에서는 황제皇帝의 총명을 가리는 간신奸臣들 때문에 쫓겨난 신하가 된 축객지한逐客之恨과 애군우국愛君憂國의 정情을 드러내었다. 7구의 '총總'자가 이 시의 안자眼字로, 시 전체의 느낌을 포괄하는 한恨을 드러낸 묘처妙處이다.

평성平聲 우운尤韻으로 압운押韻한 수구입운시首句入韻詩로, 운자韻字는 유遊·류流·구丘·주洲·수愁이다. 우운은 우수憂愁의 감정을 드러내기에 적합한 운韻인데, 바로 이 우운으로 압운한 것은 운자가 드러내는 성조聲調와 감정感情이 일치하도록 수정압운隨情押韻한 것이라 할 수 있다.

봉황대鳳凰臺

4-20 이른 봄 한양현령 왕씨에게 지어 보내다〔早春寄王漢陽〕

이백李白

봄이 왔다는 말 들었으나 아직 느낄 수 없어	문 도 춘 환 미 상 식 聞道春還未相識
일어나 한매寒梅 곁으로 가서 봄소식을 찾아보았네.	기 방 한 매 방 소 식 起傍寒梅訪消息
어젯밤 동풍이 무양武陽으로 불어오더니	작 야 동 풍 입 무 양 作夜東風入武陽
길가 수양버들의 새싹이 황금빛을 띠었네.	맥 두 양 류 황 금 색 陌頭楊柳黃金色
푸른 물 아득히 흘러가고 구름이 끝없이 펼쳐져 있는데	벽 수 묘 묘 운 망 망 碧水渺渺雲茫茫
내 님이 오지 않아 애간장을 태울 뿐이네.	미 인 불 래 공 단 장 美人不來空斷腸
미리 청산靑山의 바위 하나 찾아 먼지를 털어놓았는데	예 불 청 산 일 편 석 預拂靑山一片石
그곳에서 그대와 날마다 잔 나누며 취하고 싶네.	여 군 연 일 취 호 상 與君連日醉壺觴

이백李白이 무양武陽(무창武昌)에 있으면서 강 건너로 바라보이는 한양漢陽(한구漢口)의 현령縣令으로 있는 왕씨王氏 성姓을 가진 벗에게 지어 보낸 시이다. 새 봄을 맞아 좋은 풍경을 대하게 되자, 가까운 벗과 함께 시속을 초월하여 호방豪放한 일흥逸興을 즐기고 싶은 소망을 드러낸 시이다.

상 4구는 입성入聲 직운職韻의 식識·식息·색色으로 압운하고, 하 4구는 평성平聲 양운陽韻의 망茫·장腸·상觴으로 압운한 전운시轉韻詩이다.

4-21 금릉성 서루의 달빛 아래에서 읊다〔金陵城西樓月下吟〕

이백李白

금릉의 고요한 밤 서늘한 바람 불어오는데	금릉야적양풍발 金陵夜寂涼風發
홀로 높은 누에 올라 오吳와 월越 땅을 바라보았네.	독상고루망오월 獨上高樓望吳越
흰 구름 물에 비쳐 가을 성城 곁에서 일렁이고	백운영수요추성 白雲映水搖秋城
구슬이 맺힌 듯한 흰 이슬방울에 가을 달이 비치네.	백로수주적추월 白露垂珠滴秋月
달 아래서 길게 읊조리며 밤 깊도록 돌아가지 않는데	월하장음구불귀 月下長吟久不歸
고금을 이어온 온갖 일 가운데 눈에 보이는 것 드무네.	고금상접안중희 古今相接眼中稀
“맑은 강 깨끗하기 비단 같도다.” 한 뜻을 깨닫겠으니	해도징강정여련 解道澄江淨如練
나로 하여금 문득 사현휘謝玄暉를 기억하게 하네.	영인각억사현휘 令人却憶謝玄暉[17]

이백李白이 한림공봉翰林供奉에서 쫓겨난 후 금릉金陵을 유람하며 지은 것으로, 고요한 밤의 경물景物을 묘사하면서 인생의 번민煩悶을 드러낸 정경교융情景交融의 시이다. 고금을 회고하며 앞으로는 사현휘謝玄暉처럼 산수를 즐기며 살겠다는 뜻을 드러내었다.

상 4구는 입성入聲 월운月韻의 발發·월越·월月로, 하 4구는 평성平聲 미운微韻의 귀歸·희稀·휘暉로 압운한 전운시轉韻詩이다.

---

17 解道澄江淨如練 令人却憶謝玄暉 : 사현휘謝玄暉는 진대晉代 산수시인山水詩人 사조謝朓를 말한다. 사조의 시에, “넉넉히 펼쳐진 노을은 수놓은 비단을 펼쳐놓은 듯하고, 맑은 강 깨끗하기 비단 같도다.〔餘霞散成綺 澄江淨如練〕” 한 시구를 인용하면서, 이백이 평생 경복지념敬服之念을 지녔던 사현휘가 이곳에서 읊은 시의 청신淸新한 시경詩境을 이해하게 되었다고 한 것이다.

4-22 동계공이 은거하는 곳에서 짓다〔題東溪公幽居〕

이백李白

두릉杜陵 마을에 사는 현인賢人은 맑고도 방정方正한데	두 릉 현 인 청 차 렴 杜陵賢人淸且廉[18]
동계에 집을 짓고 한 해가 다 지나도록 그곳에 머무네.	동 계 복 축 세 장 엄 東溪卜築歲將淹
집이 청산과 가까움은 사조謝朓의 별장과 같고	택 근 청 산 동 사 조 宅近靑山同謝朓
문 앞의 푸른 수양버들은 도잠陶潛의 오류五柳와 같네.	문 수 벽 류 사 도 잠 門垂碧柳似陶潛[19]
아름다운 새들 뒤뜰에서 봄을 맞아 노래하고	호 조 영 춘 가 후 원 好鳥迎春歌後院
휘날리는 꽃잎은 술을 권하는 듯 처마 앞에서 춤을 추네.	비 화 송 주 무 전 첨 飛花送酒舞前簷
객이 이르자 머물게 하며 함께 취할 줄만 알 뿐	객 도 단 지 유 일 취 客到但知留一醉
소반 속의 안주라곤 수정같이 흰 소금뿐이네.	반 중 지 유 수 정 염 盤中祗有水精鹽

두릉杜陵의 동계東溪에 은둔해 사는 어느 현인賢人을 산수시인山水詩人 사조謝朓와 전원시인田園詩人 도잠陶潛에 비유하면서, 그와 만나 비린내 나는 고기나 자극성 있는 나물이 없이 소금만을 안주로 삼아 함께 술을 마시는, 즉 속기俗氣에서 벗어난 담박淡泊하고 청아淸雅한 흥취興趣를 드러낸 시이다.

평성平聲 염운鹽韻인 렴廉·엄淹·잠潛·첨簷·염鹽으로 압운한 수구입운首句入韻 일운도저一韻到底의 평운시平韻詩이다.

---

18 杜陵賢人淸且廉 : 두릉杜陵은 장안長安 부근에 있는 한漢 선제宣帝의 능陵이다.

19 宅近靑山同謝朓 門垂碧柳似陶潛 : 사조謝朓가 선성태수宣城太守로 있을 때에 당도현當塗縣 남쪽에 별장別莊을 짓고 살며 '환망청산곽還望靑山郭'이라는 시구를 남겼고, 도잠陶潛이 집 앞에 있는 다섯 그루의 버드나무를 사랑하여 자호自號를 '오류선생五柳先生'이라 하였는데, 이 두 사람의 삶을 따르고 있다고 본 것이다.

4-23 이옹 님께 올리다〔上李邕〕

이백李白

대붕大鵬이 어느 날 바람과 함께 솟구치면	大鵬一日同風起(대붕일일동풍기)
회오리바람을 타고 곧바로 구만 리를 오른다네.	扶搖直上九萬里(부요직상구만리)[20]
설령 바람이 그쳐 내려오게 된다 해도	假令風歇時下來(가령풍헐시하래)
오히려 푸른 바닷물을 휘저을 수는 있다네.	猶能簸却滄溟水(유능파각창명수)
세상 사람들 내가 늘 그들과 절조節操가 다름을 보고	世人見我恒殊調(세인견아항수조)
나의 큰 소리 듣고는 모두 싸늘하게 비웃네.	聞余大言皆冷笑(문여대언개냉소)
공자孔子도 오히려 후생後生이 두렵다 하셨으니	宣父猶能畏後生(선보유능외후생)[21]
어르신도 젊은 이 사람을 가벼이 여겨서는 안 됩니다.	丈夫未可輕年少(장부미가경년소)

이옹李邕은 북해태수北海太守를 지냈으므로 사람들이 그를 이북해李北海라 불렀다. 그가 문명文名이 있고 젊은 문사文士들을 잘 보살펴주었으므로, 이백李白도 그에게 이 시를 보내어, 자신이 대붕大鵬과 같은 드넓은 포부抱負와 기개氣槪를 지녔으나 연작燕雀이 홍곡鴻鵠을 비웃듯이 소인배小人輩들의 비웃음을 사고 있는데, 지금은 당신의 명망名望과 나이가 나보다 높지만 나를

---

20 大鵬一日同風起 扶搖直上九萬里 : 《장자莊子》〈소요유逍遙遊〉에 "붕鵬새가 북명北冥에서 남명南冥으로 갈 때에 물을 박차고 3천 리를 올라 회오리바람을 타고 9만 리 상공을 날아간다.〔鵬之徙於南冥也 水擊三千里 摶扶搖而上者九萬里〕" 하였다.

21 宣父猶能畏後生 : 당唐 현종玄宗 때에 공자孔子를 문선왕文宣王으로 추봉追封하였으므로 공자를 선보宣父라 칭한 것이다. 《논어論語》〈자한子罕〉에 "후생後生을 두려워해야 하나니, 어찌 후생이 지금의 나보다 못할 것임을 알리오.〔後生可畏 焉知來者之不如今也〕" 하였다.

함부로 대해서는 안 되고 나의 재능을 인정해야 한다고 일갈一喝하면서, 자신의 포부와 기개를 드러낸 시이다.

상 4구는 상성上聲 지운紙韻의 기起·리里·수水로 압운하고, 하 4구는 거성去聲 소운嘯韻의 소笑와 상성 조운篠韻의 소少로 압운한 상거통압上去通押 형식의 통운시通韻詩이다.

4-24 뜰앞의 감국화를 보고 탄식하다〔歎庭前甘菊花〕

두보杜甫

집 앞의 감국화甘菊花 옮겨 심기를 늦게 하여	첨 천 감 국 이 시 만 簷前甘菊移時晚
중양절重陽節인데도 꽃술이 파래서 딸 수가 없네.	청 예 중 양 불 감 적 靑蘂重陽不堪摘
내일 쓸쓸히 취했던 술기운 다 깨고 난 후에	명 일 소 조 진 취 성 明日蕭條盡醉醒
남은 꽃들 흐드러지게 핀들 무슨 소용이 있으리오.	잔 화 난 만 개 하 익 殘花爛熳開何益
울타리 주변 들판에 가지가지 꽃들이 많아서	이 변 야 외 다 중 방 籬邊野外多衆芳
자질구레한 꽃들 따가지고 대청 안으로 오르네.	채 힐 세 쇄 승 중 당 采擷細瑣升中堂
쓸데없이 가지와 잎 크게 자랐지만	염 자 공 장 대 지 엽 念玆空長大枝葉
뿌리 맺을 자리 잃고 풍상風霜에 휘둘릴까 걱정이네.	결 근 실 소 전 풍 상 結根失所纏風霜

천보天寶 13년에 장안長安에서 지은 시이다. 감국화甘菊花는 국화의 일종으로, 꽃이 크고 향기가 짙으며 황색을 띠고 맛이 달다 한다. 저본의 시제詩題 밑에 붙인 주註에 "소인들이 고위직高位職을 차지하여 현인賢人들이 벼슬자리를 잃었음을 풍자諷刺한 시"라 하였다. 즉 자신의 처지를 중양절重陽節이 지나서 핀 감국에 비유하면서, 바로 그 감국이 당중堂中에 올라야 하는데, 꽃이 필 적기適期를 잃어, 자질구레하고 하찮은 꽃들이 정교政敎를 펼치는 정사당政事堂에 오르게 되었다 하여, 자신이 벼슬에 오를 때를 잃었음을 서글퍼한 시이다.

상 4구는 입성入聲 석운錫韻의 적자摘字와 맥운陌韻의 익益자로 통압通押하고, 하 4구는 평성平聲 양운陽韻의 방芳·당堂·상霜으로 압운한 전운시轉韻詩이다.

4-25 가을비에 탄식하다〔秋雨歎〕

두보杜甫

우중雨中의 온갖 풀들 가을을 맞아 시들어 죽었으되	雨中百草秋爛死 (우중백초추란사)
뜰아래의 결명자決明子는 꽃빛이 새롭네.	階下決明顏色鮮 (계하결명안색선)
가지 가득 붙어있는 잎은 비취빛 깃털로 장식한 일산 같고	著葉滿枝翠羽蓋 (착엽만지취우개)
무수히 핀 꽃들은 황금색 동전 같네.	開花無數黃金錢 (개화무수황금전)
서늘한 바람이 우수수 너를 향해 급히 부니	涼風蕭蕭吹汝急 (양풍소소취여급)
네가 늦은 계절까지 홀로 서있기 어려울까 두렵도다.	恐汝後時難獨立 (공여후시난독립)
마루 위의 이 서생書生은 하는 일 없이 머리만 세어	堂上書生空白頭 (당상서생공백두)
바람을 마주해 거듭 그윽한 향기 맡으며 흐느끼노라.	臨風三嗅馨香泣 (임풍삼후형향읍)

온갖 풀들이 가을을 맞아 모두 시들었는데 오직 결명자決明子만 잎과 꽃이 무성한 것을 보고, 찬바람과 무서리에 꺾여서 끝까지 형향馨香을 발산하지 못하고 좌절挫折하게 될까 두려워하며, 미련尾聯에서는 하는 일 없이 백발만 무성해진 자신이 그 향기를 맡으며 흐느낀다 하여, 늦게까지 푸르름을 유지하며 향기를 발하는 결명자를 자신의 처지로 환치한 것이다.

이 시는 문집文集에 수록된 〈추우탄秋雨歎〉 3수 중의 제1수로, 천보天寶 13년에 60여 일간 가을장마가 이어지자 황제가 걱정하였는데, 간교奸巧한 재상宰相 양국충楊國忠이 잘 여문 벼를 바치며 "농사에 해가 될 정도는 아닙니다." 하며 아첨한 상황을 보고 지은 것이다.

이렇게 간신奸臣이 득세하고 군자들이 환난患難에 빠진 현실 속에서도 자신은 결명자처럼 신조信條를 지키며 특립독행特立獨行하겠다는 의지를 지니고 있으나, 국정을 바로잡는 데 역할을 하지 못하고 하염없이 늙어가는 서글픔을 표현한 시이다.

상 4구는 평성平聲 선운先韻의 선鮮과 전錢으로 압운하고, 하 4구는 입성入聲 집운緝韻의 급急·립立·읍泣으로 압운한 전운시轉韻詩이다.

결명자決明子

4-26 2월에 핀 매화를 보고〔二月見梅〕

당경唐庚

복사꽃 붉게 피고 오얏꽃 희게 피었으니　桃花能紅李能白(도화능홍이능백)
깊어진 봄 어느 곳인들 아름다운 꽃 없으리오.　春深何處無顏色(춘심하처무안색)
응당 매화는 한 가지도 지금까지 남아있지 않아야 하는데　不應尙有一枝梅(불응상유일지매)
동군東君이 억지로 객을 머물게 한 것인 듯하네.　可是東君苦留客(가시동군고류객)[22]
지난번 피었을 때는 엄동을 당하여　向來開處當嚴冬(향래개처당엄동)
흰 오얏꽃 아직 피지 못하고 붉은 복사꽃도 피지 않았었네.　白者未白紅未紅(백자미백홍미홍)
다만 이젠 이미 덕행 높은 어르신의 행렬에 들었으니　只今已是丈人行(지금이시장부행)
어찌 나이 어린 도리桃李와 봄바람을 다투리오.　肯與年少爭春風(긍여연소쟁춘풍)

장무진張無盡이 황제의 부름을 받고 떠날 때에 지어준 시이다. 매화梅花를 군자君子에, 도리桃李를 소인小人에 비유하면서, 소인들이 정사政事를 좌우左右하는 현실을 풍자 비판하였다. 그리고 늦게까지 피어있는 일지매一枝梅는 어르신에 비유한 것이고 지금 한창 피어있는 도리는 소년少年에 비유한 것이라 할 수 있으니, 장무진이 바로 어르신에 해당하는 일지매이고 지금 난만爛漫하게 피어있는 도리처럼 날뛰고 있는 자들이 모두 소인배小人輩들인데, 장인丈人의 행열行列에 든 장무진이 소인배들을 잘 제어制御해야 할 것임을 깨우쳐준 시이다.

상 4구에는 입성入聲 맥운목陌韻目에 속한 백白·객客과 직운목職韻目에 속

---

22 可是東君苦留客 : 동군東君은 봄을 관장管掌하는 신神이다.

한 색色자로 압운하고, 하 4구에는 평성平聲 동운목冬韻目에 속한 동冬과 동운목東韻目에 속한 홍紅·풍風자로 압운한 전운시轉韻詩이다.

탐매도探梅圖

4-27 수선화〔水仙花〕

황정견黃庭堅

물결 위를 걷는 여신선女神仙의 비단 버선에 먼지가 이니	능파선자생진말 凌波仙子生塵襪[23]
희미한 달빛 아래 물 위를 사뿐사뿐 걷는 듯하네.	수상영영보미월 水上盈盈步微月
누가 이렇게 애간장 녹이는 넋을 불러다가	시수초차단장혼 是誰招此斷腸魂
차가운 꽃 심어 애절한 수심愁心을 부쳤는가.	종작한화기수절 種作寒花寄愁絶
향기를 머금은 흰 몸이 경성지색傾城之色으로 피어나니	함향체소욕경성 含香體素欲傾城
산번화山礬花를 아우로 삼고 매화梅花를 형으로 삼았네.	산번시제매시형 山礬是弟梅是兄[24]
앉아서 이를 마주하자 진실로 꽃에 홀딱 반하게 되어	좌대진성피화뇌 坐對眞成被花惱
문을 나서며 한 번 웃는데 큰 강물이 비껴 흐르네.	출문일소대강횡 出門一笑大江橫

황정견黃庭堅의 본집本集에 시제詩題가 〈왕충도송수선화오십지흔연회심위지작王充道送水仙花五十枝欣然會心爲之作(왕충도가 수선화 50가지를 보내온 것이 마음에 들어 흔연히 시를 짓다)〉으로 되어있다. 수선화를 선물로 받고, 물 위를 걸을 수 있는 여신선女神仙을 상징하는 꽃이 수선화라 하면서, 그 아름다움을 찬미讚美한 영물시詠物詩이다. 낙구落句의 '출문일소대강횡出門一笑大江橫'은 자신도 이 꽃을 통하여 수선水仙처럼 진세塵世를 초탈하게 된 경지를 표현한 것이다.

---

23 凌波仙子生盡襪 : 수선화水仙花를 일명 능파선凌波仙이라고도 한다. 조식曹植이 지은 〈낙신부洛神賦〉의 "물결 위를 사뿐사뿐 걷는데, 비단 버선 발끝에서 먼지가 이네.〔凌波微步 羅襪生塵〕" 한 구를 용사用事한 것이다.

24 山礬是弟梅是兄 : 산번화山礬花는 향기가 멀리까지 퍼져서 일명 칠리향화七里香花라고도 한다. 이 꽃이 수선화水仙花보다 늦게 피므로 아우로 삼고, 수선화보다 일찍 피는 매화梅花를 형으로 삼았다는 것이다.

상 4구에는 입성入聲 월운목月韻目의 말襪·월月과 설운목屑韻目의 절絶자로 압운하고, 하 4구에는 평성平聲 경운목庚韻目의 성城·형兄·횡橫자로 압운한 전운시轉韻詩이다.

수선도水仙圖

4-28 황학루에 올라〔登黃鶴樓〕

최호崔顥

옛 신선 이미 황학 타고 떠났고	석인이승황학거 昔人已乘黃鶴去[25]
이 땅엔 텅 빈 황학루黃鶴樓만 남아있네.	차지공여황학루 此地空餘黃鶴樓
황학은 한 번 떠난 후에 다시 돌아오지 않는데	황학일거불부반 黃鶴一去不復返
흰 구름만 천 년 동안 부질없이 떠있을 뿐이네.	백운천재공유유 白雲千載空悠悠
맑은 강물엔 한양漢陽의 숲이 비쳐 뚜렷하게 잠겨있고	청천역력한양수 晴川歷歷漢陽樹
앵무주鸚鵡洲엔 봄 풀들만이 빽빽하게 무성하네.	춘초처처앵무주 春草萋萋鸚鵡洲[26]
해는 저무는데 내 고향은 어드메인고?	일모향관하처시 日暮鄕關何處是
안개 일렁이는 강가에서 이 나그네 시름에 잠기네.	연파강상사인수 煙波江上使人愁

장강長江과 한수漢水가 합수合水하는 무한삼진武漢三鎭(무창武昌·한양漢陽·한구漢口)의 요지이면서 절경絶景인 황학산상黃鶴山上에 오吳 황무黃武 2년에 망루望樓로 세운 것이 이 황학루黃鶴樓이다. 그 후 비자안費子安과 신씨辛氏의 일화逸話가 가미되면서 더욱 유명해진 황학루에 최호崔顥가 올라 지은 시이다. 수련首聯과 함련頷聯에서는 누명樓名에 얽힌 일화를 서술하고, 경련頸聯에서는 안전眼前의 실경實景을, 미련尾聯에서는 귀심歸心의 상념想念을 그려

---

25 昔人已乘黃鶴去 : 《남제지南齊志》에 "선인仙人 비자안費子安이 학 등에 올라 구름을 타고 하늘로 날아갔다.〔跨鶴乘雲而飛去〕" 한 설화說話를 말한 것이다.

26 春草萋萋鸚鵡洲 : 앵무주鸚鵡洲는 황학루黃鶴樓 아래에 보이는 섬으로 사주四洲라 하였는데, 〈앵무부鸚鵡賦〉를 지은 예형禰衡이 강하태수江河太守 사조史祖에게 죽임을 당하여 이곳에 묻히자 앵무주라 부르게 되었다.

서, 감개지정感慨之情을 부친 만고萬古의 절창絶唱이다. 송宋 엄우嚴羽는 이 시를 당대唐代의 칠언율시七言律詩 가운데 최고의 걸작傑作이라 평하였다.

평성平聲 우운尤韻의 루樓·유悠·주洲·수愁자로 압운한 일운도저一韻到底 수구불입운首句不入韻 칠언율시七言律詩이다.

황학루도黃鶴樓圖

4-29 당구에게 지어 주다〔贈唐衢〕

한유韓愈

호랑이에겐 발톱이 있고 소에겐 뿔이 있어　호유조혜우유각 虎有爪兮牛有角
호랑이는 낚아챌 수 있고 소는 받을 수 있네.　호가박혜우가촉 虎可搏兮牛可觸
어찌하여 그대는 특별히 뛰어난 재능을 지니고도　내하군독포기재 奈何君獨抱奇才
호미질 쟁기질하며 인적 없는 골짜기에서 굶주리는가.　수파리서아공곡 手把犁鋤餓空谷
지금의 천자께서는 현량한 인재 찾기에 부지런하셔서　당금천자급현량 當今天子急賢良
궤함을 아침마다 꺼내어 명광전에서 열어보시는데,　궤함조출개명광 匭函朝出開明光[27]
어찌하여 자신을 천거하는 글을 올려서　호불상서자천달 胡不上書自薦達
온 천하를 요순堯舜시대처럼 만들려 하지 않는가.　좌령사해여우당 坐令四海如虞唐

짐승들도 지닌 능력을 발휘하듯이, 당신도 은거隱居하지 말고 출사出仕하여 지니고 있는 뛰어난 능력을 발휘해서 치군택민致君澤民에 힘쓰라고 당구唐衢에게 권한 시이다.

당구는 시가詩歌에 능했으되 과거에 급제하지 못하여 은거하였으나, 다감多感한 성품으로 슬픈 문장을 읽게 되면 울기를 잘하였고, 우는 곡성哭聲이 애절哀切하여 듣는 자들도 모두 눈물을 흘리게 했으므로, '당구선곡唐衢善哭'

---

27 匭函朝出開明光 : 당唐 측천무후則天武后 수공垂拱 5년에 어보종魚保宗의 건의에 따라 궤짝 네 개를 만들어 자물쇠를 채우고 옆에 작을 구멍을 내어서 민원서류를 넣을 수는 있으나 꺼낼 수는 없도록 하고, 이를 조당朝堂에 두고 천하 사람들이 올리는 표소表疏를 받게 하였으니, 일종의 민원함民願函이라 할 수 있다. 명광明光은 한漢 무제武帝의 궁전宮殿 이름이다.

이라는 말이 전해지게 되었다. 그런 당구에게 천하를 요순堯舜시대로 만들기 위해 선명善鳴하기를 권고한 시이다.

전반부는 입성入聲 각운목覺韻目의 각角, 옥운목沃韻目의 촉觸, 옥운목屋韻目의 곡谷으로 통입通押하고, 후반부는 평성平聲 양운목陽韻目의 량良·광光·당唐으로 압운한 전운시轉韻詩이다.

4-30 옛 시의 뜻에 맞추어 짓다〔古意〕

한유韓愈

태화산太華山 꼭대기 옥정玉井에서 자라는 연蓮은	태화봉두옥정련 太華峯頭玉井蓮[28]
꽃이 피면 열 길이나 되고 연뿌리는 배만 하다네.	개화십장우여선 開花十丈藕如船
시원하기는 눈과 서리 같고 달기는 꿀과 같으며	냉비설상감비밀 冷比雪霜甘比蜜
한 조각만 입에 넣어도 고질병이 치유된다네.	일편입구침아전 一片入口沈痾痊
내가 이를 구하고자 먼 길 꺼리지 않겠지만	아욕구지불탄원 我欲求之不憚遠
푸른 절벽에 길이 없어 걸터타고 오르기가 어렵다네.	청벽무로난인연 青壁無路難夤緣
어찌하면 긴 사다리 얻어 타고 올라가 그 열매 따서	안득장제상적실 安得長梯上摘實
칠택七澤에 두루 심어 뿌리와 줄기가 연잇도록 할는지.	하종칠택근주련 下種七澤根株連[29]

전반 4구에서 태화산太華山 정상頂上 옥정玉井에 있는 연근蓮根의 감미甘美로운 맛과 신묘한 약효를 말하였으며, 후반 4구에서 이 연蓮을 온 천하의 모든 연못에 이식移植하여 천하 사람들의 병을 모두 치료해주고 곤고困苦를 모두 구제하고 싶으나, 유감스럽게도 불능不能함을 탄식하였다. 이를 천하를 구제할 경륜經綸을 지녔으나 군주의 곁에 오를 수가 없어 뜻을 펼칠 수 없음을 빗대어 말한 시로 보기도 하고, 당시 헌종憲宗이 신선도神仙道에 빠져서

---

28 太華峯頭玉井蓮 : 태화봉太華峯은 중국 오악五嶽 가운데 서악西嶽인 화산華山의 연화봉蓮花峯을 말한다. 그 정상에 있는 옥정玉井의 연근蓮根을 복용服用하면 우화등선羽化登仙할 수 있고, 고질병도 치유된다고 전해졌다.

29 下種七澤根株連 : 칠택七澤은 초楚 땅 운몽雲夢에 있는 일곱 연못으로, 전의轉意되어 천하의 모든 연못을 칭하게 되었다.

불로초不老草를 구하고 있음을 옥정련玉井蓮에 빗대어 풍자諷刺한 우언시寓言詩로 보기도 한다.

평성平聲 선운先韻의 련蓮·선船·전痊·연緣·련連자로 압운한 일운도저一韻到底의 수구입운시首句入韻詩이다.

연화봉蓮花峯과 옥정玉井

권5

칠언고풍단편七言古風短篇

5-1 정병조에게 지어 보내다〔贈鄭兵曹〕[1]

한유韓愈

술잔 들며 서로 만났던 십 년 전에는	준주상봉십재전	樽酒相逢十載前
그대는 장년이었고 나는 청년이었는데,	군위장부아소년	君爲壯夫我少年
다시 술잔 들며 서로 만난 십 년 후에는	준주상봉십재후	樽酒相逢十載後
나는 장년이 되고 그대는 백발이 되었네.	아위장부군백수	我爲壯夫君白首
내가 품은 재능이 세속과 맞지 않아	아재여세불상당	我才與世不相當
지느러미 움츠리고 날개 접은 채 다시는 희망이 없다오.	집린위시무부망	戢鱗委翅無復望[2]
이 시대의 뛰어난 인물들 모두 조정에서 고관으로 활약하는데	당금현준개주항	當今賢俊皆周行
그대 또한 어이하여 나처럼 방황하는가.	군하위호역황황	君何爲乎亦遑遑
술잔 차례 그대에게 이르면 손 멈추지 말고 드시라.	배행도군막정수	盃行到君莫停手
온갖 시름 잊는 데는 술보다 좋은 것이 없다오.	파제만사무과주	破除萬事無過酒

---

1 鄭兵曹 : 병조兵曹는 병조참군사兵曹參軍事를 말한다. 정병조鄭兵曹는 정통성鄭通誠으로, 장건봉張建封이 무녕절도사武寧節度使로 있을 때에 정통성이 부사副使였고, 한유韓愈가 종사관從事官으로 있었는데, 노후老後에도 미관微官으로 묻혀 지내는 그를 보고 지은 시이다.

2 戢鱗委翅無復望 : 집린위시戢鱗委翅는 물속의 고기와 땅위의 새가 활동을 멈추고 정지해 있음을 말한 것으로, 사람이 큰 뜻을 지녔으나 활약하지 못하고 있는 처지를 이에 비유한 것이다.

제1~4구에서는 세월이 덧없이 흘러감을 안타까워하고, 제5~6구에서는 자신의 뜻이 세속과 맞지 않아 활약할 수 없음을 탄식하고, 제7~말구에서는 정병조鄭兵曹가 노후에도 미관微官으로 머물고 있는 불운한 처지를 위로하고 동류의식同類意識을 드러내면서 술로 시름을 달랠 것을 권고한 시로, 말末 양구兩句는 인구人口에 널리 회자膾炙되었다.

제1·2구는 평성平聲 선운先韻의 전前·년年으로, 3·4구는 상성上聲 유운有韻의 후後·수首로, 5~8구는 평성 양운陽韻의 당當·망望·항行·황遑으로, 마지막 2구는 다시 상성 유운有韻의 수手·주酒로 압운한 매구유운每句有韻의 전운시轉韻詩이다.

5-2 꿩이 화살에 맞다〔雉帶箭〕

한유韓愈

언덕배기가 불에 깨끗이 타서 드높이 평평한데	원두화소정올올 原頭火燒淨兀兀
들꿩은 매가 두려워 나왔다 숨었다 하네.	야치외응출부몰 野雉畏鷹出復沒
장군께선 묘한 재주로 사람들을 감복시키려	장군욕이교복인 將軍欲以巧伏人
말을 타고 빙빙 돌며 활을 당겼으되 아껴서 쏘지 않네.	반마만궁석불발 盤馬彎弓惜不發
지형은 차츰 좁아들고 보는 사람 많아서	지형점착관자다 地形漸窄觀者多
꿩이 놀라 날자 활을 한껏 당겨 굳센 화살로 명중시키네.	치경궁만경전가 雉驚弓滿勁箭加
사람 사이를 뚫고 백여 척을 홀연히 솟구쳐 날아올랐다가	충인결기백여척 衝人決起百餘尺
붉은 깃에 흰 화살촉이 비스듬히 꽂혀 떨어지네.	홍령백촉상경사 紅翎白鏃相傾斜
장군이 고개를 쳐들고 웃자 군리軍吏들이 축하하는데	장군앙소군리하 將軍仰笑軍吏賀
오색 깃털이 흩어져서 말 앞에 떨어지네.	오색리피마전타 五色離披馬前墮

이 시는 무녕절도사武寧節度使 장건봉張建封의 종사관從事官으로 있을 때에 그의 수렵에 수행隨行하면서 지은 것이다. 매구每句가 모두 실경實景을 읊은 것으로, 사실적寫實的인 묘사가 절묘하며, 기복起伏과 변화變化가 풍부하고 생기生氣가 약동躍動하여, 독자로 하여금 두 눈으로 직접 목격하는 듯이 실감實感하게 하는 시이다.

전 4구에는 입성入聲 월운月韻의 올兀·몰沒·발發자로, 5~8구에는 평성平聲 마운麻韻의 다多·가加·사斜자로, 마지막 두 구는 상성上聲 가운哿韻의 하賀자와 거성去聲 개운箇韻의 타墮자로 압운(상거통압 上去通押)한 전운시轉韻詩이다.

5-3 남릉에서 작별한 감회를 적다〔南陵敍別〕

이백李白

막걸리 처음 익을 때에 산중의 집으로 돌아오니	백 주 초 숙 산 중 귀 白酒初熟山中歸
누런 닭은 기장을 쪼아 먹어 가을 되자 살이 쪘네.	황 계 탁 서 추 정 비 黃鷄啄黍秋正肥
아이 불러 닭을 삶고 막걸리를 마시는데	호 동 팽 계 작 백 주 呼童烹雞酌白酒
아이들은 반가이 웃으며 아비의 옷을 잡아끄네.	아 녀 희 소 견 인 의 兒女嬉笑牽人衣
술에 취해 큰 소리로 노래하며 스스로 위로코자	고 가 취 취 욕 자 위 高歌取醉欲自慰
일어나 춤을 추는데 붉어진 내 얼굴 지는 해와 견줄 만하네.	기 무 낙 일 쟁 광 휘 起舞落日爭光輝
일찍이 황제를 설득시키지 못했던 것이 씁쓸하니	유 세 만 승 고 부 조 遊說萬乘苦不早
말에 올라 채찍 잡고 먼 길을 떠나야겠네.	착 편 과 마 섭 원 도 著鞭跨馬涉遠道
회계의 어리석은 아내는 주매신朱買臣을 깔보았는데	회 계 우 부 경 매 신 會稽愚婦輕買臣[3]
나 또한 집을 떠나 서쪽 장안으로 들어가려 하네.	여 역 사 가 서 입 진 余亦辭家西入秦
하늘 향해 크게 웃으며 문을 나서나니	앙 천 대 소 출 문 거 仰天大笑出門去
우리가 어찌 쑥대덤불 속에 묻혀 지낼 사람이겠는가.	아 배 기 시 봉 호 인 我輩豈是蓬蒿人

이 시의 원제는 〈남릉별아동입경南陵別兒童入京(남릉에서 아이들과 작별하고 서울로 들어오며)〉으로 되어있다. 하늘에서 부여받은 자신의 재략才略을 봉호간蓬蒿間에 묻혀 살며 썩힐 수가 없어서 장안으로 들어가는 것이니, 영달榮達해

---

3 會稽愚婦輕買臣 : 매신買臣은 주매신朱買臣을 말한다. 그가 땔감을 팔러 다니면서도 책을 암송하니, 아내가 이를 부끄러이 여겨 이혼할 것을 청하였다. 그 후 주매신이 회계태수會稽太守가 되어 경내로 들어오니, 옛 아내가 길을 닦고 있었다. 주매신이 이를 보고 그를 수레 뒤에 태우고 가서 위로하고 돌려보냈는데, 이를 말한 것이다.

서 돌아올 날을 손꼽으며 기다리라는 호기豪氣를 드러낸 시로, 전편全篇의 본의本意가 말련末聯에 압축壓縮되어 있다.

전 6구는 평성平聲 미운微韻의 귀歸·비肥·의衣·휘輝자로, 7·8구는 상성上聲 호운皓韻의 조早·도道자로, 9~말구는 평성 진운眞韻의 신臣·진秦·인人자로 압운한 전운시轉韻詩이다.

매신송서도賣薪誦書圖

5-4 달밤에 객과 살구꽃 아래에서 술을 마시며

〔月夜與客飮酒杏花下〕

소식蘇軾

살구꽃잎 주렴으로 날아들어 남은 봄기운 발산하고	杏花飛簾散餘春(행화비렴산여춘)
밝은 달빛 문 안으로 들어와 한가한 사람 찾아주네.	明月入戸尋幽人(명월입호심유인)
옷을 걷어 잡고 달빛 아래를 꽃 그림자 밟으며 거니는데	褰衣步月踏花影(건의보월답화영)
툭 트인 곳에 흐르는 물엔 푸른 마름이 잠겨있네.	炯如流水涵青蘋(형여유수함청빈)
꽃 사이에 술자리 마련하니 맑은 향기가 일고	花間置酒清香發(화간치주청향발)
긴 가지 당기자 향기로운 꽃잎 눈처럼 떨어지네.	爭挽長條落香雪(쟁만장조낙향설)
산성의 맛없는 술 마시고 싶지 않거든	山城薄酒不堪飮(산성박주불감음)
권하노니 그대는 잔 속에 비친 달이나 마시구려.	勸君且吸杯中月(권군차흡배중월)
통소소리 끊기고 달만 밝은 가운데	洞簫聲斷月明中(통소성단월명중)
달이 지면 술잔 속의 달도 빌까 근심스럽네.	惟憂月落酒盃空(유우월락주배공)
내일 아침 봄바람이 사납게 땅을 휩쓸고 지나가면	明朝卷地春風惡(명조권지춘풍악)
꽃 떨어진 자리에 깃든 푸른 잎만 보일 뿐이리.	但見綠葉棲殘紅(단견녹엽서잔홍)

이 시는 서주徐州의 산성山城으로 장사후張師厚가 찾아오자 함께 있던 왕자립王子立과 왕자민王子敏이 퉁소를 불며 함께 살구꽃 아래에서 술을 마셨는데, 그때에 지은 것이다. 시골 산속이어서 값비싸고 맛있는 술은 없고 떫은 술뿐이지만, 음악이 있고 달빛이 있으며 마음에 맞는 벗이 있으니, 저물어가는 봄날의 운치를 봄이 다 지나가기 전에 한껏 즐기자고 주장하였다.

왕안석王安石의 신법新法에 반대하다가 오랫동안 항주杭州·밀주密州·서주徐州·호주湖州 등의 지방관으로 전전하면서도, 마음은 증오번민憎惡煩悶의 분만憤懣에서 벗어나 탈속脫俗의 안한安閒을 즐겼음을 드러낸 시이다.

전 4구는 평성平聲 진운眞韻의 춘春·인人·빈蘋자로 압운하였고, 중 4구는 입성入聲 월운月韻의 발發·설雪·월月자로 압운하였으며, 마지막 4구는 평성 동운의 중中·공空·홍紅자로 압운한 전운시轉韻詩이다.

행화도杏花圖

5-5 인일에 두이 습유에게 지어 보내다〔人日寄杜二拾遺〕[4]

고적高適

인일人日에 시를 지어 초당草堂으로 보내며	인일제시기초당 人日題詩寄草堂
고향을 그리워하는 친구를 멀리서 안타까워하였네.	요련고인사고향 遙憐故人思故鄉
봄빛을 뽐내는 버들가지를 차마 보지 못하겠고	유조농색불인견 柳條弄色不忍見
가지에 가득 핀 매화 보고 속절없이 애간장 태우네.	매화만지공단장 梅花滿枝空斷腸
몸이 남쪽 변방에 있어 국사에 참여할 수 없으면서도	신재남번무소예 身在南蕃無所預
마음엔 백 가지 천 가지 근심을 품고 있네.	심회백우부천려 心懷百憂復千慮
금년에 인일 맞아 쓸데없이 서로 그리워할 뿐인데	금년인일공상억 今年人日空相憶
명년에 인일 맞을 때엔 어느 곳에 있게 될까.	명년인일지하처 明年人日知何處
한번 동산東山에 은거한 후 삼십 년이 지나갔으니	일와동산삼십춘 一臥東山三十春[5]
문무文武의 방략方略 지니고서도 세파世波에 늙어갈 줄 어찌 알았으랴.	기지서검노풍진 豈知書劍老風塵
못난 내가 도리어 대부大夫의 자리를 차지하고 있으니	용종환첨이천석 龍鍾還忝二千石
동서남북으로 떠도는 그대에게 부끄럽도다.	괴이동서남북인 愧爾東西南北人

이 시는 촉주자사蜀州刺史로 있던 고적高適이 인일人日을 맞아 성도成都 초

---

4 人日寄杜二拾遺 : 민속民俗에 1월 1일부터 6일까지는 한 해 동안 계鷄·구狗·양羊·저猪·우牛·마馬 등 가축家畜이 잘 자라고 번창할까를 점치고, 7일에는 사람의 길흉을 점쳤으므로, 1월 7일을 인일人日이라 하고 휴일로 삼았다. 두이杜二는 두보杜甫를 가리키는데, 두보가 형제간의 항렬에서 두 번째이므로 두이라 한 것이다.

5 一臥東山三十春 : 진晉나라 사안謝安이 동산東山에 은거하였으므로, 이후 동산은 은거隱居를 지칭하는 말이 되었다.

당草堂에 머물고 있던 두보杜甫에게 보내준 시이다. 벗에 대한 우정을 드러내고, 문무文武의 경륜經綸을 겸한 벗이 뜻을 펴지 못하고 늙어감을 안타까워한 시이다. 두보는 고적이 사망한 것을 모르고 사망 5년 후에 이 시에 화답한 〈추수고고촉주인일견기追酬故高蜀州人日見寄(벗인 고촉주高蜀州로부터 인일에 보내준 시를 받고 추후에 화답하다)〉를 짓기도 하였다.

전 4구는 평성平聲 양운陽韻의 당堂·향鄕·장腸자로 압운하고, 중 4구는 거성去聲 어운御韻의 예預·려慮·처處자로 압운하고, 마지막 4구는 평성 진운眞韻의 춘春·진塵·인人자로 압운한 전운시轉韻詩이다.

5-6 야랑으로 귀양 가며 신판관에게 올리다〔流夜郎贈辛判官〕

이백李白

옛적에 장안의 번화한 유흥가에서 취해 지내며	석재장안취화류 昔在長安醉花柳
오후칠귀 같은 권문세가들과 술잔을 함께 나누었었네.	오후칠귀동배주 五侯七貴同盃酒[6]
우뚝한 기개는 호방한 인물들을 멀리 능가해 앞섰으니	기안요릉호사전 氣岸遙淩豪士前
풍류인들 어찌 남들보다 뒤떨어졌으리오.	풍류긍락타인후 風流肯落他人後
그대는 홍안이었고 나도 젊은 나이였을 때에	부자홍안아소년 夫子紅顏我少年
장대章臺에서 말 달리며 황금 채찍 휘둘렀었지.	장대주마착금편 章臺走馬著金鞭[7]
문장을 지으면 기린전麒麟殿에 올릴 만했고	문장헌납기린전 文章獻納麒麟殿[8]
귀인貴人의 자리에 머물면서 가무를 즐겼었네.	가무엄류대모연 歌舞淹留玳瑁筵
그대와 함께 길이길이 이와 같으리라 여겼는데	여군상위장여차 與君相謂長如此
어찌 백성을 진동시키는 풍진이 일어날 줄을 알았겠는가.	영지초동풍진기 寧知草動風塵起
함곡관으로 갑자기 호마가 쳐들어와 놀라고 있는데	함곡홀경호마래 函谷忽驚胡馬來[9]
장안 궁궐의 복숭아와 오얏 꽃은 누구를 위해 피었는가.	진궁도리향수개 秦宮桃李向誰開

---

6 五侯七貴同盃酒 : 오후五侯는 전한前漢 성제成帝의 황후皇后 왕王씨 집안의 다섯 사람이 같은 날에 후侯로 봉해졌음을 말하고, 칠귀七貴는 한대漢代의 외척外戚으로 국정을 장악했던 여呂·곽郭·상관上官·조趙·정丁·부傅·왕王씨 등 일곱 집안을 말한다. 이에 권문세가權門勢家를 오후칠귀五侯七貴라 부르게 되었다.

7 章臺走馬著金鞭 : 장대章臺는 장안長安의 거리 이름으로, 기생집들이 모여있던 곳이다.

8 文章獻納麒麟殿 : 기린전麒麟殿은 한漢나라 때 미앙궁未央宮에 속한 궁전 이름으로, 후대에는 아름다운 궁전의 범칭凡稱이 되었다.

9 函谷忽驚胡馬來 : 안녹산安祿山의 반군叛軍이 병마兵馬를 이끌고 함곡관函谷關 안으로 쳐들어와 장안長安과 낙양洛陽이 함락되었음을 말한다.

나는 멀리 야랑夜郞으로 유배 감을 시름하게 되었으니	我愁遠謫夜郞去 (아수원적야랑거)
어느 날에나 사면赦免을 받아 돌아올 수 있으려나.	何日金雞放赦回 (하일금계방사회)[10]

영왕永王 이린李璘의 반역사건으로 남녘 오랑캐 땅인 야랑夜郞으로 유배 가게 되었을 때에, 신판관辛判官(명名과 행적行蹟 불상不詳)에게 지어 보낸 시이다. 과거에 화려한 생활을 함께 즐겼던 일을 회상하고, 현재의 불행한 처지에서 빨리 벗어나기를 간절히 염원하면서, 사면赦免되도록 힘써주기를 청한 시이다.

처음 2개련聯은 상성上聲 유운有韻의 류柳·주酒·후後자로 압운하고, 제3·4련은 평성平聲 선운先韻의 년年·편鞭·연筵자로 압운하고, 제5련은 상성 지운紙韻의 차此·기起자로 압운하고, 마지막 2개련은 평성 회운灰韻의 래來·개開·회回자로 압운한 전운시轉韻詩이다.

---

10 何日金雞放赦回 : 당대唐代에 죄인을 사면할 때에 금계金雞를 만들어 긴 장대에 꽂았으므로, 금계는 죄인의 사면을 뜻하게 되었다.

5-7 정십팔이 시를 지어 내가 황학루를 때려 부수겠다 한 것을 조롱한 데 대하여 취후에 답하다

〔醉後答丁十八以詩譏予搥碎黃鶴樓〕

이백李白

드높은 황학루 이미 때려 부쉈으므로	황학고루이추쇄 黃鶴高樓已搥碎
황학을 타고 놀던 선인仙人 의지할 곳 없어졌네.	황학선인무소의 黃鶴仙人無所依
황학이 하늘로 올라가 상제上帝에게 호소하니	황학상천소상제 黃鶴上天訴上帝
곧 황학을 풀어주어 강남으로 돌아가게 하였네.	각방황학강남귀 却放黃鶴江南歸
신명한 태수가 황학루를 다시 단장해 꾸며놓고	신명태수재조식 神明太守再雕飾[11]
분칠한 벽에 새로 그림 그려 다시 꽃답게 되었네.	신도분벽환방비 新圖粉壁還芳菲
온 고을 사람들이 나를 광객狂客이라 비웃고	일주소아위광객 一州笑我爲狂客
가끔 젊은이들이 찾아와 조롱하기도 하네.	소년왕왕내상기 少年往往來相譏
군평의 문하에서 선술仙術 배운 사람 뉘 집 자제였나?	군평염하수가자 君平簾下誰家子[12]
이 사람이 바로 요동의 정령위 같은 사람이라 하네.	운시요동정령위 云是遼東丁令威[13]

---

11 神明太守再雕飾 : 《한서漢書》에 "황패黃霸가 영천潁川의 태수太守가 되자, 이민吏民들이 모두 신명神明한 분이라고 찬양하였다." 하였다.

12 君平簾下誰家子 : 엄준嚴遵의 자字가 군평君平이다. 한대漢代 사람인 그는 성도成都에 살면서 복술卜術에 능하였고, 점을 쳐주어 백 전錢을 벌게 되면 문을 닫고 발을 내려 점치기를 중단하고 제자들에게 도가道家의 선술仙術을 가르쳤다.

13 云是遼東丁令威 : 《수신후기搜神後記》에 "정령위丁令威는 요동遼東 사람으로 영허산靈墟山에서 도道를 배웠다. 후에 요동의 화표華表(이정표里程標) 기둥에 학이 내려앉아 말하기를, '이 새가, 정령위라네. 집을 떠난 지 천 년 만에 이제 비로소 돌아와 보니, 성곽은 변함이 없는데 사람들은 바뀌었네. 어찌 신선술神仙術 배우지 않아서 무덤 속에 묻히게 되었는가?' 하였다." 하였는데, 정십팔丁十八의 성姓이 정령위와 같으므로, 그를 정령위에 비유한 것이다.

시 지어 나를 일깨워주어 뛰어난 흥취에 놀라게 하고　作詩掉我驚逸興(작시도아경일흥)
흰 구름이 붓을 감돌며 창 앞에서 흩날리네.　白雲遶筆窓前飛(백운요필창전비)
내일 아침 술이 다 깰 때를 기다려　待取明朝酒醒罷(대취명조주성파)
그대와 함께 무르익은 봄빛 찾아 즐기리라.　與君爛熳尋春輝(여군난만심춘휘)

황학루도黃鶴樓圖

염백정閻伯程의 〈황학루기黃鶴樓記〉에 "고을 성 서남쪽 모퉁이에 황학루가 있다." 하고, 《도경圖經》에 "옛적 비위費禕가 신선이 되어 때때로 황학을 타고 이곳으로 와서 쉬었으므로, 누樓의 이름을 황학루라 하였다." 하였다.

이백李白이 야랑夜郎으로 유배되었다가 방환放還되어 돌아올 때에 강하江夏를 지나면서 남릉태수南陵太守 위빙韋氷에게 지어준 시 속에 "내가 장차 그대를 위해 황학루를 때려 부술 터이니, 그대 또한 나를 위해 앵무주鸚鵡洲를 뒤집어엎으라.〔我且爲君搥碎黃鶴樓 君亦爲吾倒却鸚鵡洲〕" 한 시구가 있었다. 이는 우수분민憂愁憤悶과 항장불평骯髒不平을 호쾌豪快한 말로 드러낸 것인데, 정십팔丁十八이 이를 방종放縱하다고 시를 지어 비판하자, 이백이 다시 가공유희架空遊戲의 문자로 본 시를 지어 그의 선취仙趣를 극찬하고, 그를 정령위丁令威의 화신化身이라 이르면서, 광회曠懷와 선기仙氣와 선취禪趣를 드러낸 것이다.

양신楊愼은 이 시를 이백이 지었다는 주장을 의심하여, "이백이 무창武昌을 방문하여 최호崔顥의 〈황학루시黃鶴樓詩〉를 보고 이에 탄복하여 다시 짓지를 못하고 떠나서 금릉의 〈봉황대시鳳凰臺詩〉를 지었다. 그 후에 선승禪僧이 이 일을 계기로 하여 한 편의 게偈를 짓기를 '한 주먹으로 황학루를 때려 부수고, 한 발로 앵무주를 차서 뒤집어엎었네. 눈앞에 좋은 경치 있지만 말로 표현할 수 없었는데, 최호가 지은 시가 머리 위에 걸려있네.〔一拳搥碎黃鶴樓 一脚踢翻鸚鵡洲 眼前有景道不得 崔顥題詩在上頭〕' 하였는데, 이 게가 여러 선승을 거치면서 돌고 돌아서 이 시로 변한 것으로, 송초宋初에 이를 이백의 유시遺詩로 보았지만 믿을 수가 없다." 하였다.

평성平聲 미운微韻으로 압운한 일운도저一韻到底의 시이다.

5-8 〈채석월〉 시를 지어 곽공보에게 주다〔采石月贈郭功甫〕

매요신梅堯臣

채석강 달빛 아래에서 적선謫仙을 찾으니	채석월하방적선	采石月下訪謫仙[14]
밤에 비단옷 걸치고 낚싯배에 앉아있네.	야피금포좌조선	夜披錦袍坐釣船
취중에 강 밑에 잠겨있는 달을 사랑하여	취중애월강저현	醉中愛月江底懸
손으로 달을 희롱하다가 몸이 뒤집혀 빠졌네.	이수농월신번연	以手弄月身翻然
응당 군침 흘리는 교룡의 입으로는 떨어지지는 않았을 것이니	불응폭락기교연	不應暴落飢蛟涎
당연히 고래를 타고 푸른 하늘로 올라갔겠지.	편당기경상청천	便當騎鯨上青天
청산에 무덤이 있다고 사람들이 함부로 전하나	청산유총인만전	青山有冢人謾傳
다시 인간으로 환생한 지 몇 년인 줄 아는가.	각래인간지기년	却來人間知幾年
옛적에 그 누가 분양왕汾陽王을 알아보았던가.	재석숙식분양왕	在昔孰識汾陽王
벼슬 바쳐 사죄死罪를 풀어준 것은 그 의리를 잊기 어려워서였네.	납관세사의난망	納官貰死義難忘[15]
이제 곽씨郭氏의 후예인 빼어난 인물을 보니	금관곽예기준랑	今觀郭裔奇俊郎

14 采石月下訪謫仙 : 적선謫仙은 이백李白을 지칭한다. 하지장賀知章이 이백에게 지어준 별호別號가 적선謫仙이다.

15 在昔孰識汾陽王 納官貰死義難忘 : 과거 곽자의郭子儀가 항오간行伍間에 있으면서 과오를 범했을 때에, 이백李白이 그의 형벌을 벗겨주고 치켜세우며 중히 여긴 일이 있었다. 그 후 이백이 영왕永王의 일로 처형당할 위기에 처하자, 안녹산安祿山의 난을 평정하여 대공大功을 세워 분양왕汾陽王이 된 곽자의가 자신을 알아주었던 옛 의리를 생각하여, 자신의 직을 걸고 이백을 변호해주어 죽음을 면하게 해준 일을 말한 것이다. 즉 이백이 선견지명先見之明으로 곽자의의 출중함을 알아보았으므로, 후일에 그의 도움으로 곤경에서 벗어날 수 있게 되었음을 말한 것이다.

얼굴 모습이 진실로 문장에 능했던 이태백과 같네.	眉目眞似攻文章 (미목진사공문장)
사생의 윤회輪回는 교차로를 돌고 도는 것과 같으니	死生往復猶康莊 (사생왕복유강장)
나무 구멍에서 가락지 찾아낸 양씨羊氏임을 알겠노라.	樹穴探環知姓羊 (수혈탐환지성양)[16]

이 시는 곽공보郭功甫가 이백李白의 후신後身임을 말한 것이다. 전반부에서는 이백이 술에 취해 채석강采石江에서 물속의 달을 따려 하다가 물에 빠져서 고래를 타고 등선登仙했다고 전해오는 말을 들어서, 전해오는 그의 무덤에는 그의 시신이 없을 것이라 하고, 후반부에서는 이백과 인연이 있던 곽자의郭子儀의 후손인 곽공보가 바로 환생還生한 이백의 후신임을 밝힌 것이다.

전 8구는 평성平聲 선운先韻으로 매구每句를 압운押韻하였고, 후 8구는 평성 양운陽韻으로 매구를 압운한 매구유운每句有韻의 전운시轉韻詩이다.

채석采石

16 樹穴探環知姓羊 : 《진서晉書》 권34에, "양호羊祜가 5세가 되었을 때에 유모에게 '내가 가지고 놀던 금환金環을 가져오라.' 하니, 유모가 '너는 전에 그런 물건을 가지고 논 일이 없다.' 하였다. 이에 양호가 이웃 이李씨 집 울타리에 있는 뽕나무 구멍에서 금환을 찾아왔다. 이에 주인이 놀라서 '이것은 내 죽은 아들이 가지고 놀던 것이다.' 하자, 유모가 연유를 자세히 말하니, 죽은 이씨의 아들이 양호로 환생還生한 것임을 알게 되었다." 이 사실을 빗대어 곽공보郭功甫(명名 상정祥正)의 모친이 이백의 꿈을 꾸고 그를 낳았으므로, 곽공보가 이백이 환생한 후신後身이라고 본 것이다.

5-9 술잔을 잡고 달에게 물어보았네〔把酒問月〕

이백李白

푸른 하늘에 달이 있은 이래로 세월이 얼마나 지났는가?	청천유월내기시 青天有月來幾時
내 이제 술잔을 멈추고 한번 물어보노라.	아금정배일문지 我今停盃一問之
사람이 밝은 달에 오를 수는 없지만	인반명월불가득 人攀明月不可得
달의 운행은 도리어 사람을 따라다니네.	월행각여인상수 月行却與人相隨
환하게 밝음은 나는 거울이 선궁仙宮에 임한 듯하고	교여비경임단궐 皎如飛鏡臨丹闕
푸른 이내 사라져 없어지자 맑은 광채를 발하네.	녹연멸진청휘발 綠煙滅盡淸輝發
밤마다 바다에서 떠오름만 볼 뿐	단견소종해상래 但見宵從海上來
새벽에 구름 사이로 사라짐이야 어찌 알 바 있으리오.	영지효향운간몰 寧知曉向雲間沒
옥토끼가 약 찧는 사이 가을 지나고 다시 봄 지나는데	옥토도약추부춘 玉兎搗藥秋復春
항아만 외로이 살고 있으니 누구와 이웃하리오.	항아고서여수린 姮娥孤栖與誰隣
지금 사람은 옛날에 떴던 달을 본 일이 없지만	금인불견고시월 今人不見古時月
지금 보이는 저 달은 일찍이 옛사람을 비췄었네.	금월증경조고인 今月曾經照古人
옛사람과 지금 사람이 흐르는 물처럼 가면 새로 오니	고인금인약유수 古人今人若流水
함께 밝은 달을 보고 모두 이처럼 느꼈으리.	공간명월개여차 共看明月皆如此
오직 바라는 것은 노래하며 달을 마주하고 술 마실 때에	유원당가대주시 惟願當歌對酒時
달빛이 길이길이 황금 술잔 속 비췄으면 하는 것이네.	월광장조금준리 月光長照金樽裏

이백李白의 자주自註에 "친구인 가순賈淳이 나에게 이를 물어보라 하였으므로 이런 제목의 시를 짓게 되었다." 하였다. 무정물無情物인 달을 유정물화有情物化하고 달에 얽힌 고사故事를 인용하여, 인생무상의 세속世俗을 초탈한 무정유無情遊를 읊은 시로, 주酒와 월月이 이백의 낭만浪漫의 원천源泉임이

이 시를 통하여도 드러난다.

처음 4구는 평성平聲 지운支韻의 시時·지之·수隨자로 압운押韻하고, 다음 4구는 입성入聲 월운月韻의 궐闕·발發·몰沒자로 압운하고, 그다음 4구는 평성 진운眞韻의 춘春·린隣·인人자로 압운하고, 마지막 4구는 상성上聲 지운紙韻의 수水·차此·리裏자로 압운한 평측교압平仄交押 사구일환운四句一換韻의 전운시轉韻詩이다.

파주문월把酒問月

5-10 녹나무가 풍우에 뽑힌 것을 탄식하다〔柟木爲風雨所拔歎〕

두보杜甫

녹나무가 강을 의지하고 초당 앞에 서있는데	의강남수초당전 倚江柟樹草堂前
노인들이 전하기를 이백 년은 되었다 하네.	고로상전이백년 故老相傳二百年
잡초 베고 이곳에 살게 된 것이 오로지 이 나무 때문이었으니	주모복거총위차 誅茅卜居總爲此
오월이면 쓰르라미 소리를 듣는 듯 시원하였네.	오월방불문한선 五月髣髴聞寒蟬
동남쪽에서 태풍이 땅을 진동하며 불어오니	동남표풍동지지 東南飄風動地至
강물이 뒤집히고 돌이 구르며 구름이 급히 떠돌았네.	강번석주유운기 江翻石走流雲氣
줄기는 우레에 맞서며 힘을 다해 버텼지만	간배뢰우유력쟁 幹排雷雨猶力爭
뿌리가 땅속에서 끊겨 뽑혔으니 이 어찌 하늘의 뜻이리오.	근단천원기천의 根斷泉源豈天意
푸른 물가의 오래된 나무 내 본시 사랑했으니	창파노수성소애 滄波老樹性所愛
물가에 무성하게 푸른 일산처럼 그늘을 드리웠었네.	포상동동일청개 浦上童童一靑盖
들을 지나는 객들이 자주 머물며 눈과 서리를 피하였고	야객빈류구설상 野客頻留懼雪霜
행인들이 멈춰서 퉁소 소리 같은 나무 소리 들었었네.	행인불과청우뢰 行人不過聽竽籟
쓰러진 범과 나자빠진 용처럼 가시덤불 속에 팽개쳐져서	호도용전위진극 虎倒龍顚委榛棘
눈물 흔적과 핏자국이 가슴에 드리운 듯하네.	누흔혈점수흉억 淚痕血點垂胸臆
나에게 새로 지은 시 있다 한들 이제 어디에서 읊으랴	아유신시하처음 我有新詩何處吟
이제부터 이 초당은 볼품이 없게 되었네.	초당자차무안색 草堂自此無顏色

남柟나무는 일명 녹나무라 하며, 봄에 황색 꽃을 피우는 상록常綠 활엽교목闊葉喬木으로, 잎이 뽕나무와 같고 열매는 은행과 같으며 맛이 시다. 이 나

무는 편楩나무·기杞나무·재梓나무와 함께 천하의 으뜸가는 재목이 되는 나무인데, 두보杜甫 자신도 그 나무 곁에 초당草堂을 지어 이 나무에 의지했고, 행인行人들도 혜택을 보았는데, 태풍을 만나 뿌리가 뽑혀 쓰러진 것을 보고 이를 안타깝게 여겨 지은 시이다.

일설에는 자신을 보살펴주던 엄무嚴武가 사망한 것이, 쓰러진 녹나무가 마치 범이 거꾸러지고 용이 굴러 떨어진 것처럼 되어, 의탁할 것이 없어졌음을 읊은 시로 보기도 한다.

전 4구는 평성平聲 선운先韻의 전前·년年·선蟬자로 압운押韻하고, 다음 4구는 거성去聲 치운寘韻과 미운未韻에 속한 지至·기氣·의意자로 통압通押하고, 그다음 4구는 거성 대운隊韻과 태운泰韻에 속한 애愛·개盖·뢰籟자로 통압하고, 마지막 4구는 입성入聲 직운職韻의 극棘·억臆·색色자로 압운한 전운시轉韻詩이다.

5-11 태을진인이 연잎을 타고 노는 그림에 쓰다

〔題太乙眞人蓮葉圖〕[17]

한구韓駒

태을진인太乙眞人이 연잎을 배처럼 탔는데	태을진인연엽주	太乙眞人蓮葉舟
두건을 벗어 드러난 머리가 찬바람에 흩날리네.	탈건노발한수수	脫巾露髮寒颼颼
가벼운 바람을 돛으로 삼고 물결을 노로 삼고서	경풍위범낭위즙	輕風爲帆浪爲檝
누워서 옥玉 같은 글자를 보며 물 가운데 떠있네.	와간옥자부중류	臥看玉字浮中流
일렁이는 물 가운데서 푸른 비단옷이 춤을 추는 듯한데	중류탕양취초무	中流蕩漾翠綃舞
안온安穩하기가 용양장군龍驤將軍이 탔던 큰 함선과 같네.	온여용양만곡거	穩如龍驤萬斛擧[18]
태화산太華山 꼭대기의 열 길 되는 연꽃이 아니라면	불시봉두십장화	不是峯頭十丈花
세상에서 어찌 이처럼 큰 잎을 얻을 수 있으리오.	세간나득엽여허	世間那得葉如許
용면의 그림 솜씨 노련함이 입신入神의 경지에 들어서	용면화수노입신	龍眠畫手老入神

17 太乙眞人蓮葉圖 : 태을太乙은 일명 태일太一이라고도 하는데, 우주宇宙의 원기元氣를 지닌 천신天神이라고도 하고, 북극北極 제성帝星의 칭호라고도 한다. 한漢 무제武帝 때에 동남東南 지방의 태수가 말하기를 "어떤 이인異人이 배만 한 큰 연잎을 타고 물위에 떠서 누워 책을 읽었는데, 고을 사람들이 모여서 보니 이인은 보이지 않고 연잎과 책만 있었습니다." 하였다. 그 책에 쓰인 글이 모두 옛 전서체篆書體로 되어있어서, 여러 사람에게 물어보았지만 아는 사람이 없었는데 오직 동방삭東方朔만이 알아보고, "이는 천신인 태을의 신비神秘한 책이다. 태일이 나타나면 그 나라가 태평해진다." 하고서, 드디어 그 글을 풀이해서 이것이 세상에 전해지게 되었으니, 지금 오복수학五福數學의 책이 바로 그것이다. 태일에는 별 16개가 있는데, 그 가운데 하나를 오복성五福星이라 하며, 이 별이 곧 태일의 주성主星이다. 이 태을의 진인眞人이 연잎에 누워 책을 보는 그림을 용면거사龍眠居士 이공린李公麟이 비단에 그리자. 이 화폭畫幅 위에 한구韓駒가 바로 이 시를 지어 써놓은 것이다.

18 穩如龍驤萬斛擧 : 진晉나라 왕준王濬이 용양장군龍驤將軍이 되어 매우 큰 함선艦船을 건조하여 이를 타고 오吳를 쳐서 멸망시키는 데 대공大功을 세웠는데, 태을진인太乙眞人이 타고 있는 연엽주蓮葉舟가 그 함선처럼 안온安穩하다는 것이다.

한 자 비단에 진짜 천인을 환상적으로 그려놓았네.	척소환출진천인 尺素幻出眞天人[19]
내가 수선水仙이 사는 곳에 앉아있는데	황연좌아수선부 恍然坐我水仙府
안개 어린 만경창파가 맑게 일렁이는 듯 황홀해지네.	창연만경파린린 蒼烟萬頃波粼粼
옥당玉堂의 학사는 이 시대의 유향劉向인데	옥당학사금유향 玉堂學士今劉向
드높은 구천九天 위의 궁성에서 숙직을 하네.	금직초요구천상 禁直岧嶢九天上
이 그림을 마주해야만 마음과 정신이 어우러진다고 하지 말라	불수대차융심신 不須對此融心神
밤이 되면 청려장 짚은 태을太乙의 선인仙人이 당연히 찾아오리라.	회식청려야상방 會植青藜夜相訪[20]

이 시는 송대宋代 제일의 화가인 이공린李公麟(호 용면龍眠)이 그린 〈태을진인연엽도太乙眞人蓮葉圖〉를 소장자인 유식劉湜이 보여주자, 그 그림의 여백에 써놓은 것이다.

제1~4련에는 태을진인太乙眞人과 그가 타고 노는 연엽주蓮葉舟에 대하여 서술하고, 제5련에는 이를 용면이 절묘한 솜씨로 한 폭의 비단에 그려놓았음을 밝히고, 제6련에는 필자가 이를 보고 황홀경에 빠졌다 하고, 마지막 제

---

19 龍眠畫手老入神 尺素幻出眞天人 : 이공린李公麟은 호號가 용면산인龍眠山人으로, 송대宋代 제일의 화가이다. 그가 이 〈태을진인연엽도太乙眞人蓮葉圖〉를 한 폭의 비단에 환상적幻想的으로 절묘하게 그려놓았다는 것이다.

20 玉堂學士今劉向……會植青藜夜相訪 : 옥당학사玉堂學士는 유식劉湜을 말한다. 그가 궁중宮中의 전적典籍·그림·글씨·보물 등을 보관한 용도각龍圖閣의 학사學士였으므로 이렇게 부른 것이고, 그를 이 시대의 유향劉向이라 한 것은 그가 한대漢代의 대학자 유향과 동성同姓이기 때문이었다. 바로 그 유향이 대궐의 천록각天祿閣에서 숙직을 하며 책을 교정하고 있는데, 한밤에 어떤 노인이 청려장青藜杖을 짚고 찾아와 지팡이의 끝을 부니 안개에 싸인 광채가 유향이 어두운 곳에서 책을 읽고 있는 곳을 비추었으며 "나는 태을太乙의 정기精氣이다." 하였다. 즉 이 마지막 네 구는 이 그림의 소장자인 유식 그대도 이 그림을 마주하지 않아도 대궐의 용도각에서 숙직을 하게 되면 옛날 유향이 만났던 태을진인을 만나서 선경仙境에서 노닐게 될 것이라 한 것이다.

7~8련에서는 이 그림의 소장자인 용도각龍圖閣 학사學士 유식劉湜은 이 그림을 통하지 않아도 과거 유향劉向이 태을지정太乙之精을 만났듯이 태을太乙의 신인神人을 만나게 될 것이라 하면서, 그가 도달한 신선神仙의 경지를 찬양한 시이다.

처음 4구는 평성平聲 우운尤韻의 주舟·수颼·류流자로 압운하고, 다음 4구는 상성上聲 어운語韻의 무舞·거擧·허許자로 압운하고, 그다음 4구는 평성 진운眞韻의 신神·인人·린粼자로 압운하고, 마지막 4구는 거성去聲 양운漾韻의 향向·상上·방訪자로 압운한, 즉 매 4구마다 전운轉韻한 평측교압平仄交押의 전운시轉韻詩이다.

승련도강乘蓮渡江

5-12 곡강 가에서 슬퍼하다〔哀江頭〕

두보杜甫

소릉少陵에 사는 시골 늙은이 소리 죽이고 울며	소릉야로탄성곡 少陵野老呑聲哭
봄날에 곡강曲江 구비를 남몰래 걸었네.	춘일잠행곡강곡 春日潛行曲江曲[21]
강가의 궁전은 모든 문이 잠겨있는데	강두궁전쇄천문 江頭宮殿鎖千門
실버들 가지와 새로 돋은 부들은 누구를 위해 푸른가.	세류신포위수록 細柳新蒲爲誰綠
이전에는 무지갯빛 깃발 나부끼며 남원으로 내려오시면	억석예정하남원 憶昔霓旌下南苑[22]
동산의 온갖 조수鳥獸와 초목草木들도 생기를 띠었었지.	원중만물생안색 苑中萬物生顔色
소양궁昭陽宮에 살던 으뜸가는 미인은	소양궁리제일인 昭陽宮裏第一人[23]
같은 연輦을 타고 황제를 따르며 황제 곁에서 모셨었지.	동련수군시군측 同輦隨君侍君側
연輦 앞에서 호위하는 재인才人들은 활과 화살을 차고	연전재인대궁전 輦前才人帶弓箭[24]
그들이 탄 백마는 황금 재갈을 물고 있었지.	백마작설황금륵 白馬嚼齧黃金勒
몸을 재끼고 하늘을 향해 구름 사이로 쏘자	번신향천앙사운 翻身向天仰射雲
한 화살로 나는 새 두 마리를 바로 떨어뜨렸지.	일전정추쌍비익 一箭正墜雙飛翼
맑은 눈으로 흰 이 드러내고 웃던 미인 지금 어디에 있는가?	명모호치금하재 明眸皓齒今何在

---

21 春日潛行曲江曲 : 장안長安의 주작가朱雀街 동쪽 용엽사龍葉寺 남쪽의 물이 구불구불 흐르므로 곡강曲江이라 하였으며, 이곳에 황제의 별궁別宮과 별원別苑이 있었다.

22 憶昔霓旌下南苑 : 남원南苑은 곡강曲江에 있는 황제의 동산 부용원芙蓉苑을 말한다.

23 昭陽宮裏第一人 : 소양궁昭陽宮은 한漢나라 성제成帝의 총애를 받던 조비연趙飛燕이 거처하던 궁인데, 이 시에서는 양귀비楊貴妃를 이에 빗대어 말한 것이다.

24 輦前才人帶弓箭 : 재인才人은 궁중의 여관女官으로 정5품의 예우를 받았으며, 황후를 호위하는 의장대儀仗隊이다.

피에 얼룩져 떠도는 넋은 돌아올 수가 없네.	혈오유혼귀부득 血汚遊魂歸不得[25]
맑은 위수 동으로 흐르고 검각劍閣의 잔도棧道 험한데	청위동류검각심 淸渭東流劍閣深
떠난 사람과 머문 사람 서로 소식을 모르네.	거주피차무소식 去住彼此無消息[26]
사람이야 살아있는 동안만 정이 있어 눈물로 가슴을 적시지만	인생유정누첨억 人生有情淚沾臆
강물과 강가의 꽃이야 어찌 다할 때가 있겠는가?	강수강화기종극 江水江花豈終極
황혼 되자 성 안은 오랑캐 기병의 먼지로 가득하여	황혼호기진만성 黃昏胡騎塵滿城
성 남쪽으로 가고자 하다가 방향을 잃었네.	욕왕성남망남북 欲往城南忘南北

반란을 일으킨 안녹산安祿山에게 수도 장안長安이 함락되었을 때에, 필자 두보杜甫가 반군이 점거한 장안에서 탈출하지 못하고 공포에 떨며, 양귀비楊貴妃의 영화榮華와 몰락沒落으로 상징되는 당唐나라의 융성隆盛과 안녹산의 난으로 상징되는 국운國運의 쇠락衰落에 대한 영고성쇠榮枯盛衰의 비애감悲哀感을 드러낸 시이다.

처음 2개련에서는 자신의 처지와 몰래 찾아본 곡강曲江 주변의 경물景物을, 그다음 4개련에서는 지난날의 화려했던 모습을, 그다음 2개련에서는 참혹하게 죽은 귀비貴妃와 소식조차 알 수 없는 장안長安과 성도成都 사이의 적막감을, 마지막 2개련에서는 국운이 쇠락한 현실을 슬퍼하며 공포恐怖로 넋이 나가서 돌아갈 방향조차 잃게 된 자신의 곤고困苦를 탄식한 시이다.

---

25 明眸皓齒今何在 血汚遊魂歸不得 : 안녹산安祿山의 난으로 현종玄宗이 성도成都로 파천播遷할 때에 육군六軍의 강요로 귀비貴妃를 마외파馬嵬坡에서 처형해서 원혼冤魂으로 떠돌게 되었음을 말한 것이다.

26 淸渭東流劍閣深 去住彼此無消息 : 청위淸渭는 장안長安을 지나가는 위수渭水를 말하고, 검각劍閣은 장안에서 촉蜀 땅으로 들어가는 길목에 있는 관문關門으로, 대검산大劍山과 소검산小劍山 사이에 잔도棧道가 있는 요해처要害處이다. 안녹산의 난을 피해 이 검각을 지나 촉 땅으로 황제를 모시고 간 사람과 장안에 남아있는 사람 사이에 소식이 두절되었음을 말한 것이다.

전前 2개련은 입성入聲 옥운沃韻의 곡哭·곡曲·록綠자로 압운하고, 나머지 8개련은 입성 직운職韻의 색色·측側·륵勒·익翼·득得·식息·극極·북北자로 압운한 측운仄韻 통운시通韻詩이다.

곡강도曲江圖

5-13 사정의 술자리에서〔燕思亭〕

마존馬存

	이 백 기 경 비 상 천
이백李白이 고래를 타고 하늘로 날아 올라가자	李白騎鯨飛上天
	강 남 풍 월 한 다 년
강남의 청풍명월淸風明月이 여러 해 동안 시들해졌네.	江南風月閑多年
	종 유 고 정 여 미 주
비록 높은 정자와 맛있는 술이 있다 한들	縱有高亭與美酒
	하 인 일 두 시 백 편
어느 누가 술 한 말에 시 백 편을 지을 수 있으리오.	何人一斗詩百篇
	주 인 정 시 금 귀 로
주인은 바로 금귀金龜 맡기고 술 사준 하지장賀知章 같은 노인이라	主人定是金龜老[27]
	미 도 정 중 명 이 호
정자에 이르기 전에 아름다운 명성 이미 들을 수 있었네.	未到亭中名已好
	자 해 비 시 만 도 향
붉은 게 살찌고 익어가는 벼 향기로운 때여서	紫蟹肥時晩稻香
	황 계 탁 처 추 풍 조
누런 닭 곡식 쪼는 곳에 가을바람이 어느새 이르렀네.	黃鷄啄處秋風早
	아 억 금 란 전 상 인
내가 금란전 위에 있던 사람인 이백을 생각해보니	我憶金鑾殿上人
	취 착 궁 금 오 각 건
취한 채 궁중에서 비단옷 입고 오각건 쓰고 있었겠지.	醉著宮錦烏角巾
	거 령 벽 산 홍 하 갈
거령이 산을 갈라놓아 넓은 하수 막힘없이 흐르게 하고	巨靈擘山洪河竭[28]
	장 경 흡 해 만 학 빈
큰 고래 바닷물 들이켜 온 골짝 물 없어진 듯하였네.	長鯨吸海萬壑貧

---

27 主人定是金龜老 : 하지장賀知章이 젊은 이백李白의 시재詩才를 알아보아 벼슬아치의 신분증 격인 금귀金龜를 맡기고 술을 사주면서 이백을 적선謫仙이라 명명命名했던 고사故事를 인용하여, 사정思亭 주인의 풍류로움이 하지장에 비견된다고 찬양한 것이다.

28 巨靈擘山洪河竭 : 장형張衡의 〈서경부西京賦〉 주註에, "거령巨靈은 황하黃河의 신神이다. 화산華山이 황하를 가로막아서 이를 돌아 흘러야 했는데, 거령이 화산을 손으로 내리쳐 쪼개서 북쪽의 수양산首陽山과 남쪽의 태화산太華山으로 갈라놓아, 하류河流가 순류順流하도록 하였다. 그 거령이 내리친 손자국이 지금도 남아있다." 하였는데, 이백이 지은 시의 기상이 거령이 손으로 내리쳐 산을 갈라놓을 때의 기상과 같다는 것이다.

마치 가슴속에 품은 우주의 원기 모두 쏟아내어	여경원기입흉복 如傾元氣入胸腹
한순간에 지어낸 미문美文이 양춘陽春에 초목이 돋아나듯 하였네.	수유백미생양춘 須臾百媚生陽春
굳이 책 만 권을 독파해야 할 필요조차 없었느니	독서불필파만권 讀書不必破萬卷
붓을 내렸다 하면 저절로 귀신이 지은 듯 신묘함이 있었네.	필하자유귀여신 筆下自有鬼與神[29]
우리들도 본시 거침없이 읊조릴 수 있는 사람들이니	아조본시광음객 我曹本是狂吟客
시내와 산에 부탁하노니 유독 이백만 기억하지 말라.	기어계산막상억 寄語溪山莫相憶
나도 후일에 반드시 양양襄陽 땅의 아이들로 하여금	타년수사양양아 他年須使襄陽兒
거듭 〈백동제白銅鞮〉 노래 불러 그 소리가 거리에 가득하게 하리라.	재창동제만가맥 再唱銅鞮滿街陌[30]

시제詩題 〈연사정燕思亭〉을 '사정思亭에서 연회를 하다'라는 뜻으로 보기도 하고, 정자 이름이 '연사정燕思亭'이라 보기도 하는데, 본서에서는 첫 번째 뜻으로 보았다.

이백이 고래를 타고 등선登仙했다고 전해오는 곳에 있는 사정의 술자리에서 이 시를 지으면서, 첫 4구에서는 이백의 시재詩才를 찬양하며 그가 등선한 후 이 주변이 쓸쓸해졌다 하고, 다음 4구에서는 사정의 주인이 이백을

---

29 讀書不必破萬卷 筆下自有鬼與神 : 이 두 구는 두보杜甫가 〈증위좌승贈韋左丞〉 시에서 "독서파만권讀書破萬卷 하필여유신下筆如有神"이라 한 구를 환골탈태換骨奪胎의 수법으로 인용하면서, 이백은 천종지재天縱之才여서 두보처럼 독서하는 수련修鍊을 쌓지 않았어도 귀신이 지은 듯 절묘한 시를 지었다고 한 것이다.

30 再唱銅鞮滿街陌 : 《수서隋書》 〈음악지音樂志〉에 "남조南朝 양梁 때에 곡명曲名이 〈백동제白銅鞮〉인 동요童謠가 있었는데, 그 가사에 '양양襄陽 땅의 백동제가 도리어 양주 아이를 결박하네.〔襄陽白銅鞮 反縛揚州兒〕'라는 구가 있다." 하였다. 이백도 이에 맞추어 〈백동제가白銅鞮歌〉를 지어서 양양 땅의 아이들이 이를 부른 일이 있는데, 이 시의 작자인 마존馬存 자신도 이백과 같은 시를 지어 인구人口에 회자膾炙되게 하겠다는 포부를 드러낸 것이다.

알아보아 문단文壇에 등단登壇시켰던 하지장賀知章과 같고, 때마침 술맛이 나는 좋은 계절이 도래했음을 말하고, 다음 8구에서는 이백의 웅장한 기상과 호쾌豪快한 시를 찬양하고, 마지막 4구에서는 이 시대의 이백이 바로 자신이라 하면서, 과거에 이백이 양양襄陽의 아이들로 하여금 그가 지은 〈백동제白銅鞮〉 노래를 부르게 하였듯이, 자신도 명시名詩를 지어서 세인世人들의 입에 회자膾炙되도록 하겠다는 포부를 드러내었다.

처음 2개련은 평성平聲 선운先韻의 천天·년年·편篇자로 압운하고, 다음 2개련은 상성上聲 호운皓韻의 로老·호好·조早자로 압운하고, 다음 4개련은 평성 진운眞韻의 인人·건巾·빈貧·춘春·신神자로 압운하고, 마지막 2개련은 입성入聲 맥운陌韻과 직운職韻의 객客·억憶·맥陌자로 통압通押한 평측교압平仄交押의 전운시轉韻詩이다.

5-14 우미인초〔虞美人草〕

증공曾鞏

홍문에서 옥 술잔 깨어져 눈처럼 흩날렸고	홍문옥두분여설 鴻門玉斗紛如雪[31]
항복한 십만 병사가 밤에 피를 흘리고 죽었네.	십만항병야유혈 十萬降兵夜流血[32]
함양의 궁전이 석 달 동안 붉게 타니	함양궁전삼월홍 咸陽宮殿三月紅[33]
천하를 이끌려 한 야망도 그 불꽃 따라 사라졌네.	패업이수연신멸 霸業已隨煙燼滅
강강한 자 반드시 죽고 인의로운 자 왕이 되는 법이니	강강필사인의왕 剛强必死仁義王
음릉에서 길 잃은 것은 하늘이 망하게 한 게 아니네.	음릉실도비천망 陰陵失道非天亡[34]
영웅은 본시 만인萬人을 상대하는 법을 배워야 하는데	영웅본학만인적 英雄本學萬人敵
어찌하여 쩨쩨하게 어여쁜 여인 위해 슬퍼하였는가.	하용설설비홍장 何用屑屑悲紅粧[35]

---

31 鴻門玉斗紛如雪 : 《사기史記》 〈항우본기項羽本紀〉를 인용한 시구詩句이다. 유방劉邦이 진秦나라 도성인 함양咸陽으로 항우項羽보다 먼저 들어가 진황秦王 자영子嬰의 항복을 받고 함곡관函谷關을 막았는데, 항우가 늦게 함양으로 들어와 유방을 죽이려 하였다. 유방이 홍문鴻門으로 항우를 찾아가 사과하니, 항우의 군사軍師인 범증范增이 유방을 죽이고자 하였다. 유방이 그 자리를 벗어난 후 범증에게 백옥두白玉斗를 바치자 범증이 이를 부수어버렸음을 말한 것이다.

32 十萬降兵夜流血 : 항우가 거록鉅鹿 전투에서 진병秦兵의 항복을 받은 후 신안新安에 이르러 항복한 진군秦軍 20만을 한밤에 묻어 죽였음을 말한 것이다.

33 咸陽宮殿三月紅 : 항우가 항복한 진왕秦王 자영子嬰을 죽이고 진 궁실을 불태워서 그 불이 3개월 동안 꺼지지 않았다.

34 剛强必死仁義王 陰陵失道非天亡 : 항우가 유방의 한군漢軍에 쫓겨 음릉陰陵 땅에서 자살하기 전에 말하기를 "하늘이 나를 망하게 한 것이지 전쟁을 잘못한 죄가 아니다." 하였지만, 강강剛强하고 도道에 어긋난 행위를 하였으므로, 하늘이 망하게 한 것이 아니고 스스로 멸망을 자초한 것이라는 것이다.

35 英雄本學萬人敵 何用屑屑悲紅粧 : 만인萬人을 구제해야 할 영웅이 한 여인에 빠졌던 것이 항우의 옹졸壅拙함임을 말한 것이다.

삼군三軍이 모두 흩어지고 깃발은 꺾이니　三軍散盡旌旗倒(삼군산진정기도)
장막 속의 미인이 그 자리에서 생을 마치게 되었네.　玉帳佳人坐中老(옥장가인좌중로)
젊은 여인의 혼이 칼 빛 따라 떠돌고　香魂夜逐劍光飛(향혼야축검광비)
한을 품고 죽은 이의 피가 무덤 위의 풀로 변했네.　青血化爲原上草(청혈화위원상초)
미인의 꽃다운 마음이 적막하게 싸늘한 가지에 붙어서　芳心寂寞寄寒枝(방심적막기한지)
옛 노래 들려오자 아미를 찡그리는 듯하네.　舊曲聞來似斂眉(구곡문래사렴미)[36]
슬픈 원한을 품고 맴돌며 말없이 시름에 잠긴 듯함이　哀怨徘徊愁不語(애원배회수불어)
흡사 사면四面의 초가楚歌를 처음 들었을 때와 같네.　恰如初聽楚歌時(흡여초청초가시)
도도히 흘러가는 물은 고금을 변함없이 흐르는데　滔滔逝水流今古(도도서수유금고)
한漢과 초楚의 흥망興亡은 모두 언덕의 한 줌 흙이 되었네.　楚漢興亡兩丘土(초한흥망양구토)
그 시대의 옛일들 모두 오랜 세월 지나자 허무해져서　當年遺事久成空(당년유사구성공)
술잔 앞에서 슬퍼하는데 꽃은 누구를 위해 하늘거리는가.　慷慨樽前爲誰舞(강개준전위수무)

우미인초虞美人草

36 舊曲聞來似斂眉 : 구곡舊曲은 항우가 패망하기 직전에 불렀다는 〈해하가垓下歌〉를 말한다. 이곳에서 '우혜우혜내약하虞兮虞兮奈若何'라 하였다.

항우項羽의 연인戀人이었다가 죽은 우미인虞美人의 넋이 변하여 우미인초虞美人草가 되었다는 고사故事를, 《사기史記》 〈항우본기項羽本紀〉에 수록된 내용을 토대로 하여, 항우가 천하를 차지하지 못하고 죽게 된 것이 강강한 행위를 하여 자초한 것임을 밝힌 일종의 영사시詠史詩로, 흥망성쇠興亡盛衰의 허무함을 읊은 시이다.

처음 4구는 입성入聲 설운屑韻의 설雪·혈血·멸滅자로 압운하고, 다음 4구는 평성平聲 양운陽韻의 왕王·망亡·장粧자로 압운하고, 다음 4구는 상성上聲 호운皓韻의 도倒·로老·초草자로 압운하고, 다음 4구는 평성 지운支韻의 지枝·미眉·시時자로 압운하고, 마지막 4구는 상성 우운麌韻의 고古·토土·무舞자로 압운하여, 4구마다 측성운仄聲韻과 평성운平聲韻을 교대로 넣어 평측교압平仄交押한 전운시轉韻詩이다.

아방궁도阿房宮圖

5-15 젊은이들을 나무라다〔刺少年〕

이하李賀

청총마青驄馬(월따말)는 살이 쪘고 황금 안장은 번쩍이며 　청총마비금안광 青驄馬肥金鞍光
용뇌향龍腦香이 옷깃으로 스며들어 비단옷이 향기롭네. 　용뇌입루나의향 龍腦入縷羅衣香[37]
미인이 가까이 다가앉아 옥玉 술잔을 돌리니 　미인압좌비경상 美人狎坐飛瓊觴
가난한 사람들이 천상天上의 젊은 신선들이라 부르네. 　빈인환운천상랑 貧人喚云天上郎
특별히 높은 누대 세워 푸른 대숲으로 에워싸고 　별기고루연벽소 別起高樓連碧篠
낚싯줄로 붉은 고기 낚아 깊은 못에서 끌어내네. 　사예홍린출심소 絲曳紅鱗出深沼
때로는 온갖 꽃들 앞에서 반쯤 취하여 　유시반취백화전 有時半醉百花前
등 뒤의 황금 화살촉 뽑아 나는 새를 떨어뜨리기도 하네. 　배파금환낙비조 背把金丸落飛鳥
스스로 자랑하길 태어난 이래 객지 고생한 일 없고 　자설생래미위객 自說生來未爲客
일신 위해 거느린 예쁜 첩들 삼백 명이 넘는다 하네. 　일신미첩과삼백 一身美妾過三百
이런 사람이 어찌 알리오, 땅 일구고 농사짓는 집안에서 　기지촉지종전가 豈知斸地種田家
관청세금 빈번한 독촉으로 짜놓은 옷감 몰수당함을. 　관세빈최몰인직 官稅頻催沒人織
돈을 늘리고 옥을 쌓아놓고 끄떡없는 부호임을 자랑하면서 　장금적옥과호의 長金積玉誇豪毅
언제나 한가한 귀공자들과 사귀며 의기를 뽐낼 뿐이네. 　매읍한인다의기 每揖閑人多意氣
태어난 이래로 반 줄의 글도 읽은 일이 없고 　생래부독반행서 生來不讀半行書
다만 몸을 귀하게 하는 지위를 황금으로 살 뿐이네. 　지파황금매신귀 只把黃金買身貴

---

37 龍腦入縷羅衣香 : 용뇌수龍腦樹라는 나무줄기의 갈라진 틈에서 얻은 용뇌향龍腦香은 짙은 향기가 나는 향료로, 약재로도 쓰인다.

젊은 나이가 어찌 영구히 젊은 나이 그대로 있을 수 있겠는가	소년안득장소년 少年安得長少年
바다 물결도 오히려 뽕나무 밭으로 변한다 하는데.	해파상변위상전 海波尙變爲桑田[38]
영고성쇠榮枯盛衰 뒤바뀜이 화살처럼 빠르다 하였거늘	영고체전급여전 枯榮遞傳急如箭
조물주가 어찌 그대들만을 편벽되게 보살펴주겠는가.	천공기긍위군편 天公豈肯爲君偏
젊은 시절의 화려함을 길이 누릴 수 있다 말하지 말라	막도소화진장재 莫道韶華鎭長在
머리 희어지고 얼굴 쭈그러들 날만 기다릴 뿐이니라.	백두면추전상대 白頭面皺專相待

이하李賀의 문집인 《창곡집昌谷集》에는 시제詩題가 〈조소년嘲少年〉으로 되어있다. 당시의 퇴폐적頹廢的인 사회풍조를 비판한 시로, 부귀를 누리는 젊은이들이 독서와 수양에는 힘쓰지 않고 재력을 과시하며 향락과 사치를 즐기면서, 마치 이런 젊은 시절이 영구히 지속될 것처럼 살고 있지만, 머지않아 백두면추白頭面皺의 노쇠老衰함이 이를 것이라고 꾸짖은 시이다.

처음 4구는 평성平聲 양운陽韻의 광光·향香·상觴·랑郞자로 압운하고, 다음 4구는 상성上聲 소운篠韻의 소篠·소沼·조鳥자로 압운하고, 다음 4구는 입성入聲 맥운陌韻과 직운職韻의 객客·백百·직織자로 통압通押하고, 다음 4구는 거성去聲 미운未韻의 의毅·기氣·귀貴자로 압운하고, 다음 4구는 평성 선운先韻의 년年·전田·편偏자로 압운하고, 마지막 2구는 상성 회운賄韻의 재在·대待자로 압운한 전운시轉韻詩이다.

---

38 海波尙變爲桑田 : 《열선전列仙傳》에, "마고麻姑가 왕방평王方平에게 이르기를, '당신의 시중을 든 이래로 동해가 세 차례 변하여 뽕나무 밭이 된 것을 보았는데, 지난번에 봉래蓬萊에 이르러 보니 물이 과거보다 얕아졌습디다.' 하자, 왕방평이 '동해가 장차 다시 말라서 다시 먼지가 일게 될 것이오.' 하였다." 하였다. 즉 세월이 오래 지나면 변하지 않는 것이 없다는 상전벽해桑田碧海라는 말이 이에서 나왔으며, 이를 인용하여 젊은이들이 누리고 있는 부귀영화도 절대로 영구히 지속될 수 없음을 밝힌 것이다.

5-16 여산에 올라서〔驪山〕

소식蘇軾

궁궐의 문 천궁天宮의 문처럼 몇 겹이나 깊은데 君門如天深幾重(군문여천심기중)
군왕은 천제天帝처럼 법궁에 앉아 계셔야 하네. 君王如帝坐法宮(군왕여제좌법궁)[39]
사람이 살아가며 안온을 누리고자 하면 곤란한데 人生難處是安穩(인생난처시안온)
어찌하여 이 여산驪山 속으로 오셨던 것인가. 何爲來此驪山中(하위내차여산중)
복도複道는 구름 높이 솟아 화려한 대궐에 잇닿아 있고 複道凌雲接金闕(복도능운접금궐)[40]
누관樓觀은 안개에 묻혀 푸른 하늘에 빗겨있네. 樓觀隱煙橫翠空(누관은연횡취공)
숲이 깊고 안개로 어두워 팔준마八駿馬들이 헤매었으며 林深霧暗迷八駿(임심무암미팔준)
아침에 동으로 저녁에 서로 다니느라 여섯 용마龍馬가 수고로웠네. 朝東暮西勞六龍(조동모서노육룡)[41]
여섯 용마가 끄는 수레를 타고 서쪽 아미산峨眉山 잔도棧道로 행차하니 六龍西幸峨眉棧(육룡서행아미잔)
비극적인 바람이 곧 화청궁華淸宮으로 불어들었네. 悲風便入華淸院(비풍변입화청원)
예상우의곡霓裳羽衣曲 춤추던 사람들 쓸쓸히 흩어져 텅 霓裳蕭散羽衣空(예상소산우의공)[42]

---

39 君王如帝坐法宮 : 법궁法宮은 궁궐의 정전正殿을 가리킨다.

40 複道凌雲接金闕 : 천자天子의 궁궐을 금궐金闕이라 한다. 당唐 현종玄宗이 여산驪山 아래 온천溫泉이 나오는 곳에 지은 화청궁華淸宮을 말한 것으로, 양귀비楊貴妃와 함께 이곳에 행차하여 향락을 즐겼다.

41 林深霧暗迷八駿 朝東暮西勞六龍 : 팔준八駿은 주周나라 목왕穆王이 타고 천하를 두루 다녔다는 여덟 필의 준마駿馬를 말하고, 육룡六龍은 천자의 법가法駕를 끄는 여섯 필의 준마를 말한다.

42 霓裳蕭散羽衣空 : 당대唐代 양경충楊敬忠이 바친 노래를 현종玄宗이 개작한 것이 예상우의곡霓裳羽衣曲이고, 이에 맞추어 추는 춤이 예상우의무霓裳羽衣舞이다. 예

비게 되니

고라니와 사슴 와서 놀고 원숭이와 학 슬피 울 뿐이네. 麋鹿來遊猿鶴怨(미록내유원학원)

내가 조원각朝元閣에 올라보니 봄은 반쯤 지났는데 我上朝元春半老(아상조원춘반로)

땅에 가득 떨어진 꽃들을 쓰는 이 없네. 滿地落花無人掃(만지낙화무인소)

갈고루羯鼓樓는 드높아 석양 햇살에 걸려있고 羯鼓樓高掛夕陽(갈고루고괘석양)

장생전長生殿은 퇴락하여 푸른 풀이 돋아있네. 長生殿古生青草(장생전고생청초)

가련케도 오와 초의 왕들 모두 초파리처럼 무지해서 可憐吳楚兩醯鷄(가련오초양해계)

누대 짓다가 이루기도 전에 망국의 슬픔 겪게 되었네. 築臺未就已堪悲(축대미취이감비)[43]

장양궁과 오작궁 지은 한황漢皇도 요행히 망국 면했고 長楊五柞漢幸免(장양오작한행면)[44]

강도에 누대를 지었던 수황隋皇은 스스로 혼미해져 나라를 망쳤네. 江都樓成隋自迷(강도누성수자미)[45]

옛날부터 연이어 향락 누리다가 덕을 잃은 일 많으니 由來流連多喪德(유래유련다상덕)

평안 누리다 짐독을 입음은 사치와 미혹에 연유한다네. 宴安鴆毒因奢惑(연안짐독인사혹)[46]

상우의무를 추던 사람이 쓸쓸히 흩어져 공허하게 되었다는 것은, 이렇게 향락을 즐기다가 안녹산의 반란을 초래하여, 현종은 성도成都로 파천播遷하고 양귀비는 죽게 되었음을 말한 것이다.

43 可憐吳楚兩醯鷄 築臺未就已堪悲 : 춘추시대 오왕吳王 부차夫差와 초楚의 영왕靈王이 각기 고소대姑蘇臺와 장화대章華臺를 화려하게 짓고 향락을 즐기다가 누대樓臺가 완성되기도 전에 패망하여 죽었는데, 그들을 초파리 같은 미물에 불과하다고 폄하한 것이다.

44 長楊五柞漢幸免 : 한漢 무제武帝가 장양궁長楊宮과 오작궁五柞宮 등 이궁離宮을 짓고 향락을 즐기다가 재정이 고갈되어 나라가 거의 망할 뻔하였음을 말한 것이다.

45 江都樓成隋自迷 : 수隋나라 양제煬帝가 운하를 건설하고 강도江都에 유람할 때에 신궁新宮을 화려하게 짓고 그 궁궐이 웅장하고 화려함을 뽐내면서 “비록 신선이라 해도 이곳에서 노닐게 되면 그 복잡함으로 헤매게 될 것이니, 궁명宮名을 ‘미루迷樓’라 하겠다.” 하였는데, 이런 호화로운 향락 때문에 수나라가 망했음을 말한 것이다.

46 宴安鴆毒因奢惑 : 짐조鴆鳥는 중국 남방에 사는 올빼미처럼 생긴 새인데, 검은색에 붉은 눈을 가졌고 독사를 잡아먹고 살며, 날아가는 그림자가 음식飮食 위를 지나가면 그 음식을 먹은 사람이 죽게 된다 한다. 즉 사치와 향락은 짐독鴆毒 같은 해

세 종의 풍습이 초래하는 열 종의 허물은 예부터 경계한 바이니 　삼풍십건고소계 三風十愆古所戒[47]
반드시 여산에의 유람만 나라 망친 것은 아니라네. 　불필여산가망국 不必驪山可亡國[48]

이 시는 제왕들이 덕德을 쌓는 데는 용심用心하지 않고 화려한 이궁離宮을 짓고 안온安穩을 즐기려 하다가 나라를 망쳤던 사실들을 제시하면서, 이를 경계한 영사시詠史詩이요 교훈시敎訓詩이다. 그 대표적 사례로 여산驪山의 화청궁華清宮을 들면서, 아울러 오吳·초楚·한漢·수隋나라 황제들의 사례도 곁들인 것이다.

제1·2련에서는 군주가 지켜야 할 도리를 지키지 않고 화려한 화청궁을 지었음을, 제3련에서는 화청궁의 웅장한 모습을, 제4~6련에서는 군주의 쾌락 추구와 그로부터 야기된 결과를, 제7·8련에서는 화려했던 화청궁이 퇴락한 현재의 모습을, 제9·10련에서는 군주가 화려한 건물을 세우고 쾌락을 추구하다가 나라를 망친 역사적 사례들을, 마지막 제11·12련에서는 이런 사실을 통하여 얻게 된 교훈을 말하였다.

처음 8구는 평성平聲 동운冬韻과 동운東韻의 중重·궁宮·중中·공空·룡龍자로 통압通押하고, 다음 4구는 거성去聲 간諫·산霰·원운願韻의 잔棧·원院·원怨

악害惡을 끼친다는 것이다.

47 三風十愆古所戒 : 《서경書經》〈이훈伊訓〉에 세 가지의 나쁜 풍습인 삼풍三風이 열 가지의 허물인 십건十愆을 초래한다 하였으니, 즉 무풍巫風이 무舞와 가歌를, 음풍淫風이 화貨와 색色과 유遊와 전畋을, 난풍亂風이 모성언侮聖言·역충직逆忠直·원기덕遠耆德·비완동比頑童을 초래한다고 본 것이다. 경卿이나 사士가 이 가운데 한 가지라도 범하게 되면 집안이 반드시 망하고, 국군國君이 이 가운데 한 가지라도 범하게 되면 나라가 반드시 망한다 하였다.

48 不必驪山可亡國 : 《자치통감資治通鑑》에, 당唐 경종敬宗이 여산驪山에 행행行幸하려 하자, 습유拾遺 장권여張權輿가 간諫하기를, "주周 유왕幽王이 이곳에서 견융犬戎에게 피살되었고, 진秦 시황始皇을 이곳에 장사 지낸 후에 진나라가 망하였으며, 현종玄宗이 이곳에 화청궁華清宮을 지었다가 안녹산의 난을 초래했습니다." 하면서, 이곳을 불길한 땅으로 본 것이다.

자로 통압하고, 다음 4구는 상성上聲 호운皓韻의 로老·소掃·초草자로 압운하고, 다음 4구는 평성 지운支韻과 제운齊韻의 계鷄·비悲·미迷자로 통압하고, 마지막 4구는 입성入聲 직운職韻의 덕德·혹惑·국國자로 압운한 전운시轉韻詩이다.

여산피서도驪山避暑圖

5-17 은하수를 읊다〔明河篇〕

송지문宋之問

팔월의 서늘한 바람으로 날씨 맑아지니	八月涼風天氣晶(팔월양풍천기정)
하늘 멀리까지 구름이 없어 은하수가 환히 보이네.	萬里無雲河漢明(만리무운하한명)
저녁에 남루南樓에서 보면 은하수 물 맑고도 얕고	昏見南樓淸且淺(혼견남루청차천)
새벽에 서산으로 질 때에도 종횡으로 두루 보이네.	曉落西山縱復橫(효락서산종부횡)
낙양성洛陽城의 궁궐이 하늘 가운데 솟아있는데	洛陽城闕天中起(낙양성궐천중기)
긴 은하수 밤마다 천 개의 대궐 문 속을 비추네.	長河夜夜千門裏(장하야야천문리)
복도가 대마루에 이어져 함께 가리고 있어서	複道連甍共蔽虧(복도연맹공폐휴)
단청한 건물의 옥문玉門과 특별히 잘 어울리네.	畫堂瓊戶特相宜(화당경호특상의)
운모雲母 장막 앞에 처음엔 널리 두루 펼쳐졌다가	雲母帳前初汎濫(운모장전초범람)
수정 발 밖을 길게 에워싸 두르고 있네.	水精簾外轉逶迤(수정렴외전위이)
저 크고 밝게 드리운 것이 비단처럼 흰데	倬彼昭回如練白(탁피소회여련백)
다시 동성東城에서 나와 남쪽 거리로 이어지네.	復出東城接南陌(부출동성접남맥)
남북으로 출정 간 사람들 떠난 후 돌아오지 않는데	南北征人去不歸(남북정인거불귀)
오늘밤 뉘 집에서 겨울옷 다듬이질하고 있는가.	誰家今夜擣寒衣(수가금야도한의)
원앙 무늬 짜는 베틀 위에 듬성듬성 반딧불이 지나고	鴛鴦機上疎螢度(원앙기상소형도)
오작교 가에는 기러기 한 마리 날고 있네.	烏鵲橋邊一雁飛(오작교변일안비)
기러기 날아가고 반딧불 지나가자 시름 멎기 어려워	雁飛螢度愁難歇(안비형도수난헐)
앉아서 밝은 은하수 바라보니 차츰 희미해지네.	坐見明河漸微沒(좌견명하점미몰)
이미 나가고 물러남을 뜬구름에 맡겼으니	已能舒卷任浮雲(이능서권임부운)
밝은 빛을 흘러가는 달빛에 사양해도 아까울 것이 없네.	不惜光輝讓流月(불석광휘양류월)

밝은 은하수 볼 수는 있으나 가까이할 수는 없어서	明河可望不可親(명하가망불가친)
바라건대 떼배를 타고 한번 나루를 물어보고자 하네.	願得乘槎一問津(원득승사일문진)
다시 직녀가 베틀 바치던 돌 가져와	更將織女支機石(갱장직녀지기석)
성도의 점쟁이에게 찾아가 물어보리라.	還訪成都買卜人(환방성도매복인)[49]

측천무후則天武后가 통치할 때에 문재文才가 있는 젊은이들을 발탁하여 북문학사北門學士에 보임하자, 송지문도 그 자리에 오르기를 청하였으나, 무후가 "송지문은 말실수가 잦다." 하고 들어주지 않았다. 이에 이 〈명하편明河篇〉을 지어 무후를 명하明河에 비유하며 총애를 받지 못하게 됨을 상심하였다.

제1·2련에서는 눈에 보이는 명하의 모습을, 제3~5련에서는 측천무후가 거처하는 지상地上의 명하 같은 궁궐의 화려한 모습을, 제6~9련에서는 명하와 장안長安의 모습을 교직交織하여 드러내고, 마지막 제10~12련에서는 자신이 처한 회재불우懷才不遇의 처지와 이에 대한 분만憤懣을 드러내었다.

처음 4구는 평성平聲 경운庚韻의 정晶·명明·횡橫자로, 다음 6구는 상성上聲 지운紙韻의 기起·리裏·의宜·이迤자로, 다음 2구는 입성入聲 맥운陌韻의 백白·맥陌자로, 다음 4구는 평성 미운微韻의 귀歸·의衣·비飛자로, 다음 4구는 입성 월운月韻의 헐歇·몰沒·월月자로, 마지막 4구는 평성 진운眞韻의 친親·진津·인人자로 압운한 전운시轉韻詩이다.

---

49 更將織女支機石 還訪成都買卜人 : 지기석支機石은 은하수銀河水 가에 사는 직녀가 베틀을 괴었던 돌이라고 전해지는 것이다. 《태평어람太平御覽》 권8에 "어떤 사람이 하수河水의 발원지를 찾아갔다가 비단 빨래를 하고 있는 여인을 만나서 여기가 어디냐고 물으니 '이곳이 은하수입니다.' 하면서 돌 하나를 주어서 가지고 왔는데, 성도成都에서 매복買卜하고 지냈던 엄군평嚴君平에게 이를 보여주며 물으니 '이 돌이 직녀의 베틀을 괴었던 돌이다.' 하였다." 하였고, 《박물지博物志》에 "어떤 사람이 떼배를 타고 천하天河에 이르러 여인은 베를 짜고 남편은 소에게 물을 먹이는 것을 보았는데, 돌아와 엄군평에게 물으니, 군평이 '모년모월某年某月에 객성客星이 두성斗星과 우성牛星을 범犯한 일이 있는데, 바로 이 사람이었군.'이라 하였다." 하였다. 이 두 구는 자신이 발탁되지 않는 이유를 천리天理에 능통했던 엄군평에게 따져보겠다고 분만憤懣을 드러낸 것이다.

5-18 마애비를 보고 짓다〔題磨崖碑〕[50]

황정견黃庭堅

봄바람이 배를 밀어주어 오계浯溪에 배를 대고	춘풍취선착오계 春風吹船著浯溪
명아주 지팡이 짚고 올라가 중흥비中興碑를 읽어보았네.	부려상독중흥비 扶藜上讀中興碑
반평생을 비문碑文 탁본拓本을 보아오다가	평생반세간묵본 平生半世看墨本[51]
비석 어루만지게 된 지금엔 귀밑머리 하얗게 세었네.	마사석각빈여사 摩挲石刻鬢如絲
명황은 근본을 확고히 하는 계책을 세우지 않아서	명황부작포상계 明皇不作苞桑計
천하가 뒤엎어졌으니 녹산祿山이라는 놈 때문이었네.	전도사해유록아 顚倒四海由祿兒
선황先皇의 사당 지키지 못하고 승여乘輿 타고 서쪽으로 몽진蒙塵하니	구묘불수승여서 九廟不守乘輿西
많은 관리들 달아나 숨기를 새가 둥지 찾아 숨듯 하였네.	만관분찬조택서 萬官奔竄鳥擇栖
군軍을 진무鎭撫하고 나라 지키는 일 태자의 임무인데	무군감국태자사 撫軍監國太子事
어찌 그다지도 급히 제위帝位를 차지했던가.	내하촉취대물위 何乃趣取大物爲[52]
지극히 어려운 일 처리하기는 하였으나 천행일 뿐이고	사유지난천행이 事有至難天幸耳

---

50 磨崖碑 : 도주道州의 오계浯溪 가에 있는 비碑이다. 당唐 숙종肅宗이 안녹산安祿山의 난을 평정하고 당唐나라를 중흥中興시킨 일을 찬양하는 〈대당중흥송大唐中興頌〉을 원결元結이 짓자, 당시의 명필名筆인 안진경顔眞卿이 이를 써서 절벽 바위를 갈고 이를 새겨놓은 것이 바로 이 마애비磨崖碑이다. 이 비를 보고 당시의 역사를 회고하면서 당시의 상황을 비판하고 안타까워한 것이 이 시이다

51 平生半世看墨本 : 묵본墨本은 먹으로 찍어낸 글씨로, 탁본拓本을 가리킨다.

52 撫軍監國太子事 何乃趣取大物爲 : 옛 법에 태자는 군주가 수도를 떠나면, 수도에 남아서 나라를 지키게 되어있는데 이를 감국監國이라 하고, 지킬 사람을 따로 정했으면 군주를 따라가 모시게 되어있는데 이를 무군撫軍이라 하였다. 즉 태자의 임무가 무군과 감국인데, 감국하게 되자 황명皇命도 받지 않고 제위帝位에 즉위했음을 비판한 것이다.

상황께선 몸을 웅크리고 서울로 돌아오셨네.	상황국척환경사 上皇跼蹐還京師
궁궐 안에선 장후가 간여하여 낯빛으로 가부 결정했고	내간장후색가부 內間張后色可否
궁궐 밖에선 이보국李輔國이 간여하여 턱으로 지휘했네.	외간이보이지휘 外間李父頤指揮[53]
남내南內에서 처량하게 겨우겨우 구차히 살아가다가	남내처량기구활 南內凄涼幾苟活
고장군高將軍이 떠나가자 일이 더욱 위태해졌네.	고장군거사우위 高將軍去事尤危[54]
신하 원결元結 〈용릉행舂陵行〉 지어 두세 계책 건의했고	신결용릉이삼책 臣結舂陵二三策
신하 두보杜甫 〈두견행杜鵑行〉 지어 재배하고 시 올렸네.	신보두견재배시 臣甫杜鵑再拜詩
충신들의 애통함이 뼈에 사무쳤던 것을 어찌 알리요	안지충신통지골 安知忠臣痛至骨
후세 사람들은 단지 주옥같은 문장만 완상玩賞할 뿐이네.	후세단상경거사 後世但賞瓊琚詞
함께 온 초야草野의 승려僧侶가 육칠 명이고	동래야승육칠배 同來野僧六七輩
또한 문사文士들도 따라왔었네.	역유문사상추수 亦有文士相追隨
푸른 이끼 낀 절벽을 오랫동안 마주하고 서있는데	단애창선대립구 斷崖蒼蘚對立久
소나기가 전前 왕조王朝에 대한 슬픔으로 눈물을 뿌리는 듯하였네.	동우위세전조비 涷雨爲洗前朝悲

원결元結이 지은 〈대당중흥송大唐中興頌〉을 안진경顔眞卿이 써서 도주道州의 오계浯溪 가의 절벽을 깎고 새겨놓은 마애비磨崖碑를 필자가 찾아보고, 당시

---

53 內間張后色可否 外間李父頤指揮 : 숙종肅宗의 황후 장張씨가 궁내宮內에서 정사政事에 간여하고, 재상 이보국李輔國이 장씨와 한편이 되어서 국정을 어지럽히는 일이 많았으나, 숙종이 이를 제어하지 못했음을 비판한 것이다.

54 南內凄涼幾苟活 高將軍去事尤危 : 장안長安의 황궁에 3내內가 있었는데, 황성皇城 서쪽에 있는 것을 서내西內라 하고, 대명궁大明宮을 동내東內라 하고, 흥경궁興慶宮을 남내南內라 하였다. 숙종이 즉위하자 현종玄宗이 상황上皇이 되어 남내에 머물렀는데, 이보국李輔國이 칙명을 위조하여 상황을 서내로 옮겨서 연금軟禁에 가까운 생활을 하게 되었다. 고장군高將軍은 현종을 모시던 환관 고역사高力士를 말한다. 그 고역사마저 이보국의 모함으로 무주巫州로 유배되자, 상황의 형세가 더욱 난처하게 되었음을 말한 것이다.

의 역사적 상황을 회고하면서 현종玄宗(명황明皇)이 국본國本을 확고하게 하지 못한 점과, 숙종肅宗이 황명皇命도 없는데 즉위하였음과, 반란을 평정한 후에 국정을 제대로 장악하지 못하고 상황上皇을 홀대忽待한 점 등을 비판하고, 아울러 비석에 새겨진 아름다운 문장만을 즐겨 완상玩賞할 뿐 당시의 역사적 상황을 통하여 교훈을 얻는 데에는 관심을 두지 않는 세태를 안타까워한 영사시詠史詩이다.

제1·2련에서는 마애비가 있는 오계에 도착하여 천하의 명문名文과 명필名筆을 대對하게 된 감회를, 제3·4련에서는 당시 현종의 실정失政으로 안녹산安祿山의 반란이 일어났음을, 제5~8련에서는 태자가 본분을 망각하고 즉위하여 범한 불효와 실정과 상황의 곤고困苦를, 제9·10련에서는 당시 충신들이 통한痛恨해하였음과, 후세인後世人들이 이를 망각하고 명문과 명필만을 완상함을, 마지막 제11·12련에서는 당시에 동래同來했던 사람들과 이 비碑를 함께 보고 느끼게 된 감회感懷를 말하였다.

평성平聲 지支·미微·제운齊韻을 섞어 압운押韻한 통운시通韻詩이다.

대당중흥송大唐中興頌 탁본

5-19 괵국부인이 밤놀이하는 그림에 쓰다〔虢國夫人[55]夜遊圖〕

소식蘇軾

아리따운 여인이 직접 옥화총玉花驄의 고삐를 잡았는데	가인자공옥화총 佳人自鞚玉花驄[56]
놀란 제비처럼 날쌔어 비룡마飛龍馬가 뛰어오르는 듯하네.	편여경연답비룡 翩如驚燕踏飛龍
황금 채찍으로 길을 다투다가 보배로운 비녀를 떨어트렸으니	금편쟁도보채락 金鞭爭道寶釵落
명광궁明光宮에 먼저 들어간 사람이 누구였던가.	하인선입명광궁 何人先入明光宮[57]
궁중에서 갈고羯鼓 치며 꽃과 버들 피기를 재촉할 때	궁중갈고최화류 宮中羯鼓催花柳
옥노玉奴가 비파 줄을 튕기고 화노花奴가 갈고를 탔네.	옥노현삭화노수 玉奴絃索花奴手[58]

---

55 虢國夫人 : 양귀비의 세 언니를 현종玄宗이 한국韓國·괵국虢國·진국부인秦國夫人으로 봉封했는데, 그 가운데 팔이八姨가 바로 괵국부인으로, 황제가 그를 가장 총애하였다.

56 佳人自鞚玉花驄 : 옥화총玉花驄은 당唐 현종玄宗이 타던 준마駿馬 이름이다. 후세에 준마를 두루 옥화총이라 불렀다.

57 金鞭爭道寶釵落 何人先入明光宮 : 명광궁明光宮은 본래 한漢나라 미앙궁未央宮 서쪽에 있던 궁명宮名으로, 이곳에서는 현종玄宗의 황궁을 지칭한다. 유후劉昫의 《구당서舊唐書》에 "괵국부인虢國夫人과 광평공주廣平公主가 궁중에 먼저 들어가기를 다투다가 괵국부인의 말몰이꾼이 휘두른 채찍이 공주의 옷을 스쳐서 공주가 낙마落馬하며 비녀를 떨어트렸다." 하였다.

58 宮中羯鼓催花柳 玉奴絃索花奴手 : 《태평광기太平廣記》에 "명황明皇(현종玄宗)이 갈고羯鼓를 치면서 꽃이 빨리 피도록 재촉하기를 좋아했는데, 10월이 되어 꽃들과 버들이 아직 꽃을 피우지 않고 있을 때에, 갈고를 가져오도록 명하여 〈춘광호春光好〉 곡曲을 한 번 타고서 돌아보니, 버들과 살구의 꽃이 이미 피어있었다. 이에 황제가 웃으며 말하기를 '나를 조물주라 불러도 좋지 않겠는가?' 하였다." 하였다. 양귀비楊貴妃의 이름이 옥환玉環이고 비파를 잘 탔으므로 그를 옥노玉奴라 한 것이고, 여양왕汝陽王 이진李璡의 아명兒名이 화노花奴였는데 갈고를 잘 쳤으므로, 현

좌중의 인물들 가운데 팔이八姨가 참으로 귀인이어서	坐中八姨眞貴人 (좌중팔이진귀인)
말을 달려와 그 모습 보는데 먼지도 일지 않네.	走馬來看不動塵 (주마내간부동진)
맑은 눈 흰 이의 미인 누가 다시 볼 수 있으리오	明眸皓齒誰復見 (명모호치수부견)
다만 그림 속에 눈물 흔적만 남아있을 뿐이네.	只有丹靑餘淚痕 (지유단청여루흔)
인간세상 짧은 사이에 금일今日이 고일古日 되자	人間俯仰成今古 (인간부앙성금고)
오공대吳公臺 아래의 뇌당雷塘이 길거리로 변하였네.	吳公臺下雷塘路[59] (오공대하뇌당로)
당시에도 장려화張麗華와 웃고 즐기다가	當時亦笑張麗華 (당시역소장려화)
문밖에 한금호韓擒虎가 이른 줄을 몰랐었네.	不知門外韓擒虎[60] (부지문외한금호)

유유방劉有方이 소장하고 있는 명화名畫들 가운데 장훤張萱이 그린 〈괵국부인야유도虢國夫人夜遊圖〉가 가장 뛰어났으므로, 소동파蘇東坡가 그 그림 위에 이 시를 지어 써넣은 것이다. 즉 황제의 총애를 믿고 향락을 누리며 방자放恣한 짓을 하다가는 한순간에 몰락하게 됨을 풍자한 것이다.

제1·2련에서는 황제의 총애 아래 공주도 능멸하며 권세를 누리는 괵국부인의 모습을, 제3련에서는 황제와 그녀들의 향락을, 제4·5련에서는 화려한

종이 늘 말하기를 "빨리 화노에게 갈고를 가지고 오라 해라." 하였다.

59 人間俯仰成今古 吳公臺下雷塘路 : 수隋 양제煬帝의 능陵이 오공대吳公臺 아래에 있었는데, 당唐나라 때에 뇌당雷塘으로 옮겼고, 그 후에 그곳이 사람들이 왕래하는 길로 변하였다 하는데, 이는 인간의 한 생애가 매우 짧고 흥망성쇠興亡盛衰가 무상無常하여 부귀富貴가 오래갈 수 없음을 말한 것이다.

60 當時亦笑張麗華 不知門外韓擒虎 : 《대업습유大業拾遺》에 "양제煬帝가 정신을 잃도록 술에 빠져 지내는 일이 점차 심해졌는데, 일찍이 오공대吳公臺 아래를 지나다가 정신이 혼미해진 꿈결에 진陳 후주後主를 만났다. 후주가 이르기를 '번번이 장려화張麗華를 그리워하며 임춘각臨春閣에 기대어 〈벽월사璧月詞〉를 짓다가 미처 다 짓기도 전에 한금호韓擒虎가 만기萬騎를 거느리고 곧바로 쳐들어오는 일을 당하여 나라를 잃었습니다. 그런데 지금 전하殿下도 이렇게 향락을 즐기고 있으면서, 그때엔 어찌 그리도 심히 저를 꾸짖었습니까?' 하였다. 이에 수 양제가 꾸짖자 다시는 나타나지 않았다." 하였다. 즉 부귀에 취해 향락을 즐기게 되면 망할 날이 머지않게 됨을 말한 것이다.

생활과 향락의 결과로 죽음을 맞이하게 되었음을, 마지막 제6·7련에서는 한때의 향락이 수隋나라를 망하게 하고 황제의 무덤도 보존할 수 없게 하였으며, 진陳 후주後主와 장려화張麗華의 향락이 나라를 망하게 한 역사적 사실을 통하여 경계해야 할 교훈을 얻어야 함을 밝힌 것이다.

처음 4구는 평성平聲 동운東韻의 총驄·룡龍·궁宮자로 압운하고, 다음 2구는 상성上聲 유운有韻의 류柳·수手자로 압운하고, 다음 4구는 평성 진운眞韻과 원운元韻의 인人·진塵·흔痕자로 통압通押하고, 마지막 4구는 상성 우운麌韻의 고古·로路·호虎자로 압운한 전운시轉韻詩이다.

괵국부인유춘도虢國夫人游春圖

권6

칠언고풍장편七言古風長篇

6-1 생각하는 바가 있어서〔有所思〕[1]

송지문宋之問

낙양성 동쪽에 핀 복사꽃과 오얏꽃	洛陽城東桃李花(낙양성동도리화)
이리저리 흩날리며 뉘 집으로 떨어지는가.	飛來飛去落誰家(비래비거낙수가)
깊숙한 규방의 애기씨 어여쁜 낯빛 변해감이 애석해	幽閨兒女惜顏色(유규아녀석안색)
떨어진 꽃을 앉아서 보며 길게 탄식하네.	坐見落花長歎息(좌견낙화장탄식)
금년에 꽃 떨어지면 어여쁜 낯빛도 그에 따라 바뀌리니	今年花落顏色改(금년화락안색개)
명년 꽃 필 때 누가 다시 그 낯빛 그대로 지니랴.	明年花開復誰在(명년화개부수재)
이미 늘 푸르던 송백이 꺾여 땔감이 되는 것도 보았고	已見松柏摧爲薪(이견송백최위신)
또한 뽕밭이 변하여 바다가 되었다는 말도 들었네.	更聞桑田變成海(갱문상전변성해)
옛사람 이미 죽어 낙양성 동쪽으로 돌아오지 못하고	古人無復洛城東(고인무복낙성동)
지금 사람들이 다시 바람에 떨어지는 꽃을 보고 있네.	今人還對落花風(금인환대낙화풍)
해마다 해마다 피는 꽃은 그대로인데	年年歲歲花相似(연년세세화상사)
해마다 해마다 이를 완상하는 사람은 다르네.	歲歲年年人不同(세세연년인부동)
한창 피어오르는 홍안의 젊은이들에게 말하노니	寄言全盛紅顏子(기언전성홍안자)
다 죽어가는 백발의 이 늙은이를 부디 가여워하라.	須憐半死白頭翁(수련반사백두옹)

---

1 有所思 : 일부 판본에는 제목이 〈대비백두옹代悲白頭翁(백발의 늙은이를 대신 슬퍼하다)〉으로 되어있다. 송지문의 작이 아니고 유희이劉希夷의 작이라는 설도 있다.

이 늙은이의 백발이 진실로 가련하겠지만	차 옹 백 두 진 가 련 此翁白頭眞可憐
옛날에는 홍안의 아름다운 젊은이였다오.	이 석 홍 안 미 소 년 伊昔紅顔美少年
공자 왕손들과 함께 꽃다운 나무 아래의	공 자 왕 손 방 수 하 公子王孫芳樹下
낙화 앞에서 맑은 노래와 묘한 춤을 추며 놀았었다오.	청 가 묘 무 낙 화 전 清歌妙舞落花前
광록대부의 연못과 누대는 비단 무늬로 꾸며졌었고	광 록 지 대 문 금 수 光祿池臺文錦繡
장군의 누각에는 신선 그림이 그려져 있었네.	장 군 누 각 화 신 선 將軍樓閣畫神仙[2]
하루아침에 병이 들자 관심을 갖는 사람 없어졌으니	일 조 와 병 무 상 식 一朝臥病無相識
삼춘三春을 즐겼던 행락이 어디에 남아있겠는가.	삼 춘 행 락 재 수 변 三春行樂在誰邊
어여쁜 아미蛾眉의 미인 얼마나 가겠는가	완 전 아 미 능 기 시 婉轉蛾眉能幾時
한순간에 백발이 실타래처럼 어지러워진다네.	수 유 학 발 난 여 사 須臾鶴髮亂如絲
다만 옛날 노래하고 춤추던 행락처行樂處를 보니	단 간 고 래 가 무 지 但看古來歌舞地
해 저물녘에 참새들만이 날아다닐 뿐이네.	유 유 황 혼 조 작 비 惟有黃昏鳥雀飛

자연은 무한히 반복되지만 사람은 소년이 노년이 되었다가 사망하게 된다. 이러한 무한한 자연과 유한한 인생을 대비하면서, 인생무상人生無常의 서글픔을 탄식한 시이다.

제1련 두 구는 평성平聲 마운麻韻의 화花·가家자로 압운하고, 제2련 두 구는 입성入聲 직운職韻의 색色·식息자로 압운하고, 제3·4련은 상성上聲 회운賄韻의 개改·재在·해海자로 압운하고, 제5~7련은 평성 동운東韻의 동東·풍風·동同·옹翁자로 압운하고 제8~11련은 평성 선운先韻의 련憐·년年·전前·선仙·변邊자로 압운하고, 마지막 2개련은 평성 지운支韻과 미운微韻의 시時·사絲·비飛자로 통압通押한 전운시轉韻詩이다.

2 光祿池臺文錦繡 將軍樓閣畫神仙 : 광록光祿(광록대부光祿大夫)은 고위문관高位文官을, 장군將軍은 고위무관高位武官을 말한 것으로, 늙어서 관직에서 물러나기 전에 문무文武의 고위직을 역임하고 호화로운 생활을 했음을 말한 것이다.

6-2 여지를 공물로 바친 데 대한 탄식〔荔枝歎〕

소식蘇軾

십 리마다 한 역驛 두어 먼지 날리며 달리게 했고	十里一置飛塵灰
오 리마다 한 이정표里程標 세우고 봉화烽火로 재촉했네.	五里一堠兵火催
구덩이에 구르고 골짜기에 엎어진 시체 서로 깔렸으니	顚坑仆谷相枕藉
이것이 여지와 용안을 가져오기 위해서였음을 아노라.	知是荔枝龍眼來
나는 듯한 수레로 산을 넘고 골선鶻船으로 바다를 횡단해 가져오니	飛車跨山鶻橫海
바람 머금은 가지와 이슬 젖은 잎이 금방 따온 듯하네.	風枝露葉如新採
궁중의 미인(양귀비楊貴妃)이 한 번 얼굴을 펴고 웃게 하고자	宮中美人一破顔
먼지를 일으키고 선혈鮮血 뿌렸던 일이 천 년 후에도 이어져오네.	驚塵濺血流天載
영원永元 연간엔 여지를 교주에서 가져왔고	永元荔枝來交州[3]
천보天寶 연간엔 부주涪州에서 해마다 공물貢物로 바치게 했네.	天寶歲貢取之涪
지금도 이임보李林甫의 살 씹어 먹으려는 사람 있으나	至今欲食林甫肉
백유伯游의 사당에 술잔을 올리는 사람은 없네.	無人擧觴酹伯游[4]

---

3 永元荔枝來交州 : 영원永元은 한漢 화제和帝의 연호年號이고, 교주交州는 지금의 월남越南 땅을 말한다. 영원 연간에 월남에서 여지荔枝를 가져왔음을 말한 것이다.

4 至今欲食林甫肉 無人擧觴酹伯游 : 당唐 현종玄宗 때의 재상인 이임보李林甫가 양귀비에게 아첨하고자 여지荔枝를 공물로 바치는 것을 막지 않아서, 지금도 천하 사람들이 그를 저주咀呪하며 그의 살을 먹고자 하되, 후한대後漢代의 당강唐羌(자字

내가 바라는 것은 조물주가 백성을 가련히 여겨　我願天公憐赤子(아원천공연적자)
진기한 물건 내어 병들고 다치게 함 없게 하는 것이네.　莫生尤物爲瘡痏(막생우물위창유)
풍우가 순조로워 온갖 곡식 풍년이 들어　雨順風調百穀登(우순풍조백곡등)
백성이 굶주리거나 춥지 않게 함이 최고의 길조이네.　民不飢寒爲上瑞(민불기한위상서)
그대들은 보지 않았는가?　君不見(군불견)
무이 시냇가의 좁쌀알만 한 차 싹을　武夷溪邊粟粒芽(무이계변속립아)
전에는 정丁씨가 후에는 채蔡씨가 서로 공물품목으로 추가한 것을.　前丁後蔡相籠加(전정후채상롱가)[5]
새 차 올려 총애를 얻고자 다투며 각기 생각 짜내어　爭新買寵各出意(쟁신매총각출의)
금년에도 품질을 경쟁하며 관官에 그 차를 바치겠지.　今年鬪品充官茶(금년투품충관다)
우리 군주께서 부족한 것이 어찌 이런 물건들이겠는가?　吾君所乏豈此物(오군소핍기차물)
극진하게 봉양함이 구체뿐이니 어찌 그다지도 천박한가?　致養口體何陋邪(치양구체하루야)[6]
낙양에 거주하는 상군 집안은 충효의 가문家門인데도　洛陽相君忠孝家(낙양상군충효가)
안타깝게도 또한 요황화姚黃花를 바쳤다네.　可憐亦進姚黃花(가련역진요황화)[7]

백유(伯游)이 화제和帝 때에 임무장臨武長에 보임되어 여지를 진상하는 폐해를 말해서 이를 중지시킨 데 대한 고마움은 잊고 있음을 말한 것이다.

5 武夷溪邊粟粒芽 前丁後蔡相籠加 : 무이武夷에서 나는 차나무의 작은 새싹으로 만든 차가 최고의 명품이고, 무이의 대룡다大龍茶와 소룡다小龍茶는 정위丁謂가 개발하기 시작하여 채양蔡襄에 이르러 완성되었는데, 구양수歐陽脩는 채양이 소룡다를 진상進上했다는 말을 듣고, "군모君謨(채양蔡襄의 자字)는 선비인데 어찌 이런 짓을 하는 지경에 이르렀는가?" 하고 탄식했던 일을 말한 것이다. 후한 화제和帝와 당 현종 때 여지를 진상하게 한 폐단과 마찬가지로 송나라 때 차를 진상하게 하여 폐해가 심했음을 비유하여 말한 것이다.

6 致養口體何陋邪 : 《맹자孟子》 〈이루離婁 상上〉에 "이렇게 하는 것은 이른바 음식과 의복만으로 봉양하는 사람이다. 증자曾子 같은 사람은 부모님의 뜻을 잘 받들어 봉양했다고 이를 만하다.〔此所謂養口體者也 若曾子則可謂養志也〕" 한 것을 단장취의斷章取義하여, 윗사람의 훌륭한 뜻을 받들 생각은 아니하고 기호嗜好만 맞추어주고자 아첨하는 비루한 행위를 비판한 것이다.

7 洛陽相君忠孝家 可憐亦進姚黃花 : 낙양洛陽의 전유연錢惟演 집안은 오대五代 오

한대漢代와 당대唐代에 남방산 과일인 여지荔枝와 용안龍眼을 신속하게 진상進上하도록 하고자 많은 민폐民弊를 끼쳤고, 송대宋代에 이르러서는 명품名品의 차와 명화名花 모란의 진상으로 민폐를 끼친 사례를 들어서, 간신姦臣들이 기호식품嗜好食品이나 완상품玩賞品으로 통치자에게 아부하고 통치자를 오도誤導하여 지치至治를 이루지 못하게 함을 개탄한 시이다.

제1~6련에서는 당대唐代에 양귀비楊貴妃에게 아첨하고자 지극히 먼 남방에서 여지와 용안을 신속하게 운반하느라 백성들이 많은 곤고困苦를 겪었음을 말하고, 제7·8련에서는 조물주가 이런 폐해를 끼치는 물건은 지구상地球上에 생장하지 못하게 하고, 풍우風雨가 순조롭고 백곡百穀이 풍년이 들게 하여, 백성이 기한飢寒에 고통을 받지 않게 하기를 바랐고, 제9~12련에서는 당대當代에도 이런 기이한 특산물인 무이다武夷茶와 요황화姚黃花를 바치고 출세하고자 하는 간신들의 악습이 없어지지 않아서, 백성을 괴롭히고 군주를 오도하고 있음을 개탄한 시이다.

처음 2개련은 평성平聲 회운灰韻의 회灰·최催·래來자로 압운하고, 다음 2개련은 상성上聲 회운賄韻의 해海·채採·재載자로 압운하고, 다음 2개련은 평성 우운尤韻의 주州·부涪·유游자로 압운하고, 다음 2개련은 상성 지운紙韻과 거성去聲 치운寘韻의 자子·유痏·서瑞자로 통압通押(상거통압上去通押)하고, 마지막 4개련은 평성 마운麻韻의 아芽·가加·다茶·야邪·화花자로 압운한 전운시轉韻詩이다.

월왕吳越王의 후예로 대대로 충효를 행한 집안으로 유명한데, 모란 꽃 가운데 최고의 절품絶品인 요황화姚黃花를 전유연이 조정에 진상한 일을 비판한 것이다.

6-3 정혜원의 해당화〔定惠院海棠〕

소식蘇軾

강성 땅 저습하고 초목이 무성한 사이에 江城地瘴蕃草木(강성지장번초목)
다만 이름난 꽃 한 그루 있어 괴롭게 홀로 묻혀있네. 只有名花苦幽獨(지유명화고유독)
대나무 울타리 사이에서 맵시 있게 한 번 웃듯이 피어나니 嫣然一笑竹籬間(언연일소죽리간)
산에 가득한 복사꽃과 오얏꽃은 모두 추하고 속되게 보이네. 桃李漫山總麤俗(도리만산총추속)
응당 알겠네 조물주가 깊은 뜻을 가져서 也知造物有深意(야지조물유심의)
짐짓 가인佳人을 보내어 빈 골짜기에 있게 한 것을. 故遣佳人在空谷(고견가인재공곡)
부귀한 모습은 천부적 자태를 자연스레 드러낸 것일 뿐 自然富貴出天姿(자연부귀출천자)
황금 화분에 심어 화려한 집에 올리기를 바라지 않네. 不待金盤薦華屋(부대금반천화옥)
붉은 입술로 술을 마셔 뺨에 생기가 어린 듯하고 朱脣得酒暈生臉(주순득주운생검)
푸른 비단 소매 걷어 올리자 붉은빛 살에 비치는 듯하네. 翠袖卷紗紅映肉(취수권사홍영육)
숲이 깊고 안개 짙어서 새벽빛이 늦게 비추니 林深霧暗曉光遲(임심무암효광지)
따뜻한 날씨에 바람 가벼워 봄잠을 충분히 잔 듯하네. 日暖風輕春睡足[8](일난풍경춘수족)
비 오는 가운데 눈물 머금은 듯 또한 슬픔을 느끼게 하고 雨中有淚亦悽慘(우중유루역처참)
달빛 아래 보아주는 사람 없으니 더욱 맑게 보이네. 月下無人更清淑(월하무인갱청숙)
선생은 배불리 먹고 지내며 할 일이 하나도 없어 先生食飽無一事(선생식포무일사)

---

8 日暖風輕春睡足 : 《명황잡록明皇雜錄》에 현종玄宗이 침향정沈香亭에 올라 귀비貴妃를 불렀으나 묘주卯酒가 깨지 않아 시아侍兒가 부액扶腋하고 이르니, 현종이 "귀비가 어찌 취했을 리가 있는가? 해당화海棠花가 봄밤에 잠이 모자라서 그리했을 뿐이다〔海棠睡未足〕" 했던 말을 역으로 인용하여, 해당화의 아리따움을 표현한 것이다.

유유자적悠悠自適 산보하며 배만 어루만질 뿐이네.	산 보 소 요 자 문 복 散步逍遙自捫腹[9]
속인의 집이든 스님의 절이든 따지지 않고	불 문 인 가 여 승 사 不問人家與僧舍
지팡이 짚고 방문하여 길게 자란 대숲을 구경하네.	주 장 고 문 간 수 죽 拄杖敲門看脩竹[10]
홀연 노쇠한 이 사람에게 비춰주는 지극히 고운 꽃을 만나	홀 봉 절 염 조 쇠 후 忽逢絶艶照衰朽
말없이 탄식하며 병든 눈을 부비고 바라보네.	탄 식 무 언 개 병 목 歎息無言揩病目
누추한 시골 땅 어느 곳에서 이런 꽃을 얻게 된 것일까?	누 방 하 처 득 차 화 陋邦何處得此花
어쩌면 호사자好事者가 서촉西蜀에서 옮겨온 것이 아닐까?	무 내 호 사 이 서 촉 無乃好事移西蜀
짤막한 뿌리를 천리 밖에서 옮겨와 심기는 어려운 법이니	촌 근 천 리 불 이 도 寸根千里不易到
틀림없이 기러기나 따오기가 씨를 물고 날아왔으리.	함 자 비 래 정 홍 곡 銜子飛來定鴻鵠
하늘 끝으로 떠돌아 몰락한 나와 감회가 같을 것 같아	천 애 유 락 구 가 념 天涯流落俱可念
한 잔 술 마시며 이렇게 시를 지어 노래하노라.	위 음 일 준 가 차 곡 爲飮一樽歌此曲
내일 아침에 술이 깨어 홀로 다시 이르게 되면	명 조 주 성 환 독 래 明朝酒醒還獨來
눈이 펄펄 내리듯 꽃잎 지리니 어찌 차마 손을 대리오.	설 락 분 분 나 인 촉 雪落紛紛那忍觸

정혜원定慧院은 소동파蘇東坡의 좌천지左遷地인 황주黃州에 있는 사원寺院이다. 이 시의 자서自序에 "정혜원의 동쪽에 우거寓居할 적에, 온갖 꽃들이 가득한 사이에 해당화海棠花 한 그루가 끼어있었으나, 그 고장 사람들은 귀

---

9 先生食飽無一事 散步逍遙自捫腹 : 《진인양생결眞人養生訣》에, 양생법養生法의 한 가지로, "식사 후 백 보步를 거닐며 손으로 배를 어루만진다." 하였는데, 소동파蘇東坡 자신이 먼 남방에 유배되어 할 일이 없으므로 이 양생법이나 따르고 있음을 말한 것이다.

10 不問人家與僧舍 拄杖敲門看脩竹 : 《남사南史》 〈원찬전袁粲傳〉에 "성곽을 등지고 살고 있으면서 지팡이 짚고 소요逍遙하며 흥이 일면 돌아갈 줄을 몰랐다. 군郡 남쪽 어느 집에 바위와 대숲이 아름다웠는데, 원찬袁粲이 주인의 허락도 받지 않고 곧바로 대숲을 찾아가 시를 읊고 거닐며 흥취를 즐겼다.〔家居負郭 當其得意 悠然忘返 郡南一家 頗有竹石 粲率爾步往 亦不通主人 直造竹所 嘯詠自得〕" 하였는데, 소동파蘇東坡 자신도 정혜원定慧院에 찾아가 이런 운치韻致를 즐겼음을 말한 것이다.

한 꽃인 줄을 몰랐다." 하였다.

전반부(1~7련)에서 천하의 명화名花인 해당화가 인적도 없고 알아주는 사람도 없는 고장의 골짜기 잡초들 사이에서 홀로 아름답고 고고孤高한 자태로 피어있음을 찬양하고, 중반부(8~10련)에서는 먼 고장으로 좌천되어 할일 없이 지내고 있는 자신의 생활을 그리고, 후반부(11~14련)에서는 이렇게 먼 지방에 유락流落하게 된 자신의 불우한 처지를 해당화에 빗대어 읊은 시이다.

입성入聲 옥운屋韻과 옥운沃韻의 목木·독獨·속俗·곡谷·옥屋·육肉·족足·숙淑·복腹·죽竹·목目·촉蜀·곡鵠·곡曲·촉觸자로 통압通押한 측운仄韻 통운시通韻詩이다.

해당협접도海棠蛱蝶圖

6-4 도연명의 초상화〔陶淵明寫眞圖〕

사과 謝薖

도연명이 심양 땅 굽이진 언덕으로 돌아와	연명귀거심양곡 淵明歸去潯陽曲
명아주 지팡이에 부들 짚신 신고 한 폭의 두건 걸쳤네.	장려포혜건일폭 杖藜蒲鞵巾一幅
그늘 짙은 늙은 나무에선 꾀꼬리가 지저귀고	음음노수전황리 陰陰老樹囀黃鸝
아리따운 동쪽 울타리엔 서리 맞은 국화가 찬란하네.	염염동리찬상국 艶艶東籬粲霜菊
눈을 스치는 속세의 번거로움 끝이 없으나 마음을 비우고	세분무진과안공 世紛無盡過眼空
생계가 풍족하진 않으나 뜻대로 살 수 있어 만족해하네.	생사불풍수의족 生事不豐隨意足
조정에 오를 자품姿品을 지녔으나 가난한 집에서 늙어가며	묘당지자노봉필 廟堂之姿老蓬蓽
좁은 집 쓸쓸하여 겨우 무릎을 뻗을 만하네.	환도소조근용슬 環堵蕭條僅容膝
큰 아이는 무디고 둔하여 시서 공부에 게으르고	대아완둔나시서 大兒頑鈍懶詩書
작은 아이는 어리고 미련하여 배와 밤 따먹기만 좋아하네.	소아교치애리율 小兒嬌癡愛梨栗
늙은 아내 해 저물자 호미 메고 돌아오니	노처일모하서귀 老妻日暮荷鋤歸
흔연히 한번 웃고 달팽이 껍질만 한 방에서 함께 지내네.	흔연일소공와실 欣然一笑共蝸室
시를 읊는 것만으로는 마음속의 수심이 풀리지 않아	아시미견수간신 哦詩未遣愁肝腎
취한 중에도 아이 불러 지필을 대령하게 하네.	취리호아공지필 醉裏呼兒供紙筆
때때로 좋은 시구詩句 떠오르면 곧 이를 기록하여	시시득구첩사지 時時得句輒寫之
평이하고 담담淡淡한 오언시五言詩 한 수를 짓게 되네.	오언평담용일률 五言平淡用一律
농가에 술이 익었으면 밤중에도 찾아가 마시고자	전가주숙야타문 田家酒熟夜打門
머리 위엔 술 거를 수 있는 두건을 쓰고 있네.	두상자유녹주건 頭上自有漉酒巾
늙은 농부들과 때때로 뽕과 삼 기르는 이야기를 나누고	노농시문상마장 老農時問桑麻長

술잔 들고 왕래하며 서로 가까이 지내네.	提壺挈榼來相親(제호설합내상친)
한 잔 술에 바로 취하여 북창 아래에 누워서	一樽徑醉北窓臥(일준경취북창와)
순박한 복희伏羲 시대의 백성이라 스스로 이르네.	蕭然自謂羲皇人(소연자위희황인)
이런 분이라 도道를 깨달아 가난해도 즐겁게 지내니	此公聞道窮亦樂(차공문도궁역락)
용모가 메마르지 않고 불그레한 모습이 윤택하네.	容貌不枯似丹渥(용모불고사단악)
지금 선비 무리들은 어지러이 혼탁한 세속을 따라서	儒林紛紛隨溷濁(유림분분수혼탁)
산림에서 고상하게 의리 지키는 사람 오래도록 적막해졌네.	山林高義久寂寞(산림고의구적막)
가령 무덤에서 그분을 다시 살아 나오게 할 수 있다면	假令九原今可作(가령구원금가작)
나는 공의 가마꾼 노릇도 싫어하지 않으리라.	擧公籃輿也不惡(거공남여야불악)

도연명陶淵明의 모습을 그린 초상화를 보고 지은 것이다. 초상화에 나타난 도연명의 풍모風貌와 그가 지은 〈귀거래사歸去來辭〉를 비롯한 여러 시에 드러낸 도연명의 생활과 모습과 득도得道의 경지境地를 모아 엮은 것으로, 많은 시어詩語들을 도연명의 시에서 따왔다. 도시陶詩의 풍격적風格的 특징을 '평담平淡(자연스럽고 꾸밈이 없음)' 두 자로 압축하였고, 도연명의 안빈낙도安貧樂道를 찬양하면서 현재 이런 풍조가 사라진 것을 개탄한 시이다.

처음 3개련은 입성入聲 옥운沃韻과 옥운屋韻의 곡曲·폭幅·국菊·족足자로 통압通押하고, 다음 5개련은 입성 질운質韻의 필蓽·슬膝·률栗·실室·필筆·률律자로 압운하고, 다음 3개련은 평성平聲 진운眞韻의 문門·건巾·친親·인人자로 압운하고, 마지막 3개련은 입성 약운藥韻과 각운覺韻의 락樂·악渥·탁濁·막寞·작作·악惡자로 통압한 전운시轉韻詩이다.

6-5 무릉도원의 그림〔桃源圖〕

한유韓愈

신선이 있다 없다 어찌 그리도 허황하게 떠드는가　神仙有無何渺茫(신선유무하묘망)

도원에 대한 이야기도 진실로 황당하도다.　桃源之說誠荒唐(도원지설성황당)[11]

흐르는 물이 감돌고 산은 백 번이나 굽이 돈 곳을　流水盤廻山百轉(유수반회산백전)

비단 몇 폭에 그려서 예부禮部의 중당에 걸어놓았으니,　生綃數幅垂中堂(생초수폭수중당)

무릉武陵의 태수는 기이한 일에 관심이 많은 사람이어서　武陵太守好事者(무릉태수호사자)

포장하고 편지 써서 멀리 남궁南宮(예부禮部)으로 부쳐온 것이네.　題封遠寄南宮下(제봉원기남궁하)

남궁의 선생께서 흔연히 이를 받아보시고　南宮先生忻得之(남궁선생흔득지)

파도가 일렁이듯 유려한 문사文辭로 시를 지으셨네.　波濤入筆驅文辭(파도입필구문사)

문장과 그림의 공교롭고 오묘함이 각기 극치에 이르렀으니　文工畫妙各臻極(문공화묘각진극)

신선 사는 기이한 경지 황홀하게 이곳에 옮겨놓았네.　異境恍惚移於斯(이경황홀이어사)

골짜기를 뚫고 들어가 바위에 나무 걸치고 집을 세우니　架巖鑿谷開宮室(가암착곡개궁실)

지붕이 잇닿고 담을 연이어 모여 오랜 세월 지내왔네.　接屋連墻千萬日(접옥연장천만일)

---

11 桃源之說誠荒唐 : 진晉나라 태강太康 연간에 무릉武陵에 살던 어떤 어부가 고기를 잡다가 길을 잃고 강을 거슬러 올라갔다가, 양쪽 언덕에 복숭아 숲이 우거지고 다른 꽃은 없는 곳에 이르렀는데, 그곳에 사는 사람들은 진대秦代의 난리를 피해 이곳에 이르러 살고 있었던 것으로, 바깥세상과 왕래가 끊겨서 서로의 소식을 모르고 살아왔을 뿐인데, 후대에 이 사실을 윤색潤色하여 가공架空의 이상향理想鄕으로 여기게 되었음을 말한 것이다.

영嬴씨의 진秦과 유劉씨의 한漢이 망한 일도 전혀 듣지 못하였고	嬴顚劉蹶了不聞(영전유궐요불문)
땅이 갈라지고 하늘이 분열된 난리도 걱정한 바가 없네.	地坼天分非所恤(지탁천분비소휼)[12]
복숭아 심어 곳곳에 오직 그 꽃만이 피니	種桃處處惟開花(종도처처유개화)
시냇가 언덕 원근에 붉은 노을 피어오르는 듯하였네.	川原遠近蒸紅霞(천원원근증홍하)
처음에 왔을 때엔 그래도 고향을 그리워하였지만	初來猶自念鄕邑(초래유자념향읍)
세월 오래 지나자 이 땅이 도리어 영주처永住處가 되었네.	歲久此地還成家(세구차지환성가)
고깃배 타고 온 분 어느 곳에서 오셨는가	漁舟之子來何所(어주지자내하소)
행색이 달라 서로 의심하며 거듭 물어보았네.	物色相猜更問語(물색상시갱문어)
"큰 뱀의 허리를 끊자 전 왕조(진秦)가 망하였고	大蛇中斷喪前王(대사중단상전왕)
군마群馬가 남쪽으로 건너오자 새 왕조(동진東晉)가 열렸소" 하자	群馬南渡開新主(군마남도개신주)[13]
듣기를 마치고 말이 끝나자 함께 처연해졌으니	聽終辭絶共悽然(청종사절공처연)
이야기의 시작부터 지금까지 육백 년이 지난 것이네.	自說經今六百年(자설경금육백년)
당시의 온갖 일들 모두 눈으로 본 것이라 해도	當時萬事皆眼見(당시만사개안견)
얼마나 그대로 전해지고 있는지를 알지 못하네.	不知幾許猶流傳(부지기허유유전)
다투어 고기와 술 가져와 대접하는데	爭持牛酒來相饋(쟁지우주내상궤)

---

12 嬴顚劉蹶了不聞 地坼天分非所恤 : 영嬴은 진秦의 국성國姓이고, 유劉는 한漢의 국성이다. 즉 진이 망하고 뒤이어 건국한 한도 망하기까지 까마득하게 몰랐다는 것이고, 지탁천분地坼天分이라 한 것은 그 후 삼국시대三國時代를 거쳐 진대晉代에 이른 것을 말하며, 이 사실조차 모르고 있다는 것이다.

13 大蛇中斷喪前王 群馬南渡開新主 : 《사기史記》〈한고조본기漢高祖本紀〉에, 적제자赤帝子인 유방劉邦이 백제자白帝子인 대사大蛇를 죽인 것이, 진秦이 망하고 한漢이 건국될 조짐을 드러낸 것이라 하였고, 《진서晉書》에 원제元帝가 건업建業에 이르자 동요童謠에 "오마부도강五馬浮渡江 일마화위룡一馬化爲龍"이라 하였는데, 이것이 원지元帝가 군마群馬를 이끌고 남도南渡하여 동진東晉을 건국할 것을 예언한 것이라 하였으니, 곧 동진의 새 왕조가 열릴 것을 예언한 것이라 하였다.

예법 절차도 같지 않고 술동이와 그릇들도 달랐네. 　예수부동준조이 禮數不同樽俎異
밝은 달을 벗 삼아 비어있는 옥당玉堂에서 잤는데 　월명반숙옥당공 月明伴宿玉堂空
뼈가 시리고 정신이 맑아져 잠을 이루지 못하였네. 　골랭혼청무몽매 骨冷魂淸無夢寐
한밤에 금계金鷄가 큰 소리로 꼬끼오 하고 울어대자 　야반금계조찰명 夜半金鷄啁哳鳴
불바퀴 같은 태양이 솟아올라 객의 마음이 놀랐네. 　화륜비출객심경 火輪飛出客心驚
인간세계에 미련이 남아있어 오래 머물지 못하고 　인간유루불가주 人間有累不可住
그대로 이별하려니 작별의 정을 가라앉히기 어렵네. 　의연이별난위정 依然離別難爲情
배를 출발시키고 노를 저으며 한번 돌아보니 　선개도진일회고 船開棹進一回顧
만리 아득하게 안개 낀 강물이 아스라했네. 　만리창망연수모 萬里蒼茫煙水暮
세속에서야 이런 이야기가 거짓인지 참인지 어찌 알까마는 　세속영지위여진 世俗寧知僞與眞
이제 이를 전한 사람이 바로 무릉태수武陵太守라오. 　지금전자무릉인 至今傳者武陵人

도연명陶淵明의 〈도화원기桃花源記〉와 세상에 전해오는 무릉도원武陵桃源에 대한 이야기를 그림으로 그려놓은 것이 〈도원도桃源圖〉이다. 무릉태수武陵太守가 이 〈도원도〉를 예부禮部에 바치자, 예부의 고관으로 있는 사람(이를 남궁선생南宮先生이라 지칭함)이 이를 찬미하는 시를 지었고, 그의 부하인 예부낭중禮部郎中으로 있던 한퇴지韓退之가 이 그림과 시를 보고 무릉도원에 얽힌 이야기들을 회상하며 지은 것이 바로 이 시이다.

처음 5개련에는 남궁선생이 〈도원도〉를 얻게 된 경위와 이를 보고 명시名詩를 지었음을 설명하고, 다음 4개련에서는 외계外界와 단절되어 도원에 살던 사람들의 생활모습을 서술하고, 다음 4개련에서는 도원에 사는 사람들이 그곳에 표착한 어부를 통하여 들은 바깥 세상에 대해 궁금해하며 흥미를 보인 모습을 그리고, 다음 4개련에서는 어부가 도원에서 일박한 후 되돌아온 과정을 서술한 후에, 마지막 연에서는 수련首聯에서 도원에 대한 이야기가 황당荒唐하다 한 것에 대우對偶를 이루도록 〈도원도〉를 보내준 사람이 바로 무릉의 태수임을 밝히는 것으로 결론을 낸 것이다. 즉 무릉도원을 신선이 사는 곳으로 생각하는 황당한 이야기를 믿을 수 없다고 부정하면서도 〈도원도〉를 보내준 무릉태수를 찬양하고 고마움을 아울러 드러낸 시이다.

총 19련 38구로 이루어진 시로, 제1·2련은 평성平聲 양운陽韻의 망茫·당唐·당堂자로 압운押韻하고, 제3련은 상성上聲 마운馬韻의 자者·하下자로, 제4·5련은 평성 지운支韻의 지之·사辭·사斯자로, 제6·7련은 입성入聲 질운質韻의 실室·일日·휼恤자로, 제8·9련은 평성 마운麻韻의 화花·하霞·가家자로, 제10·11련은 상성 어운語韻의 소所·어語·주主자로, 제12·13련은 평성 선운先韻의 연然·년年·전傳자로, 제14·15련은 거성去聲 치운寘韻의 궤饋·이異·매寐자로, 제16·17련은 평성 경운庚韻의 명鳴·경驚·정情자로, 제18련은 거성 우운遇韻의 고顧·모暮자로, 말련末聯은 평성 진운眞韻의 진眞·인人자로 압운한 평측교압平仄交押의 전운시轉韻詩이다.

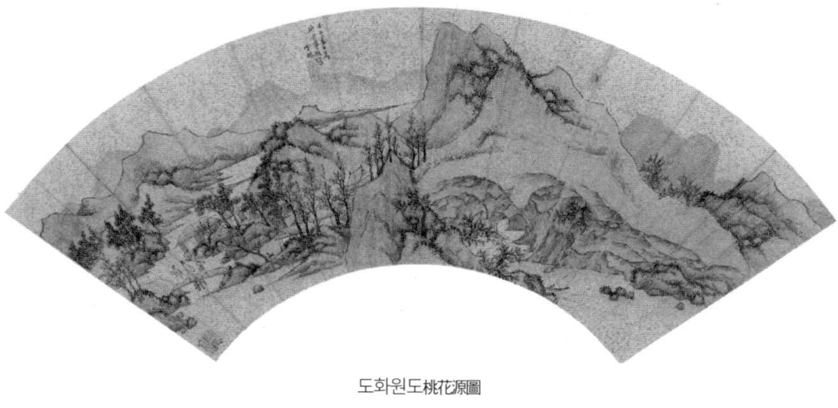

도화원도桃花源圖

6-6 왕진경의 그림으로 왕정국이 소장한 〈연강첩장도〉에 쓰다〔書王定國所藏煙江疊嶂圖 王晉卿畫〕

소식蘇軾

강가에 있는 사람의 마음을 시름겹게 하는 겹겹의 산들	강상수심삼첩산 江上愁心三疊山
첩첩이 쌓인 푸른 봉우리들 하늘에 떠있는 구름과 같네.	부공적취여운연 浮空積翠如雲煙
산인지 구름인지 멀어서 분별할 수 없었는데	산야운야원막지 山耶雲耶遠莫知
안개 사라지고 구름 걷히자 산은 옛 모습을 그대로 드러내네.	연공운산산의연 煙空雲散山依然
다만 양쪽 절벽의 짙푸르게 어두운 골짜기만 보일 뿐이더니	단견양애창창암절속 但見兩崖蒼蒼暗絶谷
그 가운데 여러 줄기로 쏟아지는 폭포가 있네.	중유백도비래천 中有百道飛來泉
숲에 에워싸여 첩첩 바위들에 가려졌다 드러났다 하며	영림낙석은부현 縈林絡石隱復見
골짜기 아래로 흘러내려 내달리는 물줄기를 이루었네.	하부곡구위분천 下赴谷口爲奔川
산기슭 끝부터 앞이 트이고 냇물 평온히 흐르는 곳에	천평산개임록단 川平山開林麓斷
작은 다리와 시골 주막이 산 앞에 의지해 있네.	소교야점의산전 小橋野店依山前
행인이 건너간 다리 곁 나무 밖에	행인초도교목외 行人稍度橋木外
작은 어선 한 척이 떠있고 강물엔 하늘이 비치네.	어주일엽강탄천 漁舟一葉江呑天
사군使君(태수太守)은 어디에서 이 그림을 얻었는가?	사군하종득차본 使君何從得此本
붓끝으로 정교하게 묘사하여 맑고 곱게 배치해놓았네.	점철호말분청연 點綴毫末分清姸[14]

---

14 點綴毫末分淸姸 : 저본에는 '綴'이 '檢'으로 되어있으나, 《동파전집東坡全集》에 의거하여 바로잡았다.

모르겠도다! 인간세상 어디에 이런 절경 있는지 不知人間何處有此境(부지인간하처유차경)
즉시 가서 그곳에 두어 이랑쯤 밭을 마련해 살고 싶네. 徑欲往置二頃田(경욕왕치이경전)
그대들은 보지 않았는가? 君不見(군불견)
무창武昌 번구樊口의 속세와 단절된 곳을! 武昌樊口幽絶處(무창번구유절처)
동파선생 그곳에서 오 년을 머물고 있었네. 東坡先生留五年(동파선생유오년)
봄바람이 일면 강을 흔들고 하늘은 아득하였으며 春風搖江天漠漠(춘풍요강천막막)
여름날 저녁 구름이 비를 거두자 산이 예쁘게 드러났네. 暮雲捲雨山娟娟(모운권우산연연)
가을날 단풍나무 가지에 앉았던 까마귀 물가에서 짝지어 잤고 丹楓翻鴉伴水宿(단풍번아반수숙)
겨울날 장송에 눈 내리면 취해 자던 사람 놀라게 했네. 長松落雪驚醉眠(장송낙설경취면)
복사꽃과 흐르는 물은 인간 세상 어디에도 있는데 桃花流水在人世(도화유수재인세)[15]
무릉만이 신선이 사는 곳이라고 어찌 모두들 말하는가? 武陵豈必皆神仙(무릉기필개신선)
강산은 맑고 고요하나 나는 진토에 사는 사람이어서 江山淸空我塵土(강산청공아진토)
비록 찾아가는 길 있다 해도 찾아갈 연고가 없네. 雖有去路尋無緣(수유거로심무연)
이 그림 그대에게 돌려주며 거듭 탄식하노니 還君此畫三歎息(환군차화삼탄식)
산중의 벗들이 나를 부르는 〈귀래편〉이 응당 있겠지. 山中故人應有招我歸來篇(산중고인응유초아귀래편)[16]

이 시는 왕정국王定國이 소장하고 있는 왕선王詵(자字 진경晉卿)이 그린 산수

---

15 桃花流水在人世 : 이 구句는 이백李白의 시구詩句 '도화유수묘연거桃花流水杳然去 별유천지비인간別有天地非人間'을 환골탈태換骨奪胎하여 절묘絶妙하게 신의新意를 창출한 시구이다.

16 山中故人應有招我歸來篇 : 좌사左思의 〈초은편招隱篇〉에, "왕손王孫이여 돌아오시라! 산중山中은 오래 머물 곳이 못 되느니라.〔王孫兮歸來 山中兮不可以久留〕"라 한 구를 환골탈태하여, 그림 속 산중에 은거하고 있는 고인故人들이 응당 자신을 그 산중으로 초빙하리라고 말한 것이다.

화山水畫를 보고, 그 그림의 오묘奧妙함을 환상적幻想的으로 묘사하고, 아울러 자신의 빼어난 정서情緖를 덧붙여서, 동파東坡 자신도 이런 선경仙境에 은거하고 싶다는 뜻을 드러낸 것이다.

장단구長短句로 이루어진 잡언시雜言詩로, 수구首句만 츤운襯韻으로 산운목刪韻目의 산山자를 넣었을 뿐, 나머지는 모두 평성平聲 선운목先韻目의 연煙·연然·천泉·천川·전前·천天·연姸·전田·년年·연娟·면眠·선仙·연緣·편篇자로 압운한 일운도저격一韻到底格의 시이다.

연강첩장도煙江疊嶂圖

6-7 노동에게 지어 보내다〔寄盧仝〕

한유韓愈

옥천선생은 낙양성洛陽城 안에 사는데	玉川先生洛城裏[17] (옥천선생낙성리)
허물어져가는 집 몇 칸이 있을 뿐이네.	破屋數間而已矣 (파옥수간이이의)
하나뿐인 종은 수염이 긴 늙은이로 두건도 쓰지 않았고	一奴長鬚不裹頭 (일노장수불과두)
하나뿐인 여종도 맨발에 이가 모두 빠진 늙은이이네.	一婢赤脚老無齒 (일비적각노무치)
고생하며 십여 가족을 봉양하는데	辛勤奉養十餘人 (신근봉양십여인)
위로는 양친이 계시고 아래로는 처자가 있네.	上有慈親下妻子 (상유자친하처자)
선생은 젊어서부터 속된 무리를 미워하여	先生結髮憎俗徒 (선생결발증속도)
문을 닫고 나들이하지 않은 지가 일기一紀(12년)가 되었네.	閉門不出動一紀 (폐문불출동일기)
이웃에 사는 승려가 동냥한 곡식을 보내주기에 이르렀으니	至令隣僧乞米送 (지령인승걸미송)
내가 현윤으로 있으며 부끄러워하지 않을 수 있겠는가	僕忝縣尹能不恥 (복첨현윤능불치)
공과 사에 쓰고 남은 녹봉祿俸을	俸錢供給公私餘 (봉전공급공사여)
때때로 약간 보내주어 제사에 보태게 하였네.	時致薄少助祭祀 (시치박소조제사)
유수의 일에 참여하고 부윤府尹을 뵙기를 권하였지만	勸參留守謁大尹 (권참유수알대윤)
대화를 겨우 몇 마디 나누자 즉시 귀를 닫아버리네.	言語纔及輒掩耳[18] (언어재급첩엄이)

17 玉川先生洛城裏 : 노동盧仝의 호號가 옥천자玉川子이고 낙양성洛陽城 동쪽의 부서진 몇 칸 집에서 살았다. 당시 이 시의 작자인 한유韓愈가 낙양령洛陽令이었다.

18 勸參留守謁大尹 言語纔及輒掩耳 : 은거隱居를 중단하고 유수留守나 부윤府尹 밑에서 벼슬하기를 권했으나, 권하는 말이 끝나기도 전에 귀를 닫아버리고 응하지 않았다는 것이다.

수북산인도 명성을 얻게 되자	수북산인득명성 水北山人得名聲[19]
지난해 집을 떠나 절도사 막하의 벼슬아치가 되었고,	거년거작막하사 去年去作幕下士
수남산인도 이어서 집을 떠나 벼슬길에 올라서	수남산인우계왕 水南山人又繼往[20]
좋은 말과 따르는 아랫사람이 골목을 메우게 되었네.	안마복종색여리 鞍馬僕從塞閭里
소실산인은 이루고자 하는 포부가 높아서	소실산인색가고 少室山人索價高[21]
두 차례나 간관으로 불렀으나 벼슬에 나가지 않았네.	양이간관징불기 兩以諫官徵不起
이들은 모두 날카로운 말로 세사를 논하다가	피개자구논세사 彼皆刺口論世事
유력자에게 쓰여짐을 벗어나지 못했는데,	유력미면조구사 有力未免遭驅使
선생의 경세제민經世濟民의 경륜은 헤아릴 수 없는데도	선생사업불가량 先生事業不可量
오직 법도에 맞게 스스로 처신할 뿐이네.	유용법률자승기 惟用法律自繩己
《춘추》 삼전은 높은 선반에 묶어놓고	춘추삼전속고각 春秋三傳束高閣
오직 성인이 남긴 본경本經만 안고 본말을 궁구하네.	독포유경구종시 獨抱遺經究終始[22]
붓을 잡고 오가며 동이同異를 조롱하니	왕래농필조동이 往來弄筆嘲同異
괴이한 말이 중인衆人을 놀라게 하여 비방이 그치지 않네.	괴사경중방불이 怪辭驚衆謗不已[23]

---

19 水北山人得名聲 : 수북산인水北山人은 낙수洛水 북쪽에 살고 있던 석홍石洪(자字 준천濬川)을 말한다. 은거하다가 절도사節度使의 초빙을 받아 나와서 벼슬하였다.

20 水南山人又繼往 : 수남산인水南山人은 낙수洛水 남쪽에 은거하던 온조溫造(자字 간여簡輿)를 말한다. 그도 절도사의 초빙을 받아 나와서 벼슬을 하였다. 《고문진보후집古文眞寶後集》의 〈송온조처사서送溫造處士序〉에 그의 행적이 수록되어 있다.

21 少室山人索價高 : 소실산인少室山人은 이발李渤(자字 준지濬之)을 말한다. 처음에 여산廬山에 은거했다가 후에 숭산崇山의 소실산少室山에 은거하였으므로 소실산인이라 하였다. 상서上書하여 시정時政을 비판하였고 조정에서 불렀으나 나와 벼슬하지 않았다.

22 先生事業不可量……獨抱遺經究終始 : 노동盧仝이 심오深奧한 경륜經綸을 지니고 있으면서도 벼슬할 생각이 없이 자신을 바르게 지키고 있을 뿐이고, 공자가 지은 《춘추春秋》의 해설서 삼전三傳(《춘추좌씨전春秋左氏傳》·《춘추공양전春秋公羊傳》·《춘추곡량전春秋穀梁傳》)에 의존하지 않고, 성인聖人이 남긴 《춘추》 본경本經의 근원만을 오로지 추구하고 있다고 찬양한 것이다.

23 往來弄筆嘲同異 怪辭驚衆謗不已 : 노동盧仝의 이름 동仝(동同)과 마이馬異의 이름

근래에는 스스로 평이平易한 길을 찾겠다고 말하기는 하나	근래자설심탄도 近來自說尋坦道
오히려 하늘에 올라 천마天馬를 타고 달리는 것과 같네.	유상허공과록이 猶上虛空跨騄駬
지난해엔 아들을 낳아 첨정添丁이라 이름을 지었으니	거세생아명첨정 去歲生兒名添丁
그 뜻이 그 아이를 나라에 바쳐 농사일에 충원하려 한 것이네.	의령여국충운자 意令與國充耘耔
국가의 장정壯丁들 사방 천하에 연이어 있으니	국가정구연사해 國家丁口連四海
어디인들 농부가 없기에 직접 농사를 짓게 하려 하는가.	기무농부친뢰사 豈無農夫親耒耜
선생이 품은 뛰어난 재능 마침내 크게 쓰이길 바라나니	선생포재종대용 先生抱才終大用
끝내 벼슬을 않고자 함을 재상께서 허락하지 않으리라.	재상미허종불사 宰相未許終不仕
가령 능력 발휘해 천하 경영할 자리에 있지 않더라도	가여부재진력렬 假如不在陳力列
훌륭한 문장으로 모범을 보일 줄을 또한 믿을 수 있네.	입언수범역족시 立言垂範亦足恃
후손들 마땅히 십 대가 지나도록 그 혜택 받으리니	묘예당몽십세유 苗裔當蒙十世宥
어찌 자손들에게 물려줄 터전이 없다고 이를 수 있겠는가.	기위이궐무기지 豈謂貽厥無基址
진실로 충효가 천성에서 우러난 것임을 아나니	고지충효출천성 故知忠孝出天性
몸을 깨끗이 하려고 인륜을 어지럽히는 무리에 어찌 비유할 수 있겠는가.	결신난륜안족의 潔身亂倫安足擬
어젯밤 수염 긴 종이 찾아와 편지를 전하는데	작야장수내하장 昨夜長鬚來下狀
집밖의 못된 젊은이들 악행을 말로 표현하기 어렵다 하네.	격장악소악난사 隔墻惡少惡難似
번번이 용마루에 걸터앉아 아래를 굽어보아서	매기옥산하규감 每騎屋山下窺瞰
온 집안 식구들 놀라고 두려워 달아나다 발을 다쳤다네.	혼사경파주절지 渾舍驚怕走折趾

이異를 주제主題로 하여 노동이 마이에게 지어 보낸 〈여마이결교시與馬異結交詩〉에, "동부동이불이同不同異不異 시위대동이소이是謂大同而小異 동자동이자이同自同異自異 시위동불왕혜이부지是謂同不往兮異不至"라 하여, 각기 이름에 쓰인 동同과 이異를 해학적諧謔的으로 표현하였는데, 노동의 시가 험괴險怪하면서 격률格律에 얽매이려 하지 않고 호방 활달하여 중인衆人의 비방을 받았음을 말한 것이다.

권세가와 혼사 맺었음을 내세우며 관리를 능멸하니	빙의혼구기관리 憑依婚媾欺官吏
법령이 행해져 막을 수 있을지 믿을 수 없다 하네.	불신영행능금지 不信令行能禁止
선생은 굴욕을 당해도 일찍이 이를 말한 일이 없었는데	선생수굴미증어 先生受屈未曾語
홀연 이번에 와서 알려주는 것은 진실로 까닭이 있을 것이네.	홀차내고양유이 忽此來告良有以
아아! 내 자신이 이 낙양洛陽의 수령首令으로 있으니	차아신위적현윤 嗟我身爲赤縣尹[24]
권한을 갖고 있으면서 쓰지 않고 무엇을 기다리리오.	조권불용욕하사 操權不用欲何俟
곧바로 형방刑房을 소집해 곤장 칠 사람을 부르게 하여	입소적조호오백 立召賊曹呼五百
쥐새끼 같은 무리들 모두 잡아와 시장에서 효수梟首하려 했더니,	진취서배시저시 盡取鼠輩尸諸市
선생이 다시 수염 긴 종을 보내서	선생우견장수래 先生又遣長鬚來
이와 같이 조처하는 것은 기뻐하는 바가 아니라 하네.	여차처치비소희 如此處置非所喜
더구나 또한 계절이 장양長養하는 봄철에 해당하니	황우시당장양절 況又時當長養節
도읍을 가혹한 정치로 다스려서는 안 된다 하네.	도읍미가맹정리 都邑未可猛政理
선생은 진실로 내가 경외敬畏하는 분인데	선생고시여소외 先生固是余所畏
드넓은 도량度量의 한계를 감히 가늠할 수가 없네.	도량불감규애사 度量不敢窺涯涘
저들이 멋대로 날뛰게 한 것이 누구의 허물인가	방종시수지과여 放縱是誰之過歟
마부馬夫를 죽인 허물을 본받으려 한 것이 옛 역사에 부끄럽네.	효우육복괴전사 效尤戮僕愧前史[25]

---

24 嗟我身爲赤縣尹 : 적현赤縣은 수도首都에 딸린 고을을 말하는데, 당시에 낙양洛陽이 장안長安에 버금가는 부수도副首都였으므로 적현윤赤縣尹이라 칭한 것이다.

25 效尤戮僕愧前史 : 마부馬夫를 죽인 허물을 본받는 것은 옛 사서史書인 《춘추春秋》의 정신에 부끄러운 일이라 한 것인데, 이는 춘추시대 진晉나라 장군 위강魏絳이 출전했을 때에 군주君主 도공悼公의 아우인 양간楊干이 명을 따르지 않고 멋대로 행동하자, 양간을 차마 죽이지 못하고 그의 마부를 처형한 고사故事를 인용하면서, 못된 짓을 하는 젊은이들을 교화하지 못하고 처형하려 했던 자신이 부끄럽다고 뉘

양고기와 술을 사서 불민함을 사죄하려 하는데　買羊沽酒謝不敏(매양고주사불민)
때마침 밝은 달이 도리화桃李花를 비추는 때를 만났네.　偶逢明月耀桃李(우봉명월요도리)
선생께서 왕림枉臨을 허락할 뜻이 있으시면　先生有意許降臨(선생유의허강림)
다시 수염 긴 종 편에 허락의 편지를 보내주시라.　更遣長鬚致雙鯉(갱견장수치쌍리)[26]

시의 주인공인 노동盧仝(?~835)은 맹교孟郊·가도賈島와 병칭되던 유명한 시인으로, 성격이 괴벽怪癖하고 시도 괴벽하였다.

이 시는 한퇴지韓退之가 벼슬을 단념하고 도道를 고수固守하는 그의 사람됨과 그의 시를 사랑하며 그와의 교정交情을 드러낸 것이다. 노동이 안빈낙도安貧樂道하며 가난하게 살고 있음과 깊고 높은 학식과 경륜, 시문詩文의 괴벽怪癖함, 간악한 젊은이들에게 고통을 당함, 입언立言으로 청사靑史에 빛날 업적을 남길 것임, 자신을 괴롭히는 자들을 용서하는 넓은 도량度量 등을 찬양한 시이다.

상성上聲 지운紙韻으로 일관되게 압운한 일운도저一韻到底의 시이다.

우친 것이다.

26 更遣長鬚致雙鯉 : 이 시구의 쌍리雙鯉에 대하여 전중련錢仲聯이 주석을 달기를, 고악부古樂府에 "객이 먼 곳에서 찾아와, 나에게 한 쌍의 잉어를 주었네. 아이 불러 잉어를 삶으라 하니, 그 뱃속에 비단에 쓴 편지가 들어있었네.〔客從遠方來 遺我雙鯉魚 呼兒烹鯉魚 中有尺素書〕"라 하였다. 이후에 쌍리가 편지를 지칭하게 되었다.

6-8 이백시가 그린 그림을 보고〔李白時畫圖〕

형거실 邢居實

장안 성城머리에 까마귀들 깃들려 하는 저녁이 되니	장안성두오욕서 長安城頭烏欲棲
장안의 길가엔 다니는 사람 드물어졌네.	장안도상행인희 長安道上行人稀
뜬구름 모두 걷혀 저녁 하늘 푸른데	부운권진모천벽 浮雲卷盡暮天碧
밝은 달만이 떠있어 맑게 비추며 지나가네.	단유명월유청휘 但有明月流淸輝
그대는 홀로 나귀 타고 어느 곳으로 가기에	군독기려향하처 君獨騎驢向何處
머리 위엔 흰 두건을 거꾸로 쓰고 있는가.	두상도착백접리 頭上倒著白接䍦[27]
머리 긁적이며 밝은 달 바라보고 길게 읊조리니	장음소수망명월 長吟搔首望明月
산옹山翁을 배우지 않았으되 취한 모습 니충泥蟲 같네.	불학산옹취사니 不學山翁醉似泥[28]
성 안에 이르자 등불들이 요란하고	도득성중등화뇨 到得城中燈火鬧
아이들 손뼉 치며 길을 막고 웃어대네.	소아박수난가소 小兒拍手攔街笑
길가에서 구경하는 사람들 어찌 그의 경지 알까마는	도방관자나득지 道傍觀者那得知
만나보고는 이 사람이 상산사호商山四皓 같다 하네.	상봉의시상산호 相逢疑是商山皓[29]

---

27 頭上倒著白接䍦 : 《세설신어世說新語》에, "접리接䍦는 곧 난삼襴衫(상하가 연결된 옛 사인士人의 통옷)이다." 하였으나, 이곳에서는 두건頭巾을 뜻하는 것으로 보아야 한다.

28 不學山翁醉似泥 : 산옹山翁은 진晉의 상서좌복야尙書左僕射 정남장군征南將軍을 역임했던 산간山簡을 말한다. 술을 좋아하여 야외에 나가 술에 취해 고꾸라진 채로 수레에 거꾸로 실려 돌아왔으므로 '산간도재山簡倒載'라는 말이 있게 되었다.

29 相逢疑是商山皓 : 상산호商山皓는 진말秦末 한초漢初에 상산商山에 은거隱居하며 세사世事에 초연超然했던 머리와 수염이 하얗게 세었던 네 노인들인 동원공東園公·하황공夏黃公·기리계綺里季·녹리선생甪里先生을 말한다.

용면거사龍眠居士의 그림솜씨에 비교할 만한 사람 없는데	용면거사화무비 龍眠居士畫無比[30]
붓끝을 휘둘러대니 장풍長風이 일어나네.	요호농필장풍기 搖毫弄筆長風起
술에 취해 눈을 감고 인생의 궁극窮極 경지 상상하니	주감폐목망궁도 酒酣閉目望窮途
종이 위에 펼쳐진 웅건한 그림이 곧 그와 같지 않은가.	지상헌앙무내사 紙上軒昂無乃似
그대는 장안에서 호방함 과시하는 젊은이들이	군불학장안유협과년소 君不學長安遊俠誇年少
팔뚝에 새매 올려놓고 탄환을 끼고 장대章臺를 돌아 다니는 행위는 배우지 않았고	비응협탄장대도 臂鷹挾彈章臺道[31]
그대는 장검을 차고 영무靈武 땅을 빼앗고자	군불능제휴장검취영무 君不能提携長劍取靈武[32]
용사들 지휘해 사나운 짐승 같은 오랑캐를 몰아내고자 하지도 않았네.	지휘맹사구비호 指揮猛士驅貔虎
어찌하여 양梁 땅과 송宋 땅을 헤매며 먼지나 일으키고	호위각답양송진 胡爲脚踏梁宋塵
종일토록 떠돌면서 머물 곳을 정하지 못하는가?	종일표표무정소 終日飄飄無定所
무릉武陵의 도원桃源에 봄날이 저물려 하는데	무릉도원춘욕모 武陵桃源春欲暮
맑은 물 푸른 산엔 안개가 이네.	백수청산기연무 白水青山起烟霧
대나무 지팡에 짚신 신고 그곳으로 돌아가서	죽장망혜귀거래 竹杖芒鞋歸去來
두건을 기꺼이 심화수三花樹에 걸어놓으리라.	두건호괘삼화수 頭巾好掛三花樹[33]

---

30 龍眠居士畫無比 : 용면거사龍眠居士는 송대宋代의 화가畫家로 작자와 동시대에 살았던 이공린李公麟을 말한다. 용면산 龍眠山에서 노년을 보내면서 자호自號를 용면거사라 하였다.

31 臂鷹挾彈章臺道 : 장대章臺는 장안長安의 번화가로 주색酒色을 즐기는 사람들이 즐겨 출입하던 곳이다.

32 君不能提携長劍取靈武 : 영무靈武는 당시 송宋의 서방西方에 있던 군郡으로, 서하西夏와 영유권을 다투던 땅이다.

33 頭巾好掛三花樹 : 삼화수三花樹는 한 해에 세 차례 꽃이 핀다는 나무로, 일명 패다수貝多樹라고도 한다. 도가道家의 신선술神仙術 수련법에 삼화취정三花聚頂이라는 것이 있는데, 이는 정精·기氣·신神의 삼화三花가 변화하여 정수리로 모이는 것을 말한다. 두건을 삼화수에 걸어놓았다는 것은 바로 이 정精·기氣·신神이 하나로 응축凝縮된 신선의 경지에 이르렀음을 말한 것이다.

황정견黃庭堅(자 산곡山谷)의 아우 황지명黃知命(자 숙달叔達)이 흰 적삼 입고 나귀를 타고 길을 가면서 머리를 흔들며 노래를 부르면, 진사도陳師道(자 이상履常)가 지팡이를 등에 지고 그가 읊은 시를 써서 담을 주머니를 끼고 뒤를 따르니, 온 시장 사람들이 이를 보고 크게 놀랐다. 그 모습을 이공린李公麟(자 백시白時. 호 용면거사龍眠居士)이 그림으로 그리자, 이 그림을 보고 형거실邢居實(자 돈부敦夫)이 지은 시가 바로 이 시이다.

그림 속의 주인공인 황지명이 세속에 얽매이지 않고 뛰어난 시재詩才를 발휘하여 사람들을 놀라게 한 일과, 앞으로 선계仙界에서 노닐게 될 것임을 말하고, 이를 그림으로 그린 이공린의 뛰어난 화재畫才를 아울러 찬양한 시이다.

처음 4개련은 평성平聲 미微·지支·제운齊韻을 통압通押하여 서棲·희稀·휘輝·리罹·니泥자로 압운하고, 다음 2개련은 거성去聲 효效·소嘯·호운皓韻을 통압하여 뇨鬧·소笑·호皓자로 압운하고, 다음 2개련은 상성上聲 지운紙韻의 비比·기起·사似자로 압운하고, 다음 3개련은 상성 호운皓韻과 우운麌韻을 통압하여 소少·도道·무武·호虎·소所자로 압운하고, 마지막 2개련은 거성 우운遇韻의 모暮·무霧·수樹자로 압운한 전운시轉韻詩이다.

부 록

도판 목록 및 출처

《고문진보 전집》 강독 QR

QR코드로 접속하면 역자의 《고문진보 전집》 강독이 소개되어 있습니다.

전통문화연구회 도서목록

新編 基礎漢文敎材

新編 四字小學·推句	고전교육연구실 編譯	11,000원
新編 啓蒙篇·童蒙先習	고전교육연구실 編譯	11,000원
新編 明心寶鑑	李祉坤·元周用 譯註	15,000원
新編 擊蒙要訣	咸賢贊 譯註	12,000원
新編 註解千字文	李忠九 譯註	13,000원
新編 原文으로 읽는 故事成語	元周用 編譯	15,000원
新編 唐音註解選	權卿相 譯註	22,000원

漢文讀解捷徑시리즈

漢文독해 기본패턴	고전교육연구실 著	15,000원
四書독해첩경	고전교육연구실 著	20,000원
한문독해첩경 文學篇	朴相水 李和春 李祉坤 元周用 著	15,000원
한문독해첩경 史學篇	朴相水 李和春 李祉坤 元周用 著	15,000원
한문독해첩경 哲學篇	朴相水 李和春 李祉坤 元周用 著	15,000원

東洋古典國譯叢書

大學·中庸集註 -개정증보판	成百曉 譯註	10,000원
論語集註 -개정증보판	成百曉 譯註	27,000원
孟子集註 -개정증보판	成百曉 譯註	30,000원
詩經集傳 上·下	成百曉 譯註	各 35,000원
書經集傳 上·下	成百曉 譯註	各 35,000원
周易傳義 上·下	成百曉 譯註	各 40,000원
小學集註	成百曉 譯註	30,000원
古文眞寶 後集	成百曉 譯註	32,000원

五書五經讀本

論語集註 上·下	鄭太鉉 譯註	各 25,000원
孟子集註 上·下	田炳秀·金東柱 譯註	各 30,000원
大學·中庸集註	李光虎·田炳秀 譯註	15,000원
小學集註 上·下	李忠九 外 譯註	各 25,000원
詩經集傳 上·中·下	朴小東 譯註	各 30,000원
書經集傳 上·中·下	金東柱 譯註	各 30,000원
周易傳義 元·亨·利·貞	崔英辰 外 譯註	各 30,000원
詳說古文眞寶大全後集 上·下	李相夏 外 譯註	各 32,000원
春秋左氏傳 上·中·下	許鎬九 外 譯註	各 36,000원~38,000원
禮記 上·中·下	成百曉 外 譯註	各 30,000원

東洋古典譯註叢書

〈經部〉

十三經注疏		
周易正義 1~4	成百曉·申相厚 譯註	各 30,000원~40,000원
尙書正義 1~7	金東柱 譯註	各 25,000원~36,000원
毛詩正義 1~6	朴小東 外 譯註	各 32,000원~37,000원
禮記正義 中庸·大學	李光虎·田炳秀 譯註	20,000원
論語注疏 1~3	鄭太鉉·李聖敏 譯註	各 25,000원~40,000원
孟子注疏 1~2	崔彩基·梁基正 譯註	各 30,000원
孝經注疏	鄭太鉉·姜珉廷 譯註	35,000원
周禮注疏 1~2	金容天·朴禮慶 譯註	30,000원
春秋左氏傳 1~8	鄭太鉉 譯註	各 18,000원~35,000원
禮記集說大全 1~2	辛承云 外 譯註	各 25,000원~30,000원
東萊博議 1~5	鄭太鉉·金炳愛 譯註	各 25,000원~35,000원
韓詩外傳 1~2	許敬震 外 譯註	各 29,000원~33,000원
說文解字注 1	李忠九 外 譯註	35,000원

〈史部〉

思政殿訓義 資治通鑑綱目 1~21	辛承云 外 譯註	各 18,000원~35,000원
通鑑節要 1~9	成百曉 譯註	各 18,000원~40,000원
唐陸宣公奏議 1~2	沈慶昊·金愚政 譯註	各 35,000원~45,000원
貞觀政要集論 1~4	李忠九 外 譯註	各 25,000원~32,000원
列女傳補注 1~2	崔秉準·孔勤植 譯註	各 30,000원~38,000원
歷代君鑑 1~4	洪起殷·全百燦 譯註	各 32,000원~35,000원

〈子部〉

近思錄集解 1~3	成百曉 譯註	各 25,000원/35,000원
孔子家語 1~2	許敬震 外 譯註	各 35,000원/36,000원
老子道德經注	金是天 譯註	30,000원
大學衍義 1~5	辛承云 外 譯註	各 26,000원~30,000원
墨子閒詁 1~5	李相夏 外 譯註	各 32,000원~38,000원
說苑 1~2	許鎬九 譯註	各 25,000원
世說新語補 1~4	金鑛玉 外 譯註	各 29,000원~38,000원
荀子集解 1~7	宋基采 譯註	各 25,000원~38,000원
心經附註	成百曉 譯註	35,000원
顔氏家訓 1~2	鄭在書·盧暻熙 譯註	各 22,000원/25,000원
揚子法言 1	朴勝珠 譯註	24,000원
二程全書 1~4	崔錫起·姜導顯 譯註	各 36,000원~38,000원
莊子 1~4	安炳周·田好根 共譯	各 25,000원~30,000원
政經·牧民心鑑	洪起殷·全百燦 譯註	27,000원
韓非子集解 1~5	許鎬九 外 譯註	各 32,000원~38,000원
武經七書直解		
孫武子直解·吳子直解	成百曉·李蘭洙 譯註	35,000원
六韜直解·三略直解	成百曉·李鍾德 譯註	26,000원
尉繚子直解·李衛公問對直解	成百曉·李蘭洙 譯註	26,000원
司馬法直解	成百曉·李蘭洙 譯註	26,000원
管子 1~2	李錫明·金帝蘭 譯註	各 30,000원
列子鬳齋口義	崔秉準·孔勤植·權憲俊 共譯	34,000원

〈集部〉

古文眞寶 前集	成百曉 譯註	30,000원
唐詩三百首 1~3	宋載卲 外 譯註	各 25,000원~36,000원
唐宋八大家文抄 韓愈 1~3	鄭太鉉 譯註	各 22,000원/28,000원
〃 歐陽脩 1~7	李相夏 譯註	各 25,000원~35,000원
〃 王安石 1~2	申用浩·許鎬九 共譯	各 20,000원/25,000원
〃 蘇洵	李章佑 外 譯註	25,000원
〃 蘇軾 1~5	成百曉 譯註	各 22,000원
〃 蘇轍 1~3	金東柱 譯註	各 20,000원~22,000원
〃 曾鞏	宋基采 譯註	25,000원
〃 柳宗元 1~2	宋基采 譯註	各 22,000원
明淸八大家文鈔 1 歸有光·方苞	李相夏 外 譯註	35,000원
〃 2 劉大櫆·姚鼐	李相夏 外 譯註	35,000원

東洋古典新譯

당시선	송재소·최경렬·김영죽 편역	22,000원
손자병법	성백효 역주	14,000원
장자	안병주·전호근·김형석 역주	13,000원
고문진보 후집	신용호 번역	28,000원
노자도덕경	김시천 역주	15,000원
고문진보 전집 上·下	신용호 번역	각 22,000원

동양문화총서

동양사상 해설과 원전	정규훈 外 저	22,000원
화합의 길 《중용》 읽기	금장태 저	20,000원
호설과 시장	신용호 저	20,000원

문화문고

경전으로 본 세계종교 그리스도교	이정배 편저	10,000원
〃 도교	이강수 편역	10,000원
〃 천도교	윤석산·홍성엽 편저	10,000원
〃 힌두교	길희성 편역	10,000원
〃 유교	이기동 편저	10,000원
〃 불교	김용표 편저	10,000원
〃 이슬람	김영경 편역	10,000원
논어·대학·중용 / 맹자	조수익·박승주 공역	각 10,000원
소학	박승주·조수익 공역	10,000원
십구사략 1~2	정광호 저	각 12,000원
무경칠서 손자병법·오자병법	성백효 역	10,000원
〃 육도·삼략	성백효 역	10,000원
〃 사마법·울료자·이위공문대	성백효 역	10,000원
당시선	송재소·최경렬·김영죽 편역	10,000원
한문문법	이상진 저	10,000원
한자한문전통교재	조수익·이성민 공역	10,000원
士小節 선비 집안의 작은 예절	이동희 편역	12,000원
儒學이란 무엇인가	이동희 저	10,000원
동아시아의 유교와 전통문화	이동희 저	13,000원
현대인, 동양고전에서 길을 찾다	이동희 저	10,000원
100자에 담긴 한자문화 이야기	김경수 저	12,000원
우리 설화 1~2	김동주 편역	각 10,000원
대한민국 국무총리	이재원 저	10,000원
백운거사 이규보의 문학인생	신용호 저	14,000원